westermann

EinFach
Deutsch
Unterrichtsmodell

Arno Geiger

Unter der Drachenwand

Von
Timotheus Schwake

Herausgegeben von
Johannes Diekhans

Bildnachweis:
|Alamy Stock Photo, Abingdon/Oxfordshire: Green, Gibson 60, 85. |Beu, Thilo, Bonn: Theater Bonn 76, 76, 76, 77, 77, 77, 78, 78, 78, 81, 81, 81, 82, 82, 82. |Carl Hanser Verlag GmbH & Co. KG, München: Arno Geiger, Unter der Drachenwand © 2018 Carl Hanser Verlag GmbH & Co. KG, München 34, 38, 152. |Corn, Heribert, Wien: 132, 170. |Das Bundesarchiv, Koblenz: Bild 101I-695-0410-05A/Fotograf: Falke 133. |Domke, Franz-Josef, Hannover: 122, 138. |Meueler, Erhard, Groß-Umstadt: Aus: Wie aus Schwäche Stärke wird. Schibri, Milow 3/2015, S. 54 71, 162. |Picture-Alliance GmbH, Frankfurt/M.: BREUEL-BILD/ABB 74; BREUEL-BILD/PuR 74; dpa/Düren, Ursula 80; dpa/Elsner, Erwin 129; dpa/Galuschka, Horst 79; dpa/Hase, Tobias 74, 79; dpa/Kaiser, Henning 80; dpa/Naranjo, Emilio 158; dpa/Scholz, Markus 80; dpa/Wendt, Georg 79; Geisler-Fotopress/Niehaus, Clemens 75, 75; imageBROKER/Siepmann, Martin 127; REUTERS/Herman, Yves 75. |Schwake, Timotheus, Bonn: 9. |Stadtarchiv Darmstadt, Darmstadt: Best.53 Nr. 10030 168. |stock.adobe.com, Dublin: Rawpixel.com 103, 126. |Süddeutsche Zeitung - Photo, München: SZ Photo/Scherl 168. |ullstein bild, Berlin: Segerer, Manfred 158.

westermann GRUPPE

© 2020 Bildungshaus Schulbuchverlage Westermann Schroedel Diesterweg Schöningh Winklers GmbH,
Georg-Westermann-Allee 66, 38104 Braunschweig
www.westermann.de

Das Werk und seine Teile sind urheberrechtlich geschützt. Jede Nutzung in anderen als den gesetzlich zugelassenen bzw. vertraglich zugestandenen Fällen bedarf der vorherigen schriftlichen Einwilligung des Verlages. Nähere Informationen zur vertraglich gestatteten Anzahl von Kopien finden Sie auf www.schulbuchkopie.de.

Für Verweise (Links) auf Internet-Adressen gilt folgender Haftungshinweis: Trotz sorgfältiger inhaltlicher Kontrolle wird die Haftung für die Inhalte der externen Seiten ausgeschlossen. Für den Inhalt dieser externen Seiten sind ausschließlich deren Betreiber verantwortlich. Sollten Sie daher auf kostenpflichtige, illegale oder anstößige Inhalte treffen, so bedauern wir dies ausdrücklich und bitten Sie, uns umgehend per E-Mail davon in Kenntnis zu setzen, damit beim Nachdruck der Verweis gelöscht wird.

Bei der Übernahme von Werkteilen (Grafiken) aus den Arbeitsblättern sind Sie verpflichtet, das Namensnennungsrecht des Urhebers zu beachten und die Namensnennung in ein neues Arbeitsblatt mit einzufügen. Unterlassungen dieser Verpflichtung stellen einen urheberrechtlichen Verstoß dar, der zu urheberrechtlichen Schadensersatzansprüchen führen kann.

Druck A^2 / Jahr 2021
Alle Drucke der Serie A sind im Unterricht parallel verwendbar.

Druck und Bindung: Westermann Druck GmbH, Georg-Westermann-Allee 66, 38104 Braunschweig

ISBN 978-3-14-022744-5

Vorwort

Der vorliegende Band ist Teil einer Reihe, die Lehrerinnen und Lehrern erprobte und an den Bedürfnissen der Schulpraxis orientierte Unterrichtsmodelle zu ausgewählten Ganzschriften und weiteren relevanten Themen des Faches Deutsch bietet.
Im Mittelpunkt der Modelle stehen Bausteine, die jeweils thematische Schwerpunkte mit entsprechenden Untergliederungen beinhalten.
In übersichtlich gestalteter Form erhält der Benutzer/die Benutzerin zunächst einen Überblick zu den im Modell ausführlich behandelten Bausteinen.

Es folgen:

- Hinweise zu den Handlungsträgern
- Zusammenfassung des Inhalts und der Handlungsstruktur
- Vorüberlegungen zum Einsatz des Romans im Unterricht
- Hinweise zur Konzeption des Modells
- Ausführliche Darstellung der einzelnen Bausteine
- Zusatzmaterialien

Ein besonderes Merkmal der Unterrichtsmodelle ist die Praxisorientierung. Enthalten sind kopierfähige Arbeitsblätter, Vorschläge für Klassen- und Kursarbeiten, Tafelbilder, konkrete Arbeitsaufträge, Projektvorschläge. Handlungsorientierte Methoden sind in gleicher Weise berücksichtigt wie eher traditionelle Verfahren der Texterschließung und -bearbeitung.
Das Bausteinprinzip ermöglicht es dabei den Benutzern, Unterrichtsreihen in unterschiedlicher Weise und mit unterschiedlichen thematischen Akzentuierungen zu konzipieren. Auf diese Weise erleichtern die Modelle die Unterrichtsvorbereitung und tragen zu einer Entlastung der Benutzer bei.

Das vorliegende Modell bezieht sich auf folgende Textausgabe:
Arno Geiger: Unter der Drachenwand. dtv: München 2019 (Originalausgabe © 2018 Carl Hanser Verlag GmbH & Co. KG, München)

 Arbeitsfrage

 Einzelarbeit

 Partnerarbeit

 Gruppenarbeit

 Unterrichtsgespräch

 Schreibauftrag

 szenisches Spiel, Rollenspiel

 Mal- und Zeichenauftrag

 Bastelauftrag

 Projekt, offene Aufgabe

Inhaltsverzeichnis

1. **Die Figuren des Romans** 10

2. **Der Inhalt des Romans** 15

3. **Vorüberlegungen zum Einsatz des Romans im Unterricht** 17

4. **Konzeption des Unterrichtsmodells** 19

5. **Die thematischen Bausteine des Unterrichtsmodells** 21

    Baustein 1: Einstiege in den Roman „Unter der Drachenwand" 21
    1.1 Romananfänge bewerten – Der erste Satz 22
    1.2 Zitate-Teppich zu Arno Geigers Roman „Unter der Drachenwand" 24
    1.3 Lektüreerfahrungen dokumentieren – Das Lesetagebuch 26
    1.4 Die Romankenntnis nachweisen – Wer sagt was zu wem? 29
    1.5 Ein assoziativer Einstieg – Die Abc-Methode 30
    Arbeitsblatt 1: Romananfänge bewerten – Der erste Satz
    (+ Webcode SNG-22744-001) 33
    Arbeitsblatt 2: Zitate-Teppich zum Roman „Unter der Drachenwand"
    (+ Webcode SNG-22744-002) 34
    Arbeitsblatt 3: Lektüreerfahrungen dokumentieren – Das Lesetagebuch
    (+ Webcode SNG-22744-003) 35
    Arbeitsblatt 4: Die Romankenntnis nachweisen – Wer sagt was zu wem?
    (+ Lösung + Webcodes SNG-22744-004, SNG-22744-005) 36
    Arbeitsblatt 5: „Unter der Drachenwand" von Arno Geiger – Abc-Methode
    (+ Webcode SNG-22744-006) 38
    Arbeitsblatt 6: Lektüretest zu Arno Geigers Roman „Unter der Drachenwand"
    (+ Lösung + Webcodes SNG-22744-007, SNG-22744-008) 39

    **Baustein 2: Zwischen Anpassung, Überzeugung und Aufbegehren –
    Figuren und Handlung im Roman „Unter der Drachenwand"** 41
    2.1 Figuren und Figurenkonstellationen in „Unter der Drachenwand" 42
    2.2 Das Jahr am Mondsee – Die Entwicklung des Protagonisten Veit Kolbe 51
    2.3 Rettung in höchster Not – Die Liebe zwischen Veit und Margot 58
    2.4 Der totale Krieg und der einzelne Mensch – Veit Kolbes Kampf um Leben und Glück 63
    Arbeitsblatt 7a: Veit Kolbe – Ein Wehrmachtssoldat als Romanheld?
    (+ Webcode SNG-22744-009) 74
    Arbeitsblatt 7b: Margot Neff – Eine junge Mutter aus Darmstadt
    (+ Webcode SNG-22744-010) 75
    Arbeitsblatt 7c: Robert Raimund Perttes – Der Brasilianer
    (+ Webcode SNG-22744-011) 76
    Arbeitsblatt 7d: Lore Neff – Margots Mutter schreibt Briefe aus Darmstadt
    (+ Webcode SNG-22744-012) 77
    Arbeitsblatt 7e: Oskar Meyer – Ein jüdisches Schicksal im Dritten Reich
    (+ Webcode SNG-22744-013) 78

Arbeitsblatt 7f: Kurt Ritler – Ein junger Mann zwischen Liebe und Krieg
                   (+ Webcode SNG-22744-014)   79
Arbeitsblatt 7g: Nanni Schaller – Zwischen Anpassung und Aufbegehren
                   (+ Webcode SNG-22744-015)   80
Arbeitsblatt 7h: Veits Onkel Johann – Postenkommandant in Mondsee
                   (+ Webcode SNG-22744-016)   81
Arbeitsblatt 7i: Die Quartierfrau Trude Dohm – Verkörperung des Bösen?
                   (+ Webcode SNG-22744-017)   82
Arbeitsblatt 8:   „Unter der Drachenwand" – Figurenkonstellationen
                   (+ Webcode SNG-22744-018)   83
Arbeitsblatt 9:   Veit Kolbe – Die Entwicklung des Protagonisten beschreiben
                   (+ Webcode SNG-22744-019)   84
Arbeitsblatt 10:   Rettung in höchster Not – Die Liebe zwischen Veit und Margot
                   (+ Webcode SNG-22744-020)   85
Arbeitsblatt 11:   Der Einzelne und die Gesellschaft: „The pursuit of Happiness"
                   (+ Webcode SNG-22744-021)   86

Baustein 3: Sprache und Erzählen im Roman „Unter der Drachenwand"   87
3.1   Ein Roman – viele Stimmen: Multiperspektivität in „Unter der
      Drachenwand"   87
3.2   Was hält den Roman zusammen? – Leitmotive deuten (Gewächshaus/
      Drachenwand)   98
3.3   Was der Leser erfährt – und was nicht: Erzähltechniken untersuchen   105
3.4   Die Sprache Arno Geigers   110
3.5   Zur Rolle des Tagebuchschreibens und Erzählens – Was Veit Kolbe heilt   116
3.6   Ein moderner Gegenwartsroman als Beitrag zur Vergangenheitsbewälti-
      gung   120
Arbeitsblatt 12:   Ein Roman – viele Stimmen: Multiperspektivität
                    (+ Webcode SNG-22744-022)   125
Arbeitsblatt 13a: Leitmotive deuten (I) – Das Gewächshaus
                    (+ Webcode SNG-22744-023)   126
Arbeitsblatt 13b: Leitmotive deuten (II) – Die Drachenwand
                    (+ Webcode SNG-22744-024)   127
Arbeitsblatt 14:   „Unter der Drachenwand" – Die Erzähltechnik untersuchen
                    (+ Webcode SNG-22744-025)   128
Arbeitsblatt 15:   Zwischen Liebe und Erstaunen – Die Erzählhaltung analysieren
                    (+ Webcodes SNG-22744-026)   129
Arbeitsblatt 16:   Die Sprache im Roman untersuchen
                    (+ Lösung + Webcodes SNG-22744-027, SNG-22744-028)   130
Arbeitsblatt 17:   Der Schrägstrich und die Abkürzungen „H." und „F."
                    (+ Webcode SNG-22744-029)   132
Arbeitsblatt 18:   Zur Funktion des Tagebuchs – Wie Erzählen rettet
                    (+ Webcode SNG-22744-030)   133
Arbeitsblatt 19a: Marcel Reich-Ranicki: Anbruch der Gegenwart (1971)
                    (+ Webcode SNG-22744-031)   134
Arbeitsblatt 19b: Der Roman im 20. Jahrhundert
                    (+ Webcode SNG-22744-032)   135

Baustein 4: Wertung – Ist „Unter der Drachenwand" ein guter Roman?   136
4.1   Literarische Texte bewerten – Ist „Unter der Drachenwand" ein guter
      Roman?   136
4.2   Über Literatur streiten – Debatte   140

4.3 Eine Rezension analysieren: Iris Radisch – Stimmen des Krieges 143
4.4 Textgebunden erörtern – Die Firma „Blut und Boden" wird geschäftstüchtig 147
Arbeitsblatt 20: Literarische Texte bewerten – „Unter der Drachenwand"
(+ Webcode SNG-22744-033) 151
Arbeitsblatt 21: Über Literatur streiten – Debatte
(+ Webcode SNG-22744-034) 152
Arbeitsblatt 22: Iris Radisch: Stimmen des Krieges
(+ Webcode SNG-22744-035) 153
Arbeitsblatt 23: Paul Jandl: Die Firma Blut und Boden ist geschäftstüchtig
(+ Webcode SNG-22744-036) 156
Arbeitsblatt 24: Über den Sinn von Literatur nachdenken
(+ Webcode SNG-22744-037) 158

6. Zusatzmaterial 159

Z 1: Erzähltechniken untersuchen
(+ Webcode SNG-22744-038) 159
Z 2: Erzähltechnische Grundbegriffe – Eine Übersicht
(+ Webcode SNG-22744-039) 160
Z 3: Einen Erzähltext analysieren – So können Sie vorgehen
(+ Webcode SNG-22744-040) 161
Z 4: Ich-Identität als Balanceakt
(+ Webcode SNG-22744-041) 162
Z 5: Methode – Einen argumentativen Sachtext analysieren
(+ Webcode SNG-22744-042) 163
Z 6: Texte gezielt überarbeiten – Die ESAU-Methode
(+ Webcode SNG-22744-043) 164
Z 7: Die textgebundene Erörterung
(+ Webcode SNG-22744-044) 165
Z 8: Sandra Kegel: Der Klassenzimmer-Club der toten Dichter
(+ Webcode SNG-22744-045) 166
Z 9: Der Zweite Weltkrieg und der Holocaust
(+ Webcode SNG-22744-046) 168
Z 10: Facharbeitsthemen und Klausuraufgabenstellungen
(+ Webcode SNG-22744-047) 169
Z 11: Der Autor Arno Geiger – Leben und Werk
(+ Webcode SNG-22744-048) 170
Z 12: Klausurvorschlag I: Textanalyse und -vergleich
(+ Erwartungshorizont + Webcode SNG-22744-049) 171
Z 13: Klausurvorschlag II: Analyse einer Rezension des Romans
(+ Erwartungshorizont + Webcode SNG-22744-050) 176

Arno Geiger: Unter der Drachenwand

„Im Himmel, ganz oben, konnte ich einige ziehende Wolken erkennen und da begriff ich, ich hatte überlebt." (S. 7)

„Ruhig wird das Herz erst, wenn wir geworden sind, was wir sein sollen." (S. 367)

„Reich ist man, wenn man das Glück hat, in Brasilien leben zu dürfen." (S. 69)

„Das gute Ansehen des Krieges beruht auf Irrtum." (S. 81)

Arno Geiger: Unter der Drachenwand. dtv: München 2019, Originalausgabe © 2018 Carl Hanser Verlag GmbH & Co. KG, München

Die Figuren des Romans

Veit Kolbe: ist die Hauptfigur des Romans, er stammt ursprünglich aus Wien. Der Wehrmachtssoldat kehrt nach fünf Jahren Krieg verletzt von der Ostfront zuerst zu seinen Eltern nach Wien zurück, wo er aber die Naziparolen seines verblendeten, immer noch linientreuen Vaters nicht lange aushält. Kolbe selbst gibt sich über die Erfolgsaussichten des Deutschen Reiches keinen Illusionen mehr hin, die Jahre an der Front haben ihn zu einem überzeugten Zivilisten und Kriegsgegner werden lassen. Eine Granate hat ihm drei Verletzungen zugefügt, er überlebt denkbar knapp. Dank privater Beziehungen gelingt es ihm, in dem kleinen Ort Mondsee im österreichischen Salzkammergut unterzukommen. In einer einjährigen Atempause des Zweiten Weltkriegs versucht er, zu sich selbst zu finden. In der relativen Normalität des Landlebens fasst er langsam Fuß, doch die Idylle ist bedroht. Auch im kleinen Alltag am Mondsee bleiben die Erlebnisse des Krieges in seinem Kopf gespeichert, seine inneren Bilder quälen ihn weiterhin und lassen ihm keine Ruhe. Kolbe lernt: Auch in der Idylle am Mondsee ist der Krieg in den Köpfen der Menschen allgegenwärtig. Um nicht aufzufallen, redet er in seiner neuen Heimat sehr wenig. Veit zeigt sich anfangs als Schweiger, dafür beobachtet er umso mehr und genauer. Der Rekonvaleszent ist also einerseits ein sehr verschlossener Mensch, den erst die Liebe wieder zurück ins echte Leben bringen wird, und andererseits schon fast ein Philosoph, der während seiner Erholungszeit die Gesellschaft mit Argusaugen beobachtet und seziert. Der 24-jährige einfache Wehrmachtssoldat leidet als Folge seiner Erfahrungen an der Front unter dem posttraumatischen Belastungssyndrom, das mit Panikattacken, Schweißausbrüchen und Zittern einhergeht. Kolbe nimmt daher Pervitin ein, ein damals unter Frontsoldaten verbreiteter Muntermacher ähnlich Methamphetamin. Im Kern handelt es sich bei Kolbe anfangs daher um einen Drogensüchtigen. Am Mondsee zeigt er sich hin- und hergerissen zwischen dem Gefühl der Angst vor der Rückkehr an die Front und der Hoffnung auf ein Ende des Krieges; er leidet darunter, dass er durch den Krieg seiner Jugend und eines Studiums beraubt wurde. Der anfangs Depressive glaubt nicht daran, das Verpasste nachholen zu können. Den Halt, die Stabilität und die Glücksmomente, die Kolbe sucht, findet er schließlich in seiner leisen Liebe zu Margot, der jungen Mutter aus Darmstadt, die neben ihm wohnt. Ihre Liebe hilft ihm dabei, sich langsam aufzuraffen, was jedoch seine Zeit braucht. Doch Kolbes Wunden heilen, wenn auch nicht in Gänze. Trickreich verlängert Veit zunächst seinen Genesungsaufenthalt, doch ein Jahr nach seiner Verwundung wird er wieder kriegsverwendungsfähig geschrieben. Mit Beginn des Jahres 1945 kehrt Kolbe in den Krieg zurück, im April desselben Jahres setzt er sich in der Gegend von Schwerin ab und kehrt nach Mondsee zurück. Veit und Margot heiraten 1946 nach Margots Scheidung, 1953 kann Veit sein Studium der Elektrotechnik beenden, später arbeitet er in Afghanistan und Wien. Er stirbt am 3. Juni 2004.

Die Figuren des Romans

Margot Neff: wohnt im Nachbarzimmer Veits und stammt aus dem hessischen Darmstadt. Sie ist frisch, aber bereits unglücklich verheiratet mit einem Soldaten aus Linz und Mutter eines Säuglings. Margot ist zu Beginn so einsam, dass sie häufig in der Nacht mit ihrem Baby Gespräche führt. Weil die Wände so dünn sind, bekommt der gerührte Veit diese mit. Er will Margot kennenlernen. Sie und Veit nähern sich langsam an, zwischen beiden entwickelt sich eine ruhige, ernsthafte Liebe, während die Welt um sie herum in Flammen aufzugehen droht. Die Liebe der beiden bleibt nicht unbemerkt. Sowohl Veits Onkel, der Postenkommandant, als auch die bösartige Vermieterin missbilligen die offensichtliche Beziehung mit einer verheirateten Frau, die jedoch die Eheschließung mit ihrem ersten Mann Ludwig für einen Schnellschuss und Fehler hält, den sie zu korrigieren gedenkt. Es ist die Liebe Margots, die den depressiv-passiven Veit Kolbe zurück in das Leben holt. Sie gibt ihm den notwendigen Halt und sorgt nachhaltig dafür, dass er neue Hoffnung gewinnt. Ihre Leichtigkeit und Unbeschwertheit wirken positiv auf den ausgelaugten Soldaten. Gleiches gilt jedoch auch umgekehrt: Mit dem Auftauchen Veits und dessen Liebe schöpft auch Margot neue Hoffnung auf ein perspektivreiches, erfüllendes Leben nach dem Krieg, dessen Ende bereits absehbar scheint. Nach dem Krieg – so erfahren wir vom Herausgeber – trennt sich die junge Frau von ihrem ersten Mann und heiratet Veit Kolbe, mit dem sie zwei Kinder bekommt und bis zu dessen Tod sie zusammenbleibt.

Margarete (Grete) Charlotte Bildstein: ist eine junge, distanziert-geheimnisvolle Lehrerin aus Wien, die eine Gruppe von Mädchen betreut, die in einem Lager namens Schwarzindien am Mondsee Schutz vor den Bombenangriffen in den großen Städten sucht. Sie ist Veits erste richtige Bekanntschaft in Mondsee. Veit interessiert sich für sie und wirbt anfangs um sie, doch sie weist ihn ab. Die Lehrerin geht ihrer Lehrtätigkeit nach dem Krieg in Wien nach, sie heiratet nie und stirbt 2008.

Margots Mutter Lore Neff: schreibt als von allen verlassene Mutter aus dem zerbombten Darmstadt drei Briefe an ihre Tochter in Österreich. Ihre im naiv-sachlichen Ton verfassten Briefe sorgen dafür, dass dem Grauen Einlass im kleinen Mondsee gewährt wird. Als sei es das Normalste auf der Welt, schildert sie, wie 17 Menschen gleichzeitig in einem einzigen Sarg zu Grabe getragen werden müssen. Die Briefe der schlichten Hessin aus der völlig zerbombten Stadt klingen mal geschwätzig, mal nüchtern, an manchen Stellen zynisch-fatalistisch. Sie enden mit dem gut gemeinten Ratschlag, möglichst viele Zwiebeln zu essen, die seien schließlich gesund. Ihre im gehetzten Stakkato, von häufigen Wiederholungen geprägten Briefe zeugen von ihrem Überdruss am Krieg. Ihr Schreiben wird nach der Bombardierung Darmstadts am 11. September 1944 immer verzweifelter und gibt dem Leser[1] einen Eindruck vom großen Leid der städtischen Zivilbevölkerung. Ihre Briefe sind nicht nur Ausdruck der Not und Verzweiflung, sondern sie offenbaren auch den menschenverachtenden, absurden Irrsinn des Krieges, wenn Margots Mutter in sachlich-nüchternem Ton davon schreibt, dass jeder überlebende Darmstädter als Ausgleich für über 20 000

---

[1] Im Folgenden der Einfachheit halber, aber dennoch gendersensitiv: Leser, Lehrer, Schüler etc.

Die Figuren des Romans

Tote des verheerenden Luftangriffs vom 11. September 1944 fünfzig Gramm Bohnenkaffee erhalte.

Kurt (Kurti) Ritler: ist Nannis Cousin und 17 Jahre alt. Er schreibt verliebte Briefe an die an den Mondsee verschickte 13-jährige Annemarie (Nanni) Schaller, mit der er aufgewachsen ist. Die Beziehung wird von den Eltern nicht geduldet. Ihre Liebe erschafft sich mitten im Zweiten Weltkrieg ein eigenes kleines Paradies, das sich jedoch am Ende auflöst. Kurt plant, mit Nanni zu Ostern das Felsmassiv Drachenwand zu besteigen, doch er muss die Reise an den Mondsee wegen einer militärischen Übung absagen. Der wahrscheinliche Unfalltod Nannis beim Klettern in der Drachenwand raubt Kurt allen Lebensmut und desillusioniert ihn. Schließlich kommt es sogar zu einer Begegnung Kurts mit Veit Kolbe, der diesem die an Nanni geschriebenen Briefe zurückgibt, bevor er wieder in den Krieg muss. Nur wenige Tage vor Kriegsende stirbt Ritler am 2. Mai 1945 an den Folgen einer Kriegsverletzung.

Trude Dohm: ist die verblendete, stets unfreundliche Quartierfrau in Mondsee, sie vermietet schäbige Zimmer, ist bösartig und wirft mit euphorisch-menschenverachtenden Naziparolen um sich. Gemeinsam mit ihrem Mann glaubt sie auch 1944 noch an den Endsieg der Nazis mithilfe einer von Hitler versprochenen, tatsächlich jedoch nie auftauchenden Wunderwaffe. Dohms Verhalten ist geprägt von Rachsucht, Niedertracht und Geldgier; sie misstraut ihrem Mieter Veit Kolbe, hält ihn für einen Drückeberger und wünscht ihn an die Front zurück. Während Kolbes gesamten Aufenthaltes macht sie ihm das Leben zur Hölle, drangsaliert, kritisiert und verspottet ihn. Nach dem Krieg zieht sie mit ihrem Mann nach Freising, sie stirbt 1953 in einer Pflegeanstalt bei München an einer nicht behandelten Syphilis.

Der Brasilianer (Robert Raimund Perttes) ist ein zur Unzeit heimgekehrter Auswanderer, Reformbiologe und der Bruder der Quartierfrau mit Namen Robert Raimund Perttes. Er träumt von Brasilien und der dort realisierten Freiheit. Wegen ihres Nazismus redet der Brasilianer, der sich selbst als Antifaschist, Pazifist und Vegetarier begreift, nicht mehr mit seiner Schwester. Von den Einheimischen wird er „Brasilianer" genannt, weil er jahrelang in Südamerika lebte. Zwischen ihm und Veit Kolbe entwickelt sich eine Freundschaft. Bei Veits nächtlichen Besuchen im Gewächshaus des Hobbygärtners nimmt der militante Vegetarier kein Blatt vor den Mund und spart nicht mit Kritik am menschenfeindlichen Regime Hitlerdeutschlands. Von der Musik des Brasilianers wird Veit beim ersten Hören schwindlig. Der Freigeist wird Veits Vertrauter; er überredet Veit, zu seinen humanen Überzeugungen zu stehen, und ist der Grund dafür, dass dieser am Ende seines Aufenthalts in Mondsee aktiv Widerstand leistet. Der Brasilianer ist gutmütig und unangepasst, er pflegt sein Gewächshaus, das als kleines Utopia fungiert, und handelt in Mondsee mit Orchideen; ökonomisch und der Kriegslogik nach unsinnig züchtet er quasi als Zeichen des Widerstands dennoch Orchideen, deren natürliche Schönheit er dem Krieg entgegensetzt. Die Figur des Brasilianers fungiert als Utopie zu all den Grausamkeiten und Unmenschlichkeiten der Zeit, er beharrt unbeirrbar auf unzeitgemäßen Dingen wie Heiterkeit, Sinnlichkeit, zwischenmenschlicher Wärme und Großzügigkeit. Der Brasilianer fühlt sich keiner Gruppe oder Ideologie verpflichtet, sondern plädiert für einen natürlichen Individualismus. Das bringt ihn schließlich ins Gefängnis. Aus diesem zurückgekehrt, muss er schon bald aus Angst vor weiterer Drangsalierung und Verhaftung fliehen, Veit hilft ihm dabei. 1948 wandert er nach Brasilien aus.

Oskar Meyer: kommt nur am Rande des Romans in Form von drei Briefen, die den Überlebenskampf seiner Familie beschreiben, zu Wort. Seine Biografie ist – anders als die der anderen Briefeschreiber – mit den weiteren Handlungsträgern des Romans nicht verflochten, auch wenn Veit Kolbe ihm am Romanende für einen kurzen Moment begegnet. Mit der Figur des jüdischen Zahntechnikers aus Wien erhält der Holocaust Einlass in den Roman. Ihm und seiner Frau Wally werden in Wien die Vornamen Israel und Sara aufgezwungen. Die emotionalen Briefe, die er auf der Flucht schreibt, machen die Ausweglosigkeit und Verzweiflung des verantwortungsvollen und von Selbstvorwürfen geplagten Familienvaters deutlich. Erst spät gelingt der Familie die Flucht aus Wien, und als Ort wählt der Zahntechniker fatalerweise Budapest, das 1944 von der Wehrmacht besetzt wird. Unter den Drangsalierungen der Nazis verliert er schließlich Frau und Kind aus den Augen. Die Möglichkeit, nach Ghana auszuwandern, verwirft Meyer aus Scheu vor dem fremden Kontinent. Ihren älteren Sohn Bernhard kann das Ehepaar noch rechtzeitig nach England schicken. Seine Frau wird mitsamt ihrem Kind Georg deportiert, woraufhin Meyer sich in Budapest freiwillig zur Zwangsarbeit meldet. Am Ende ist er völlig allein und ohne die Hoffnung auf Rettung und ein besseres Leben, die seine Briefe anfangs noch auszeichneten. Am Ende seines Lebens trifft Oskar Meyer als Zwangsarbeiter in einer Zufallsbegegnung auf Veit, nur noch erkennbar am bunten Seidentuch seiner verschollenen Frau, das er treu am geschundenen Körper trägt. Im März 1945 wird er während eines Transports ins KZ Mauthausen ermordet. Seine Frau Wally und sein Kind werden bereits 1944 in Auschwitz ermordet.

Annemarie (Nanni) Schaller: ist ein 13-jähriges Mädchen aus dem Mädchenlager Schwarzindien nahe Mondsee. Sie stromert aufmüpfig, voller Grazie und jugendlicher Kraft durch Mondsee, obwohl sie und ihre Freundinnen in dem Mädchenausbildungslager gedrillt werden. Ihr nur wenige Jahre älterer Freund Kurt Ritler – der ihr Cousin ist – schreibt ihr Briefe, auf die sie verliebt antwortet. Das naive Mädchen zeigt sich erstaunlich lebensklug und hellwach, als sie Veit Kolbe auf einem Spaziergang begegnet, dessen seelisch-körperliche Not voller Achtsamkeit für ihren Mitmenschen erspürt und ihm ihre Hilfe anbietet. Wie andere Romanfiguren auch will das junge Mädchen seinen Anspruch auf ein eigenes, selbstbestimmtes Leben realisieren und den gesellschaftlich-totalitären, aber auch den familiären Zwängen entfliehen. Charakterstark und individuell besteht sie auf der Verwirklichung ihrer Liebe zu ihrem Kurti und lässt sich auch nicht davon unterkriegen, dass ihre Eltern ihre romantische Liebesbeziehung zum Cousin autoritär unterbinden. Im Herbst 1944 wird Nannis skelettierte Leiche von zwei Soldaten in der Drachenwand aufgefunden, offenbar ist sie bei der Verwirklichung ihres Traumes abgestürzt. Insgesamt kann Nanni durchaus als starke heimliche Hauptfigur des Romans charakterisiert werden.

Veits Onkel: ist der Polizeikommandant vor Ort, ein treuer Nationalsozialist und launischer Opportunist, der es sich im Krieg eingerichtet hat und sich vor allem für Zigaretten interessiert. Er zeigt sich anfangs durchaus interessiert an den Belangen seines Neffen und kümmert sich um ihn, indem er Veit beispielsweise ein Zimmer bei der Quartierfrau Trude Dohm besorgt, die Veit schon bald das Leben zur Hölle machen wird. Obwohl ein Polizist im Dritten Reich, lässt sich Veits Onkels keinesfalls zu den fanatischen Nazis zählen. Ihm geht es, woraus er im privaten Gespräch mit Veit keinen Hehl macht, weniger um den triumphalen Endsieg, an den er selbst auch kaum noch glaubt, als um das pure Überleben. Aus möglichem Ärger möchte er sich daher so weit wie möglich heraushalten. Als der Pragmatiker sich jedoch aufgrund der sich überschlagenden Ereignisse gezwungen sieht, polizeilich gegen den weiter rebellierenden Brasilianer vorzugehen, wird er von seinem Neffen erschossen, dem es darum geht, seinen besten Freund vor drohender Verhaftung und wahrscheinlicher Ermordung zu bewahren.

Der Inhalt des Romans

Arno Geigers Roman erzählt vor allem die Geschichte des 24-jährigen Soldaten Veit Kolbe, der direkt im Anschluss an sein Abitur im Jahr 1939 den Grundwehrdienst ableistet, um die folgenden fünf Jahre ununterbrochen an der Kriegsfront zu verbringen und für Hitlerdeutschland sein Leben zu riskieren. Wie durch ein Wunder gelingt es dem immer kriegsmüder werdenden Soldaten, das Grauen an der Front zu überleben. Eine keinesfalls lebensgefährliche Verwundung – sein Lkw wird beschossen und er selbst von Granatsplittern verletzt – sorgt dafür, dass Kolbe zwecks schnellstmöglicher Genesung auf Heimaturlaub gehen darf. Doch daheim bei seinen Eltern in Wien wird ihm die Zeit schnell unerträglich, insbesondere weil sein Vater sich weiterhin als glühender Verehrer des Führers entpuppt und den Krieg, dessen gnadenlose Härte und Menschenfeindlichkeit Kolbe selbst am eigenen Leib erfahren hat, in für ihn unerträglicher Weise idealisiert. So bemüht er sich bald um einen Genesungsurlaub im Salzkammergut: Am Mondsee in der gleichnamigen Ortschaft am Fuße der über 1000 Meter in die Höhe ragenden Drachenwand tritt er seine Rekonvaleszenz an, die ihn für ein Jahr der Vernichtungsmaschinerie des Zweiten Weltkriegs entziehen wird. Dort hilft ihm in den ersten Wochen sein Onkel, Postenkommandant und ebenfalls bekennender Nationalsozialist, der sich jedoch weniger für den Krieg und die Angstattacken seines Neffen als für die nächste Zigarette interessiert. Der erschöpfte und an Leib und Seele versehrte Kriegsheimkehrer erweist sich als guter Beobachter des ganz normalen Alltags hinter der Front, seine Beobachtungen notiert er in Briefen, vor allem aber in seinem Tagebuch.

In seinem neuen Refugium findet Kolbe verschiedene Menschen vor: Abstoßende Menschenfeinde wie seine noch immer von der NS-Ideologie verblendete Vermieterin, die Quartierfrau, beispielsweise, aber auch die sympathisch junge Mutter Margot aus Darmstadt, die neben ihm wohnt und mit der ihn nach und nach eine intensive, zärtliche Liebe verbindet. Für Kolbe wird so schnell deutlich, dass ihm zwar die erhoffte Atempause vom Krieg, die letztlich fast ein ganzes Jahr andauern wird, gewährt wird, dass der Krieg ihn aber auch hinter der Front in der nur vermeintlich ruhigen Idylle und Alltäglichkeit des Salzkammergutes nicht loslassen wird. Nahezu täglich wird die Ortschaft von alliierten Bombergeschwadern überflogen, und nahezu täglich gerät er in für ihn zum Teil gefährlichen Kontakt mit besonderen Typen der Dorfgemeinschaft, wie dem Polizisten, dem Gärtner, der Lehrerin oder der bereits erwähnten Quartierfrau, die Kolbe bald zum Drückeberger abstempelt, der seine kämpfenden Kameraden an der Front verrate. Kolbe merkt schnell, dass der Krieg auch hier die Menschen verformt und entmenschlicht, es kommt zu Denunziationen, Verhaftungen und sogar einem Mord. Aus der Bekanntschaft zwischen Veit Kolbe und dem Brasilianer wird im Verlauf der Monate und intensiver Gespräche bis tief in die Nacht eine enge Freundschaft. Als dem Brasilianer die erneute Verhaftung und der qualvolle Tod drohen, sieht Veit sich genötigt, seinen eigenen Onkel zu erschießen, um so seinem neuen Freund das Leben zu retten und das Untertauchen zu ermöglichen. Die 13-jährige Nanni, Schülerin eines Mädchenlagers, verschwindet eines Tages spurlos, später wird ihre Leiche in der Drachenwand aufgefunden, und der liebeswert-schrullige Bruder der Quartierfrau, der Brasilianer, muss um sein Leben fürchten, da er aus seiner kritisch-offenen Meinung über Hitler und sein menschenverachtendes Regime kein Geheimnis macht. Am Ende überlebt er den Krieg und wandert in das Land seiner Träume, Brasilien, aus.
Der Roman erzählt jedoch mehr als nur die Geschichte Veit Kolbes, denn nach knapp hundert Seiten setzen plötzlich weitere Erzählstimmen ein und ergänzen das atmosphärische Bild des dominanten Ich-Erzählers Veit Kolbe. So finden sich im weiteren Verlauf drei Briefe der Mutter Margots aus dem hessischen Darmstadt. Die um ihre Tochter besorgte Mutter berichtet sachlich und offen von grauenhaften Luftangriffen auf ihre Stadt, von gestapelten Lei-

chenbergen und Kaffeerationen, die jeder Überlebende neben den Durchhalteparolen von den Herrschenden erhalte. Der Ton ihrer Briefe schwankt dabei zwischen Aufgabe, Passivität, Kriegsmüdigkeit, zärtlicher Mütterlichkeit und Aggressivität. Daneben finden sich anrührende Liebesbriefe eines gewissen Kurti, die dieser an die bereits erwähnte 13-jährige Nanni an den Mondsee schreibt. Seine ebenfalls verliebte Cousine Nanni schreibt ihm leidenschaftlich zurück, doch die Briefe werden abgefangen und die Korrespondenz wird beendet. Es ist Kolbe selbst, der von dem Ende dieser Liebe als Erster weiß und der es sich nicht nehmen lässt, dem jungen, desillusionierten Soldaten seine Briefe zurückzubringen. Zum Schluss endet sein Leben wie das so vieler junger Menschen in der Endphase des Zweiten Weltkriegs mit dem viel zu frühen Tod an der Front.

Eine Besonderheit stellen die drei Briefe des Zahntechnikers Oskar Meyer dar, einem aus Wien stammenden jüdischen Familienvater. In drei immer verzweifelter werdenden Briefen schildert er den am Ende vergeblichen Versuch, den Verfolgungen durch die Nazis zu entkommen. Anfangs drücken die Briefe des stets um seine Familie besorgten Wiener Juden noch die Hoffnung aus, den Krieg zu überleben. Daher schlägt er auch die Gelegenheit, nach Ghana zu emigrieren, um dort als Zahntechniker zu arbeiten, aus. Ein fataler Fehler, wie sich bald herausstellen wird. Auch die Entscheidung, von Wien aus nach Budapest zu flüchten, entpuppt sich schon bald als tragischer Fehler, denn in der europäischen Kulturmetropole wird der Verfolgungsdruck der Nazis immer größer. Meyer, von Selbstvorwürfen geplagt, verliert Frau und eines seiner zwei Kinder, die offenbar Opfer des Holocausts werden. Ende des Jahres 1944 meldet er sich freiwillig für Schanzarbeiten, an der Donau trifft er für einen kurzen Augenblick auf den zurück nach Mondsee reisenden Veit Kolbe, der angesichts des Todesmarsches für viele Juden Mit- und Schuldgefühl empfindet.

Indem Arno Geiger also neben der dominanten Stimme des Ich-Erzählers Veit Kolbe weitere Erzählstimmen in Form von Briefen zu Wort kommen lässt, entsteht ein komplexes Beziehungsgeflecht zwischen den Figuren, das für den aufmerksamen Leser aber verständlich bleibt. Zum Schluss wird der Leser gekonnt zurück zu Veit Kolbe geführt, der gegen Ende des Jahres 1944 wieder kriegs- und damit fronttauglich geschrieben wird. Doch der junge Mensch, der nach seinem knappen Jahr am Mondsee zurück in das Grauen des Krieges gezwungen wird, ist ein anderer als der an Leib und Seele versehrte, medikamentenabhängige Zweifler, der ein Jahr zuvor unter der Drachenwand Zuflucht gesucht hat. Seine Zeit am Mondsee – insbesondere seine Freundschaft zum antifaschistischen Gärtner, dem Brasilianer, noch mehr aber seine tiefe, vertrauensvolle Liebe zur Darmstädterin Margot – hat ihn reifer, reflektierter und zugleich optimistischer werden lassen. Kolbe weiß zwar um seine lebenslangen Verletzungen, schaut jetzt aber optimistischer in die Zukunft. Er ist tatsächlich zur Ruhe gekommen, empfindet ein „Gefühl von Frieden" (S. 459) und hofft auf das baldige Kriegsende, das ihm „endlich ein eigenes Leben" (S. 469) ermöglichen soll. Dass der junge Soldat die letzten Kriegsmonate tatsächlich überlebt, erfährt der neugierige Leser am Ende des Romans durch die Stimme des sich zu Wort meldenden Herausgebers. Dieser informiert über Margots und Veits Heirat, ihre zwei gemeinsamen Kinder und seine erträumte Arbeit als Ingenieur. Erst im Juni 2004 stirbt Veit Kolbe.

Vorüberlegungen zum Einsatz des Romans im Unterricht

„Mir kommt vor, dass unsere Vorstellung von dem, was Krieg ist, sehr abstrakt geworden ist, ich wollte näher damit in Berührung kommen." (Arno Geiger)[1]

Der tagebuchartige Gesellschaftsroman „Unter der Drachenwand" wurde bei seinem Erscheinen 2018 von weiten Teilen der Literaturkritik euphorisch gefeiert. Er erzählt aus der eingeschränkten Perspektive eines versehrten Menschen glaubwürdig von der Unmenschlichkeit des Krieges, aber auch von der utopischen Kraft der Liebe. In Arno Geigers Antikriegsroman steht nicht das Spektakuläre – das Kämpfen, Schießen und Morden – im Mittelpunkt, sondern der Rückzug des Menschen in die Provinz, um dort das Erlebte zu verarbeiten. Dabei verhandelt der Dichter existenzielle Emotionen wie Schuld, Einsamkeit und Verlassenheit, Angst und tiefe Sehnsucht nach Nähe und Geborgenheit. Geiger skizziert in seinem Gesellschaftspanorama, wie Liebe in Zeiten einer gesellschaftlich-politischen Ausnahmesituation möglich bleibt, und er verbindet so auf halb dokumentarische, halb fiktionale Art und Weise Geschichte und Gegenwart. Denn der äußere Anlass des Romans war laut Aussage des Dichters ein Zufallsfund ein gutes Jahrzehnt vor seinem Erscheinen: Zufällig fällt Arno Geiger die Korrespondenz eines Kinderlagers – Schwarzindien am Mondsee – in die Hände. Der österreichische Dichter liest Kinder- und Elternbriefe, Briefe von Behörden und Privatpersonen. Dies setzt die Idee für den Roman über die ganz normalen Menschen in Kriegszeiten, aber hinter dem Frontgeschehen in Gang. Viele Ereignisse des Romans, Hintergründe und Atmosphären haben also tatsächlich einen realen Hintergrund, andere – insbesondere die zentralen Figuren des Romans – sind literarische Fiktion.

Mit der Literaturkritikerin Iris Radisch stellt Arno Geigers Roman zentrale, unbeantwortete Fragen aus der eigenen Familiengeschichte: Wie haben unsere Eltern und Großeltern das alles aushalten können, ohne seelisch zu zerbrechen?[2] Durch die Lektüre des Romans erhält der Leser einen Einblick in das Lebensgefühl einer Zeit, die – obwohl erst ein Menschenleben zwischen damals und heute liegt – für junge Menschen heutzutage sehr weit weg erscheint. Durch die Darbietung seiner Quellen, literarisch aufgearbeitet und fiktiv erweitert, erfährt der Leser den existenziellen Schrecken der letzten Kriegsjahre und erhält unsentimentale Informationen über das Seelenleben ganz normaler Menschen. Von Helden erzählt der Roman „Unter der Drachenwand" weniger. Dennoch schaut der Autor zumeist mit Sympathie auf seine Figuren und er gibt durch deren Vielstimmigkeit einen authentischen Einblick in Leben, Fühlen und Denken der Menschen. Dabei besteht Arno Geigers Trick in dem Verzicht auf das Wissen von uns Nachgeborenen, denen klar ist, dass seine Figuren kurz vor Ende des Zweiten Weltkriegs leben. Diese haben nicht den Vorteil der Rückschau, den wir heute genießen. Sie leben in einem permanenten Dauerzustand der Schwebe und wissen nicht, wie und ob es überhaupt weitergeht. Das macht das Leben und jeden einzelnen Augenblick so wertvoll.

Aber nicht nur historische, sondern auch überzeitliche und jederzeit aktuelle Fragen stellt der Roman: Was geschieht mit dem einzelnen Menschen in einer ideologisch verhärteten Gesellschaft, die zunehmend verroht, die auf Konfrontation statt auf Diskurs setzt, die ihre zivilisatorischen, humanen Errungenschaften aufzugeben bereit ist? Auf welche Weise wird das Individuum derangiert? Ist es möglich, in einer zunehmend inhumanen Gesellschaft ein Mensch zu bleiben, statt zu zerbrechen? Was genau kann man dafür tun?

---

[1] Zitiert nach Werner Krause: Arno Geiger und die Liebe in Zeiten des Krieges, Kleine Zeitung vom 05.01.2018, www.kleinezeitung.at/kultur/buecher/5348331/Buch-der-Woche_Arno-Geiger-und-die-Liebe-in-Zeiten-des-Kriegs (23.06.2020)

[2] www.zeit.de/2018/03/unter-der-drachenwand-arno-geiger (23.06.2020)

Vorüberlegungen zum Einsatz des Romans im Unterricht

Für junge Heranwachsende sind daher auch folgende Aspekte von Bedeutung: Welche Gestaltungsräume hat der Einzelne? Jeder Mensch hat den Wunsch, sein Leben zu planen und persönliche Träume zu verwirklichen. Wie kann man die Freiheiten, die sich einem bieten, nutzen? Veit Kolbes Jahr am Mondsee unter der Drachenwand ist eben auch als eine Geschichte der Befreiung, der Menschwerdung, fast als eine zweite Pubertät lesbar, in der sich der Protagonist nachdenkend, schreibend und erzählend seiner selbst vergewissert und sich von anderen Einflussfaktoren, insbesondere vom Vater, bewusst abgrenzt und schließlich frei macht. Auch hier liegt eine gewisse Nähe zur Lebenswelt heutiger Schülerinnen und Schüler, denen Abgrenzungs- und Selbstfindungsprozesse in ihrer eigenen Biografie nicht fremd sind. Es sind also existenzielle Fragen, die – wie es große Literatur allgemein auszeichnet – mit den Schülern diskutiert werden können: Wie ist es möglich, in einer Zeit der Unsicherheit und des Umbruchs eine eigenständige Existenz zu führen, zu leben und nicht gelebt zu werden? Die Romanfiguren aus „Unter der Drachenwand" leben in Zeiten des Krieges fremdbestimmt, der Krieg ist größer als sie; und dennoch schaffen sie es, vor dem Hintergrund der bedrohlichen faschistischen Diktatur und Gewalt des Zweiten Weltkriegs und mit äußerst vagen und gefährdeten Zukunftsaussichten die wenigen Gestaltungsmöglichkeiten zu nutzen, die sich ihnen bieten. Im Moment der gesellschaftlichen Apokalypse und des Untergangs des Dritten Reichs steht Geigers Protagonist Veit Kolbe auf; das Individuum verweigert sich dem totalitären Anspruch der Gemeinschaft und beharrt auf seinem Glücksanspruch. Die Antwort Geigers auf Totalitarismus und die Diktatur der „Du bist nichts, dein Volk ist alles"-Ideologie verweist auf die Kraft der Liebe und den Mut zur Entscheidung. Veit und Margot schieben deshalb nichts auf und leben im Hier und Jetzt, weil sie nicht wissen, ob es ein Morgen für sie geben wird. Sie verfolgen so eine existenzialistische Lebensweise, und nicht zufällig entsteht nach dem Ende des Zweiten Weltkriegs die Philosophie des Existenzialismus. Das hat auch für uns heute Bedeutung: Im Bewusstsein der eigenen, heute oftmals verdrängten Sterblichkeit gilt es, sein Leben zu gestalten, Entscheidungen zu treffen, statt sie bequem in die ferne Zukunft zu verschieben. Veit Kolbe ist sich seiner eigenen Sterblichkeit natürlich bewusst, er muss ständig damit rechnen, wieder eingezogen zu werden, was am Romanende auch tatsächlich eintritt.

Konzeption des Unterrichtsmodells

Das vorliegende Unterrichtsmodell bietet methodisch anregendes und anspruchsvolles Unterrichtsmaterial, das der bewährten Anlage der Reihe „EinFach Deutsch" folgt. Das Modell richtet sich an Oberstufenschüler in Gymnasium und Gesamtschule. Es beinhaltet daher spezifische, komplexe Aufgabenformate, die bereits im Hinblick auf die schriftliche Abiturprüfung konzipiert sind. Dennoch verzichtet auch dieses Unterrichtsmodell neben den eher klassisch angelegten, kognitiv-analytischen Arbeitsformen nicht auf handlungs- und produktionsorientierte und kooperative Arbeitsformen, die das Unterrichtsgeschehen ergänzen sollen. Die Abfolge der im Einzelnen beschriebenen Bausteine ist nicht zwingend. Um eine geeignete inhaltliche Grundlage für die weiter zu behandelnden Themenfelder sicherzustellen, ist es allerdings empfehlenswert, nach dem gewählten Einstieg mit Elementen des zweiten Bausteins zu beginnen. Es ist nicht ratsam und zeitlich auch kaum möglich, sämtliche der in den einzelnen Bausteinen skizzierten Unterrichtsvorhaben in Gänze zu realisieren. Vielmehr kann die Lehrkraft durch das bekannte Baustein-Prinzip der EinFach-Deutsch-Unterrichtsmodelle eigenständig Themenbereiche auswählen und so – im Idealfall in Abstimmung mit den Kursteilnehmern – individuelle Schwerpunkte setzen.

Im **ersten Baustein** werden unterschiedliche Zugänge für den Einstieg in eine Unterrichtsreihe zu Geigers Roman „Unter der Drachenwand" vorgestellt. Dabei werden verschiedene Optionen berücksichtigt: Die ersten drei Varianten eignen sich für den Fall, dass der Roman von den Schülern noch nicht gelesen wurde. Beispielsweise können sich die Schüler mithilfe einer vielfältigen Auswahl erster Sätze die Bedeutung und Wirkungsweise von Romananfängen erarbeiten (1.1). Direkter ist der in 1.2 vorgestellte Einstieg, der die Schüler mithilfe eines Zitate-Teppichs mit dem Roman in Berührung bringt. Da die Lektüre eines fast 500-seitigen Romans eine enorme Herausforderung für Schüler darstellt, lohnt sich in vielen Kursen die Einführung in die Arbeit mit dem Lesetagebuch (1.3), das den Schülern inhaltliche und formale Gliederungselemente anbietet und den Lektüreprozess somit erleichtert und vorentlastet.

Der **zweite Baustein** stellt das Herz dieses Unterrichtsmodells dar. In ihm stehen die Figuren und die Handlung des Romans im Mittelpunkt. Dabei richtet sich der Fokus zu Beginn auf das gesamte Figurenarsenal, das mithilfe der Methode des Figurenkabinetts erarbeitet werden kann (2.1). Anschließend wird ein genauerer Blick auf die Hauptfigur des Romans, Veit Kolbe, geworfen, der am Mondsee eine positive Entwicklung durchläuft (2.2). Diese hängt unmittelbar mit seiner Liebesbeziehung zu Margot zusammen (2.3). Wie Individuen die Kraft entwickeln können, sich im Kampf gegen totalitäre politische Systeme zu behaupten, und wie es Veit und Margot möglich wird, ihren Anspruch auf Glück zu behaupten, wird am Ende des Bausteins in den Blick genommen (2.4).

Formale, erzählerische und sprachliche Aspekte stehen im Mittelpunkt des **dritten Bausteins**. Zu Beginn können die Schüler die Multiperspektivität des Romans und die Funktion der jeweiligen Erzählstimmen untersuchen (3.1). Im Anschluss erfolgt die Analyse der erzähltechnischen Verfahren des Autors, mit deren Hilfe es Arno Geiger gelingt, Textkohärenz trotz der Vielfalt an Stimmen zu generieren. Dafür nutzt er insbesondere die Leitmotiv-Technik (3.2). Anschließend kommen die Schüler mit den erzähltechnischen Begriffen der Erzählform, -perspektive und des Erzählverhaltens in Berührung (3.3). Mit der Sprache Arno Geigers und der Funktion des Tagebuchschreibens für Veit Kolbe setzen sich die Schüler in den Folgesequenzen auseinander. Am Ende kann die inhaltliche, aber auch formale Modernität des Romans „Unter der Drachenwand" in den Blick genommen werden (3.6).

Der richtige Umgang mit Sachtexten, insbesondere mit der Textsorte der Rezension, steht im Mittelpunkt des kurzen **Bausteins 4**, der das Unterrichtsmodell beschließt. Fokussiert werden dabei v. a. Fragestellungen der Wertung des Romans, die in den ersten beiden Teilsequenzen (4.1/4.2) auch handlungsorientiert erarbeitet werden. Im weiteren Verlauf werden eher schreibproduktionsorientierte Methoden wie die Sachtextanalyse oder die ESAU-Methode als Form der Textüberarbeitung erlernt (4.3). Am Ende erfolgt eine Einführung in die komplexe Methodik der textgebundenen Erörterung (4.4).

Das **Zusatzmaterial** stellt v. a. methodische Hilfen in Form von Arbeits- und Informationsblättern zur Verfügung, die den Schülern ein weitgehend eigenständiges Arbeiten ermöglichen sollen, z. B. Hilfen zur Erzähltechnik, zur Analyse von epischen Textauszügen, zur kriterienorientierten Überarbeitung von selbst verfassten Texten oder zur textgebundenen Erörterung. Ergänzt wird das Zusatzmaterial durch einen Sachtext zur Geschichte des Zweiten Weltkriegs und des Holocausts, der als Einstieg für ein mögliches **Schülerreferat** zum Einsatz kommen kann. Gleiches gilt für ein mögliches Referat über den Autor Arno Geiger. Am Ende des Zusatzmaterials finden sich **zwei Klausurvorschläge für die Sekundarstufe II mit ausgearbeitetem Erwartungshorizont** (S. 171 ff.). Grundlage des ersten Klausurvorschlags, der die Analyse und den Vergleich zweier epischer Textauszüge einfordert, ist dabei der zweite Baustein. Dieser Vorschlag eignet sich gut für den Einsatz in Leistungskursen. Die zweite Klausur fordert die Analyse eines Sachtextes ein, die im Rahmen dieses Unterrichtsmodells insbesondere im vierten Baustein eingeübt werden kann. Das Zusatzmaterial 10 verweist zudem auf **mögliche Themen für eine Facharbeit** und weitere **Klausurthemen/ Aufgabenstellungen** ohne dazugehörenden Erwartungshorizont.

Die den Bausteinen zugeordneten Arbeitsblätter und die Zusatzmaterialien sind als **Webcodes** abrufbar, indem die Adresse www.westermann.de/webcodes aufgerufen wird und der im Text angegebene Webcode (z. B. SNG-22744-001) in die Leerzeile, die nach dem Aufruf der Seite erscheint, eingegeben wird.

Die thematischen Bausteine des Unterrichtsmodells

Baustein 1

Einstiege in den Roman „Unter der Drachenwand"

In diesem Baustein werden unterschiedliche Zugänge für den Einstieg in eine Unterrichtsreihe zu Arno Geigers Antikriegsroman „Unter der Drachenwand" vorgestellt. Dabei werden verschiedene Optionen berücksichtigt: Die ersten drei Varianten eignen sich für den Fall, dass der Roman von den Schülern vorab noch nicht gelesen wurde, die folgenden haben hingegen die Aufgabe, die ersten Eindrücke der gesamten Lektüre aufseiten der Schüler abzurufen, zu veröffentlichen und zu systematisieren.

Zu Beginn (1.1) lernen die Schüler die Bedeutung des ersten Satzes eines epischen Textes kennen. Anhand eines Zitates über die Notwendigkeit eines solchen ersten Satzes, der den Leser in seinen Bann ziehen soll, kommen die Schüler mit alten und neuen, bekannten und eher unbekannten Romananfängen in Berührung und entwickeln Kriterien für eine Beurteilung, die erst am Ende zum ersten Satz des Romans „Unter der Drachenwand" hinführen soll.

Mithilfe eines „Zitate-Teppichs" (1.2) kommen die Schüler direkter auf den Roman zu sprechen. Hier werden ihnen ausgewählte Zitate aus dem Roman „Unter der Drachenwand" in loser und noch unsystematischer Reihenfolge präsentiert. Die Schüler erhalten nun die Gelegenheit, eines dieser Zitate auszuwählen, es in Beziehung zum Buchcover des Romans zu setzen und ihre subjektiven, individuellen Leseerwartungen mitzuteilen.

Nicht nur für Schüler stellt die Lektüre eines fast 500-seitigen Romans wie Arno Geigers „Unter der Drachenwand" eine enorme zeitliche und intellektuelle Herausforderung dar. Auf diese kann durch die Auflage reagiert werden, lektürebegleitend ein Lesetagebuch zu führen (1.3). Das Arbeitsblatt 3 (S. 35) informiert dafür über die methodischen Möglichkeiten eines solchen Lesetagebuchs und gibt im zweiten Teil auch inhaltliche Gliederungselemente vor, die Schülern bei der häuslichen Lektüre die notwendige Struktur ermöglichen. Der Einsatz dieser Methode eignet sich daher besonders für leistungsschwächere Schüler. Im zweiten Teil der Sequenz wird ein gemeinsamer Leseeinstieg vorgestellt, der auch ohne die Arbeit mit dem Lesetagebuch organisiert werden und gerade in weniger leseaffinen Lerngruppen als sinnvoller Einstieg geeignet sein kann.

Ein spielerischer Wettkampfcharakter kann über das vierte Angebot generiert werden (1.4). Dieses setzt die gesamte Vorablektüre des Romans voraus. Die Schüler erhalten die Aufgabe, die präsentierten prägnanten Zitate aus dem Roman einem Sprecher bzw. einem Adressaten zuzuordnen. Bei der Besprechung der Ergebnisse kann es dann zu einer ersten Identifizierung von Themenfeldern des Romans kommen.

Auch die Abc-Methode (1.5) bietet sich für den Fall an, dass die Lerngruppe den Roman bereits vorab gelesen hat. Sie versteht sich als methodische Alternative zur bekannten Kartenabfrage, um einen Einstieg zu ermöglichen, der sich möglichst nah an den Fragen der Lerngruppe und nicht an denen der Lehrkraft orientiert. Über ein Strukturierungselement (Alphabet) können die Schüler ihre ersten spontanen Leseeindrücke offen und assoziativ äußern, um sie anschließend zu strukturieren.

Die verbindliche häusliche Lektüre des Romans kann in bestimmten Lerngruppen durch die Ankündigung eines Lektüretests (1.6) intensiviert werden. Die im Anschluss zu besprechenden Ergebnisse geben einerseits Auskunft über die tatsächliche Lektürekenntnis, andererseits können sie auch für einen ersten Versuch, Themenfelder zu benennen, genutzt werden.

1.1 Romananfänge bewerten – Der erste Satz

Der hier skizzierte Einstieg in die Unterrichtsreihe zu Arno Geigers Roman „Unter der Drachenwand" setzt die Lektüre des Textes noch nicht voraus und nimmt absichtlich einen Umweg. Präsentiert werden über das **Arbeitsblatt 1** (S. 33, Webcode SNG-22744-001) eine Reihe bekannter und unbekannter Romananfänge von Uwe Johnson über Astrid Lindgren zu Franz Kafka. Der Ablauf der Sequenz orientiert sich am bekannten **Think-Pair-Share-Dreischritt** aus der Methodik des **kooperativen Lernens.** Im **Einstieg** wird im Plenum das den ersten Sätzen des Arbeitsblattes 1 vorausgehende Zitat gelesen und ggf. kurz besprochen. Bei Bedarf können die Schüler über ihnen in besonderer Erinnerung gebliebene Anfänge von Romanen oder Erzählungen berichten, die sie selbst in Schule und Freizeit gelesen haben.

> „Der erste Satz ist wichtig. In der Liebe wie auch in der Literatur. Ein guter erster Satz entscheidet oftmals schon darüber, ob wir uns in einen Menschen oder in ein Buch verlieben, ob wir berührt werden und uns voller Neugier auf das Versprechen einer guten Geschichte einlassen."[1]

Im Anschluss lesen die Schüler die Ihnen angebotenen Romananfänge des Arbeitsblattes 1 in **Einzelarbeit** („Think"-Phase):

■ *Lesen Sie die folgenden Romananfänge. Welche machen Sie neugierig auf das Buch und verführen zum Weiterlesen? Kreuzen Sie an und begründen Sie Ihre Wahl.*

Um eine vorschnelle und nur oberflächliche Beschäftigung mit der Aufgabe zu verhindern und die notwendige Reflexion zu garantieren, ist es sinnvoll, die Begründung der Wahl der Schüler schriftlich anfertigen zu lassen. Je nach zur Verfügung stehender Zeit erhalten die Schüler im Anschluss an die Einzelarbeit die Gelegenheit, ihre Auswahl im Schonraum der **Kleingruppe** („Pair"-Phase) vorzustellen. Erst in einem dritten Schritt werden nun einige Schülerentscheidungen im **Plenum** („Share"-Phase) kriterienorientiert vorgestellt, diskutiert und miteinander verglichen:

■ *Warum haben Sie sich für diesen Romananfang entschieden?*

■ *Wie gelingt es dem Autor/der Autorin, den Leser/die Leserin neugierig auf das weitere Geschehen zu machen? Was ist der literarische „Kniff", der den Leser/die Leserin bei der Stange halten soll?*

---

[1] Gabriele Stiller-Kern (Redaktion): Initiative Deutsche Sprache, Stiftung Lesen (Hrsg.): „Der schönste erste Satz": eine Auswahl der charmantesten und eindruckvollsten Beiträge zum internationalen Weltbewerb „Der schönste erste Satz". Hueber, Ismaning 2008

Gemeinsam wird nach Kriterien gesucht, die es ermöglichen, einen gelungenen ersten Satz als solchen zu erkennen. Dabei sollte die Vielfalt an Möglichkeiten zwischen Verrätselung (Irving, Grass), Schockeffekt (Kafka, Meyerhoff) und direkter Leseransprache (Lindgren, Salinger, Melville), die dem Autor oder der Autorin zur Verfügung stehen, deutlich werden: „Mit dem ersten Satz wird der Stein ins Rollen gebracht. Der erste Satz ist Versprechen, Duftmarke, Rätsel, Schlaglicht – kurz: der Brühwürfel, mit dem die ganze folgende Suppe gekocht wird."[1]

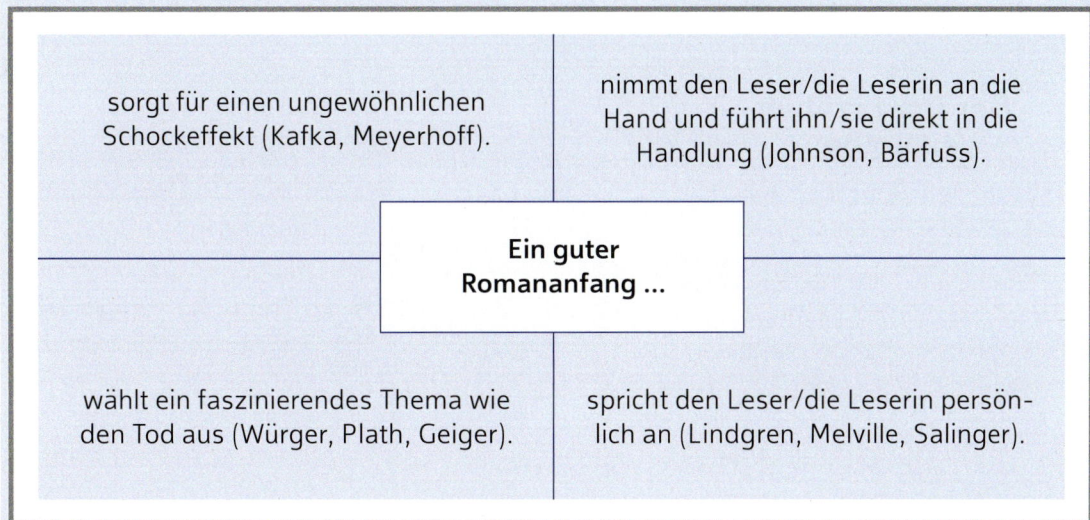

Nach diesem bewusst gewählten Umweg über ausgewählte Zitate der Weltliteratur erfolgt nun die Anbindung an den eigentlichen Unterrichtsgegenstand (Aufgabe 2):

> ■ *Beurteilen Sie den ersten Satz des Romans „Unter der Drachenwand" von Arno Geiger. Macht er Sie neugierig? Welche Geschichte erwarten Sie? Halten Sie Ihre Leseerwartung schriftlich fest und tauschen Sie sich mit Ihren Mitschülern und Mitschülerinnen darüber aus.*

Je nach Ergiebigkeit der ersten Aufgabe kann nach Möglichkeit darauf verzichtet werden, die Leseerwartung der Schüler verschriftlichen zu lassen. Die Schüler bewerten den ersten Satz des Romans „Unter der Drachenwand" mithilfe der im ersten Unterrichtsschritt erarbeiteten und im Tafelbild festgehaltenen Kriterien.

Im Anschluss erfolgt die gemeinsame Lektüre des ersten Kapitels des Romans im Unterricht (S. 7 – 21). Ein solches Vorgehen hat den Vorteil, dass die Schüler vor der eigenverantwortlichen Lektüre einen ersten Orientierungsrahmen zur Verfügung gestellt bekommen und möglichen, nahezu wahrscheinlichen Frustrationserfahrungen im Rahmen der selbstständigen Lektüre vorgebeugt wird. Nach der Lektüre des ersten Kapitels erfolgt eine Phase der Verständigung, die zentrale Informationen über die Ausgangssituation des Protagonisten Veit Kolbe herausstellt:

> ■ *Wer ist Veit Kolbe? In welcher Lebenssituation befindet er sich?*
>
> ■ *Worunter leidet er? Was hält ihn am Leben?*
>
> ■ *Zu welcher Zeit spielt die Romanhandlung?*
>
> ■ *Was haben Sie nicht verstanden? Welche Fragen müssen wir klären?*

---

[1] www.welt.de/kultur/article1336326/Der-schoenste-erste-Satz-ist-von-Guenter-Grass.html (23.06.2020)

Baustein 1: Einstiege in den Roman „Unter der Drachenwand"

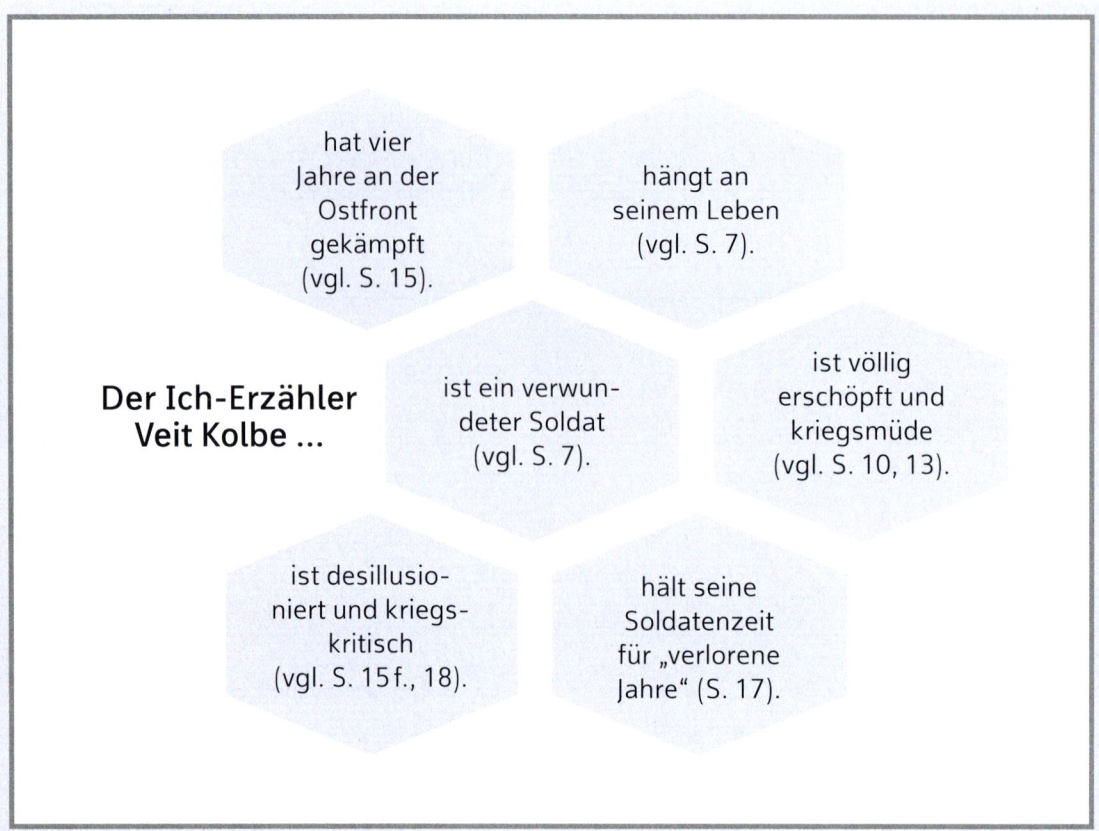

Im Anschluss erhalten die Schüler die anspruchsvolle Aufgabe, den Roman in häuslicher Lektüre komplett zu lesen. Dafür empfiehlt sich ein Zeitraum von etwa drei bis vier Wochen, in Leistungskursen kann der Zeitraum kürzer gewählt werden. Lesefernen bzw. ungeübten Lerngruppen kann als Unterstützung das **Arbeitsblatt 3** (S. 35, Webcode SNG-22744-003) zur Verfügung gestellt werden. Die Schüler werden hier in die Methodik des **Lesetagebuchs** eingeführt, zu dem sie während der Lektüre angehalten werden.

1.2 Zitate-Teppich zu Arno Geigers Roman „Unter der Drachenwand"

Direkter und unmittelbarer als die in 1.1 skizzierte Sequenz kann der Einstieg über die Methode des **Zitate-Teppichs** erfolgen (vgl. **Arbeitsblatt 2**, S. 34, Webcode SNG-22744-002). Hier werden den Schülern verschiedene Zitate aus dem Roman Geigers angeboten, die unterschiedliche Themenfelder ansprechen und für die weitere Bearbeitung des Textes im Unterricht identifiziert werden sollen. Für den vorgeschlagenen **Einstieg** empfiehlt sich die Sozialform der **Einzelarbeit** („Think"-Phase).

■ *Die folgenden Zitate entstammen dem Roman „Unter der Drachenwand" von Arno Geiger aus dem Jahr 2018. Welches finden Sie interessant, welches macht Sie neugierig? Wählen Sie eines aus und führen Sie aus, was für einen Roman Sie erwarten. Ziehen Sie ggf. das Buchcover in Ihre Überlegungen mit ein.*

Die Schüler können eines, aber auch mehrere Zitate auswählen und ihre Entscheidung kurz schriftlich begründen. Die Begründungen können vor der Präsentation im Plenum in einer Partner- oder Kleingruppenarbeitsphase („Pair"-Phase) vorgestellt werden. Im anschließenden **Unterrichtsgespräch** („Share"-Phase) gilt es, die Auswahlentscheidungen der Schüler mitsamt ihren Begründungen zu bündeln und zu systematisieren:

- *Welche Themenfelder werden durch die Zitate angesprochen?*
- *Welche Zitate ähneln sich, welche stammen aus ähnlichen Themenfeldern?*
- *Was für einen Roman erwarten Sie? Skizzieren Sie eine mögliche Handlung.*
- *Was gefällt oder missfällt Ihnen an der Sprache des Romans?*

> **Mögliche Themenfelder des Romans „Unter der Drachenwand"**
>
> - Grausamkeit des Krieges und seine Folgen für den Einzelnen (vgl. S. 356, 140, 462f., 81)
> - Gestaltung der eigenen Biografie zwischen Überzeugung, Anpassung und Aufbegehren
> - Lebensgier, -lust und -freude (vgl. S. 7, 327)
> - Sehnsucht nach dem Anderen (vgl. S. 69)
> - Persönlichkeitsentwicklung und -entfaltung (S. 367)
> - Liebe (vgl. S. 205)
> - Bedingungen individuellen Glücks

Im Anschluss an den gewählten Einstieg über den Zitate-Teppich wird das erste Romankapitel gemeinsam und vollständig im Unterricht gelesen. In einer ersten Verständigung wird der Blick sinnvollerweise auf die Lebenssituation des Ich-Erzählers Veit Kolbe gerichtet:

- *Wer ist Veit Kolbe? In welcher Lebenssituation befindet er sich?*
- *Worunter leidet er? Was hält ihn am Leben?*
- *Zu welcher Zeit spielt die Romanhandlung?*
- *Was haben Sie nicht verstanden? Welche Fragen müssen wir klären?*

Baustein 1: Einstiege in den Roman „Unter der Drachenwand"

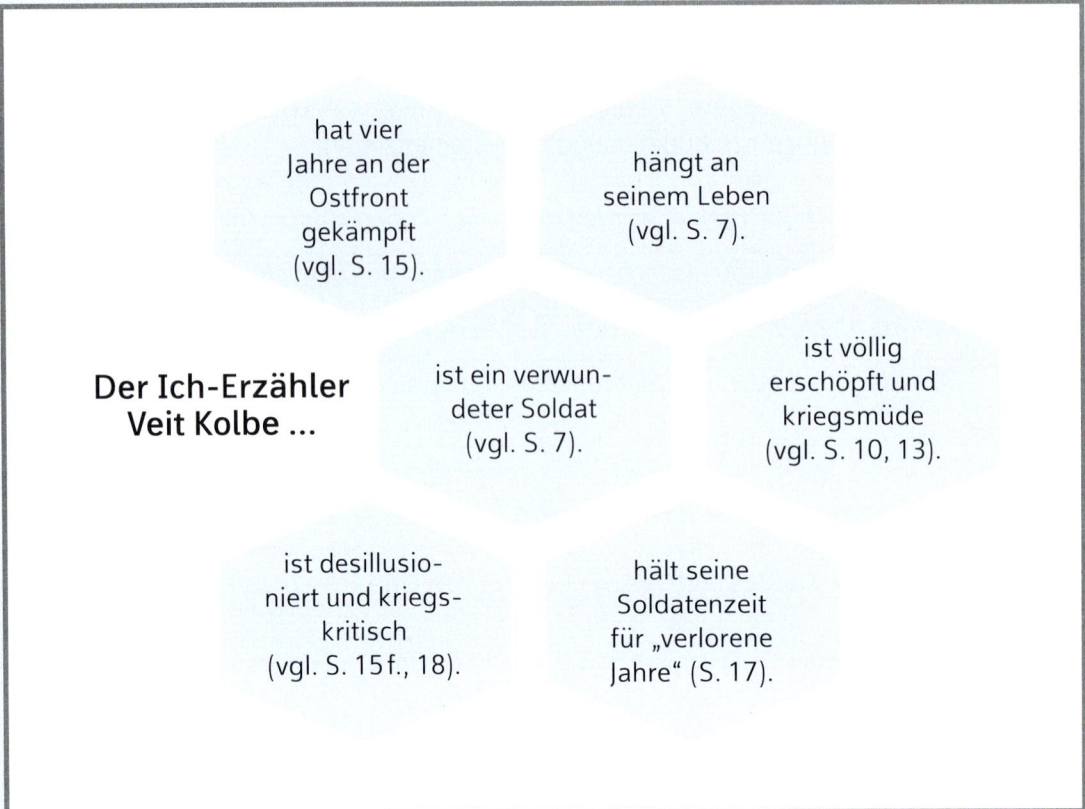

 Im Anschluss erhalten die Schüler die anspruchsvolle Aufgabe, den Roman in häuslicher Lektüre komplett zu lesen. Dafür empfiehlt sich ein Zeitraum von etwa drei bis vier Wochen, in Leistungskursen kann der Zeitraum kürzer gewählt werden. Lesefernen bzw. ungeübten Lerngruppen kann als Unterstützung das **Arbeitsblatt 3** (S. 35, Webcode SNG-22744-003) zur Verfügung gestellt werden. Die Schüler werden hier in die Methodik des **Lesetagebuchs** eingeführt, zu dem sie während der Lektüre angehalten werden.

1.3 Lektüreerfahrungen dokumentieren – Das Lesetagebuch

Die Lektüre eines Romans mit einem Umfang von fast 500 Seiten stellt an ungeübte und junge Leser, mit denen es auch der gymnasiale Oberstufenunterricht zu tun hat, vor immense Herausforderungen. Neben den notwendigen Lesefertigkeiten, die v.a. Ausdauer und die Herstellung von Textkohärenz einfordern, stellt die erzähltechnische Konstruktion des Romans eine weitere Hürde dar. Für ungeübte Leser stellen die unterschiedlichen Erzähler des Romans, der aus den subjektiv gefärbten Beiträgen in Form von Briefen und Tagebucheinträgen besteht, eine weitere Schwierigkeit bei der Sinnkonstruktion dar. Es ist schließlich v.a. in der ersten Hälfte des Romans nicht immer einfach, den aktuellen Erzähler zu benennen. Dennoch kommen die Schüler der gymnasialen Oberstufe angesichts knapper Zeitressourcen nicht umhin, einen großen Teil des Romans in häuslicher Lektüre vorbereitend zu lesen. Eine komplette Lektüre des Romans im Literaturunterricht erscheint unrealistisch. Vor diesem Hintergrund ist es insbesondere in lesefernen Lerngruppen sinnvoll, die private häusliche Lektüre zu entlasten und methodisch zu begleiten, um einer denkbaren Desorientierung und daraus resultierender Entmutigung oder Enttäuschung vorzubeugen. Durch die explizite Benennung der vier Erzähler des Romans leistet daher das **Arbeitsblatt 3** (S. 35, Webcode SNG-22744-003) hier eine spürbare Vorabentlastung für den Leser.

Die Lesesozialisationsforschung hat die unbestrittenen Hilfen, die das Führen eines **Lesetagebuchs** mit sich bringen kann, v. a. für die Sekundarstufe I nachgewiesen. Eine solche den Leseprozess verlangsamende Methode kann jedoch auch in der gymnasialen Oberstufe ihren Sinn haben. Im Fall des Romans „Unter der Drachenwand" bietet sich die Arbeit mit dem Lesetagebuch v. a. deshalb an, weil der der Methode inhärente Zwang, eigenständig produktiv tätig zu werden, die Schüler in die Lage versetzt, persönlich und subjektiv auf die Äußerungen der vier erzählenden Figuren zu reagieren. Neben einer sicher sinnvollen kurzen Fixierung des Handlungsgeschehens und der Option, Verständnisfragen zu formulieren, sollten die Aufgaben des Lesetagebuchs daher bewusst auch produktive Arbeiten beinhalten, die dem inneren Monolog ähneln. Im Kern handelt es sich bei den Beiträgen der Figuren Arno Geigers nämlich um ein solches „Gedankengespräch". Auch in den Briefen der Mutter Margots, die sich formal natürlich in erster Linie an ihre Tochter am Mondsee richten, geht es um die Selbstreflexion und innere Bewältigung der Schrecken des Kriegsalltags durch das Erzählen im südhessischen Darmstadt, einer von den Bombenangriffen der Alliierten am Kriegsende besonders stark betroffenen Großstadt. Erzählend vergewissern sich alle Figuren, dass sie zu den Überlebenden gehören. Erzählend suchen sie nach persönlichen Strategien, mit dem Erlebten klarzukommen, es zu verarbeiten und zu bewerten.

Für die Arbeit mit dem Lesetagebuch erhalten die Schüler vor Beginn der Lektüre das **Arbeitsblatt 3** (S. 35). Es sollte vorab im Unterricht gelesen und besprochen werden, sodass alle Schüler mit der Methode vertraut sind. Im Idealfall schaffen sich die Schüler ein kleines Heft an, in dem sie ihre Textprodukte festhalten. Die möglichen Verständnisfragen beziehen sich auf die Auswahl an Möglichkeiten, die den Schülerinnen und Schülern auf diesem Arbeitsblatt angeboten werden und die natürlich um zusätzliche Formen erweitert werden können. Die Schüler können

- einzelne Kapitel kurz zusammenfassen,
- beeindruckende Textstellen notieren,
- eigene Emotionen und Gedanken während eines Kapitels festhalten, etwa indem sie das Handeln oder Denken einer literarischen Figur kommentieren,
- an eine Figur des Romans einen Brief oder eine E-Mail schreiben,
- aus der Sicht einer Figur einen Tagebucheintrag verfassen,
- zu einer bestimmen Szene des Romans eine Skizze zeichnen oder ein Bild malen,
- am Ende der Lektüre einen Brief an den Autor verfassen,
- notieren, was ihnen beim Lesen des Romans gut bzw. weniger gut gefallen hat,
- eine Buchempfehlung schreiben oder ein neues Buchcover entwerfen.

Es hat sich gerade in leistungsheterogenen und weniger leseaffinen Lerngruppen auch in der Oberstufe als ergiebig und sinnstiftend erwiesen, wenn z. B. im Rahmen einer Doppelstunde ein **gemeinsamer Lektüreeinstieg** im Kurs ermöglicht wird. Während und nach der Lektüre der ersten Kapitel – vorgeschlagen wird der erste große Beitrag des Protagonisten Veit Kolbe (vgl. S. 7 – 84) – können dann unter Mithilfe der moderierenden Lehrkraft wichtige Orientierungs- und Verständnisfragen geklärt werden. Dies beeinflusst die weitere, eigenverantwortliche Lektüre des Romans durch die Schüler in aller Regel positiv.

Mögliche Impulsfragen könnten sein:

■ *Welche Erfahrungen hat der einfache Soldat Veit Kolbe an der Front gemacht? In welchem körperlichen und seelischen Zustand kommt er in Mondsee an?*

■ *Welches Verhältnis hat er zu seinem Vater? Wie wohl fühlt er sich in der Familie?*

- *Wie steht er zum Krieg bzw. zu den Kriegszielen? Ist er ein überzeugter Nationalsozialist?*
- *Vor welchen Herausforderungen steht er als Neuankömmling in Mondsee? Worauf muss er achten? Welche Gefahren sollte er in den Blick nehmen?*
- *Wie könnte die Geschichte des Veit Kolbe weitergehen? Erwarten Sie einen Kriegs- oder Antikriegsroman? Skizzieren Sie eine für Sie denkbare weitere Handlung.*
- *Inwiefern kann man den Protagonisten als innerlich zerrissenen Menschen begreifen?*

Die Ergebnisse aus den Unterrichtsgesprächen können in einem ersten zusammenfassenden Tafelbild gebündelt werden, das den inneren und äußeren Konflikt Kolbes thematisiert. Innerlich hat er bereits Abstand zu der Vorstellung genommen, dass der Krieg sinnvoll für das Land und vorteilhaft für ihn selbst ist. Eindeutig spricht er im Rückblick über seine Fronterfahrungen von „fünf verlorenen Jahren" (S. 17). Schonungslos diagnostiziert er sich als körperlich und geistig zerrüttet, er hält sich für „ein abgenagtes Stück Herz" (S. 23), das unter den inhumanen Folgen des irrsinnigen Krieges (vgl. S. 29) mit unerklärlichen Angstanfällen, die man heute als posttraumatisches Belastungssyndrom diagnostizieren würde, reagiert. Andererseits kann er seine Kriegsmüdigkeit und -zweifel als Neuankömmling in Mondsee nicht offenbaren, da es sich bei den Bewohnern des Dorfes, mit denen er zu Beginn in Kontakt gerät, um überzeugte Nationalsozialisten wie die Quartierfrau oder verwandte Mitläufer wie den Onkel handelt und er sich damit selbst in Gefahr bringen würde. Die Hoffnung auf ein normales privates Leben, nach dem sich Kolbe sehnt, wird v. a. genährt durch die ersten Kontakte zu der Lehrerin Grete Bildstein, zu der sich der Protagonist anfangs hingezogen fühlt, sowie zu dem Bruder seiner Vermieterin, dem sog. „Brasilianer", der sich als bekennender Antifaschist, Pazifist und Gegner des diktatorischen Regimes zu erkennen gibt (vgl. S. 68 ff.).

Veit Kolbe in Mondsee: Zwischen Überzeugung, Anpassung und Aufbegehren

Anpassung und Integration
- Veit fügt sich anfangs unauffällig in das Leben in Mondsee ein.
- verhält sich unauffällig
- vermeidet Konflikte (z. B. vgl. S. 137/Z. 24 ff.)
- sucht Ruhe und Erholung

Aufbegehren und Protest
- erkennt schon zu Beginn den blinden Nazismus seines Vaters als Selbstbetrug
- hält den Krieg aus eigener Erfahrung für menschenfeindlich (vgl. S. 81/Z. 28 f.)
- geht auf inneren Abstand zu NS-Anhängern

Im Anschluss an die häusliche Lektüre des Romans durch die Schüler kann die Textkenntnis durch einen Lektüretest überprüft werden (vgl. **Arbeitsblatt 6**, S. 39, Webcode SNG-22744-007; **Lösungen**, S. 40, Webcode SNG-22744-007).

1.4 Die Romankenntnis nachweisen – Wer sagt was zu wem?

Haben die Schüler den Roman in häuslicher Lektüre in Gänze gelesen, kann ein erster gemeinsamer Einstieg auf eher spielerische Weise erfolgen. Indem die Schüler eine Auswahl an aus dem Roman „Unter der Drachenwand" stammenden Zitaten vorgelegt bekommen, weisen sie durch die eingeforderte Zuordnung der Zitate zum einen ihre Textkenntnis nach. Zum anderen wird durch die Auswahl der Zitate eine erste Themengliederung und Reihenplanung möglich, die im Unterrichtsgespräch unter Anleitung der Lehrkraft vorgenommen werden sollte.

Die Lerngruppe erhält zum **Einstieg** das **Arbeitsblatt 4** (S. 36, Webcode SNG-22744-004). Im Sinne des aus dem kooperativen Lernen stammenden „Think-Pair-Share"-Dreischritts erfolgt die Bearbeitung der ersten Aufgabe in **Einzelarbeit**, sodass der einzelne Schüler in der Pflicht ist, seine Lektürekenntnis nachzuweisen. Hier sollten maximal fünf Minuten zur Verfügung gestellt werden („Think"-Phase).

> ■ *Im Roman „Unter der Drachenwand" (2018) von Arno Geiger geht es um das Geschehen abseits der Front. Ganz normale Menschen wie z. B. ein einfacher Soldat, eine junge Mutter oder ein Bombenopfer in einer Großstadt geben in Gesprächen, Monologen und Briefen Auskunft über ihre Lebenssituation. Stellen Sie Ihre Kenntnis des Romans unter Beweis, indem Sie die nachfolgenden Aussagen mithilfe eines Pfeils einer bestimmen Dialogsituation zuordnen: Wer sagt es zu wem? Identifizieren Sie im Anschluss Themenfelder des Romans. Sie können auch Fragen notieren, die sich für Sie aus dem Roman ergeben.*

Mithilfe von Pfeilen ist jeder einzelne Schüler nun aufgefordert, die in der Mitte des Arbeitsblatts 4 stehenden Zitate sowohl einem Sprecher (linke Seite) als auch einem Adressaten zuzuordnen. Die folgende „Share"-Phase kann in **Partner- oder Kleingruppenarbeit** absolviert werden. Die Schüler vergleichen nun ihre Zuordnungen, begründen diese und korrigieren gegebenenfalls. Unstimmigkeiten und Zweifel können durch das Nachschlagen im Roman aus dem Weg geräumt werden.

> ■ *Vergleichen Sie Ihre Zuordnungen mit denen Ihrer Mitschüler und Mitschülerinnen. Klären Sie Unstimmigkeiten, indem Sie gemeinsam im Roman „Unter der Drachenwand" nachschlagen.*

Im Anschluss an die Überprüfung der Zitatzuordnung gilt es, im Sinne der Aufgabenstellung mögliche Themenfelder zu identifizieren. Die Schüler können hier im Schonraum der Gruppe oder in Partnerarbeit ohne Lenkung durch die Lehrkraft erste Gedanken und Überlegungen zu möglichen Unterrichtsthemen äußern (Dauer: ca. 15 bis 20 Min.).

> ■ *Identifizieren Sie im Anschluss an die Überprüfung der Zitate mögliche Themenfelder des Romans. Notieren Sie diese stichwortartig und präsentieren Sie sie im Plenum.*

Liegt eine Dokumentenkamera vor, können die Vorschläge im Kursheft notiert werden. Alternativ kann die Lehrkraft den Schülern vorbereitete Papierstreifen zur Verfügung stellen, auf welche die Themenvorschläge in Stichworten (Schriftgröße: 5 cm) notiert werden. In der Präsentationsphase können diese im Anschluss an der Tafel oder einer Stellwand befestigt werden.

In der letzten, zweigeteilten Phase („Share") stellen die einzelnen Teams ihre Ergebnisse im Plenum vor (vgl. **Lösungen**, S. 37, Webcode SNG-22744-005). Aus zeitlichen Gründen empfiehlt es sich, jeweils zwei bis drei Zitate durch eine Gruppe vorstellen zu lassen. Die Schüler erläutern ihre Zuordnung und kontextualisieren sie, indem sie eine knappe Skizzierung der Gesprächssituation geben. Auf diese Weise ist es möglich, über die Figuren des Romans miteinander ins Gespräch zu kommen. Beispielsweise ist es bei dem ersten Zitat („Bei mir ist alles Krieg, ich muss mir das abgewöhnen.", S. 53), das Veit gegenüber der Lehrerin Grete Bildstein tätigt, sinnvoll, zum einen über die alles verschlingende, totale Macht und Inanspruchnahme des Krieges zu sprechen: „Und der Krieg rückte keinen Millimeter zur Seite." (S. 81) Zum anderen ist es aber auch sinnvoll, die interessante Figur der Veits amouröse Versuche abweisenden Lehrerin aus Schwarzindien in den Blick zu nehmen. Nach erfolgter Zu- und Einordnung der Zitate erfolgt in der zweiten Phase die Zusammenführung der Einzelzitate hin zu Themenvorschlägen. Diese können auch in Form von Fragen formuliert werden (Synthese). Die Vorschläge der jeweiligen Gruppen werden begründet und visualisiert.

■ *Mit welchen Fragen und Themen möchten Sie sich beschäftigen? Begründen Sie.*

Fragen und Themen, mit denen wir uns beschäftigen möchten

- Welche Auswirkungen hat der Krieg auf den Menschen?
- Welche Möglichkeiten hat der Einzelne, sich gegenüber der Gesellschaft zu behaupten?
- Wo finden sich Freiräume für das Individuum? Wie kann man sie nutzen?
- Wie viel Anpassung an die Forderungen der Gesellschaft ist verantwortbar? Ab wann sollte man seiner Überzeugung folgen und Widerstand leisten?
- Welche Formen von Protest und Widerstand sind möglich und sinnvoll?
- Wie wichtig ist das Private für den Menschen? Was hat Vorrang – das Private oder das Politische?
- Wie kann die Gesellschaft dauerhaft friedlich leben, den Frieden sichern?
- Warum ist die Liebe zwischen zwei Menschen so wichtig? Was bewirkt sie?
- Ist Veit Kolbe ein Täter, ein Opfer oder beides?

1.5 Ein assoziativer Einstieg – Die Abc-Methode

Das in der Folge skizzierte Vorgehen eignet sich für den Fall, dass die Lerngruppe den Roman „Unter der Drachenwand" bereits vorab gelesen hat. Es versteht sich als methodische Alternative zur bekannten Kartenabfrage, um einen Unterrichtseinstieg zu ermöglichen, der sich zu Beginn möglichst nah an den Fragen der Lerngruppe und nicht an denen der Lehrkraft orientiert. Über ein Strukturierungselement (Alphabet) soll den Schülern die Möglichkeit zur offenen und bewusst assoziativen Mitteilung ihrer ersten, spontanen Leseeindrücke gegeben werden. Dabei hat der Einstieg über die Abc-Methode den Vorteil, dass naheliegenden Lenkungen, wie man sie aus dem traditionellen Gesprächseinstieg im literarischen Unterrichtsgespräch kennt, unterbleiben müssen.[1] Die Methode läuft nach dem aus dem kooperativen Lernen bekannten Dreischritt des „Think-Pair-Share" ab.

---

[1] Vgl. B. Hugenschmidt/A. Technau: Methoden schnell zur Hand. 58 schülerorientierte Unterrichtsmethoden. Stuttgart: Klett 2002, S. 23.

Die Lerngruppe erhält zum **Einstieg** das **Arbeitsblatt 5** (S. 38, Webcode SNG-22744-006). Gemeinsam wird kurz der Ablauf besprochen, mögliche methodische Verständnisfragen werden mithilfe der Lehrkraft geklärt. In der folgenden, etwa zehnminütigen **Einzelarbeitsphase** notiert jeder Schüler für sich zu möglichst jedem angebotenen Buchstaben einen Begriff, den er in Zusammenhang mit der Handlung des Romans „Unter der Drachenwand" von Arno Geiger bringen kann („Think"-Phase, Aufgabe 1).

> ■ *Mithilfe dieses Arbeitsblattes soll es Ihnen ermöglicht werden, offen Ihre ersten Eindrücke zu Geigers Roman festzuhalten. Nutzen Sie dafür die jeweiligen Anfangsbuchstaben des Alphabets und assoziieren Sie einen Begriff oder Gedanken, den Sie in Zusammenhang mit dem Roman bringen können. Notieren Sie stichpunktartig. Buchstaben, zu denen Sie keine Einfälle haben, überspringen Sie.*

Bei Bedarf kann diese Phase in der Folge um eine kurze Partnerarbeit ergänzt werden („Pair"-Phase). In diesem Fall stehen drei bis fünf weitere Minuten dafür zur Verfügung, dass sich zwei Partner ihre Spontanassoziation vorstellen, ihre Listen vergleichen, Dopplungen streichen und sich gegenseitig auf die zehn wichtigsten Begriffe einigen. Die folgende Phase findet in **Kleingruppen** statt (Aufgaben 2 und 3).

> ■ *Präsentieren Sie Ihre Ergebnisse in der Kleingruppe. Stellen Sie Gemeinsamkeiten her, indem Sie im Gespräch erkennen, dass unterschiedliche Begriffe möglicherweise ein und dieselbe Bedeutung haben. Bilden Sie nach Möglichkeit einen Oberbegriff.*
>
> ■ *Wählen Sie in der Gruppe ca. fünf bis acht Begriffe aus, die Ihnen zentral erscheinen. Diese stellen Sie dem gesamten Kurs vor, z. B. in Form eines Wandplakats, das Ihnen hilft, die Ergebnisse zu veranschaulichen und zu erläutern.*

In Gruppen zu maximal vier bis fünf Schülern werden die Ergebnisse aus der ersten Phase vorgestellt und miteinander verglichen. Die Aufgabe, z. B. ein Wandplakat zu erstellen und im Anschluss im Plenum zu präsentieren, zwingt zur Auswahl bzw. Anfertigung einer Prioritätenliste und macht es daher notwendig, dass die Schüler in ihrer Gruppe über die Legitimität bzw. Logik ihrer Assoziationen diskutieren, statt diese bloß zur Kenntnis zu nehmen. Alternativ zur Anfertigung einer Wandzeitung können die Begriffe auch auf Papierstreifen notiert werden; liegt eine Dokumentenkamera vor, können die Begriffe auch nur im Kursheft notiert werden, was naturgemäß eine Zeiteinsparung mit sich bringt. Durch die Erkenntnis, dass erwartungsgemäß zahlreiche Einfälle mehrfach vorkommen, erfahren die Lernenden Näheres über die Funktion von Rezeptionsprozessen und nähern sich intuitiv den zentralen Themen des Romans an. In dieser Phase ist vonseiten der Lehrkraft zu beobachten, ob die Teilnehmer sich möglicherweise nicht auf einige Begriffe einigen können oder wollen. Es kann daher sinnvoll sein, in jeder Gruppe einen „Moderator" zu bestimmen, dessen Aufgabe darin besteht, diese notwendige Einigung kommunikativ herzustellen.

Die abschließende **Plenumsphase** („Share") ist zweigeteilt: In einem ersten Teil stellen die Kleingruppen mediengestützt ihre Ergebnisse vor. Durch geschickte Vorauswahl seitens der Lehrkraft kann die Präsentation so gestaltet werden, dass inhaltlich unterschiedliche Plakate bzw. Themenvorschläge vorgestellt und so denkbare ermüdende Redundanzen vermieden werden. Nach Beendigung der Präsentationen gilt es nun im zweiten Teil der Plenumsphase, gemeinsam im Unterrichtsgespräch mögliche Fragestellungen zu entwickeln, die der Lerngruppe zentral erscheinen und im Mittelpunkt der weiteren Unterrichtsarbeit stehen sollen.

Baustein 1: Einstiege in den Roman „Unter der Drachenwand"

- *Welche Fragestellungen erscheinen Ihnen bei unserer Beschäftigung mit dem Roman „Unter der Drachenwand" zentral? Mit welchen Themen sollen wir uns im Unterricht beschäftigen?*

- *Welche Aspekte, die bisher nicht erwähnt wurden, scheinen Ihnen zusätzlich von Bedeutung zu sein? Begründen Sie Ihre Einschätzung.*

- *Angenommen, Sie könnten den Autor des Romans „Unter der Drachenwand" interviewen, welche Fragen würden Sie Arno Geiger stellen?*

- *Welche Aspekte des Romans finden Sie v. a. für junge Menschen bedeutsam?*

- *Interessiert Sie der Roman? Begründen Sie, indem Sie sich auf Probleme bzw. Fragestellungen aus dem Leben von jungen Erwachsenen beziehen.*

Die Schülerfragen und Themenvorschläge, die von der Lehrkraft je nach Bedarf gebündelt, zusammengeführt, inhaltlich verdichtet und zusammengefasst werden können, sollten in jedem Fall an der Tafel oder auf Folie fixiert und von den Schülern in ihr Kursheft übernommen werden. Hält man die durch die Ideenpräsentation abgeleiteten Fragestellungen auf einer Wandzeitung fest, kann diese im Kursraum aufgehängt werden. Auf diese Weise kann im Laufe der Unterrichtseinheit punktuell immer wieder Bezug auf diese Ausgangsfragen genommen und so dauerhafte Schülerorientierung realisiert werden.

Mögliche Themenfelder des Romans „Unter der Drachenwand"

- Grausamkeit des Krieges und seine Folgen für den Einzelnen (vgl. S. 356, 140, 462, 256, 81)
- Gestaltung der eigenen Biografie zwischen Überzeugung, Anpassung und Aufbegehren
- Lebensgier, -lust und -freude (vgl. S. 7, 327)
- Sehnsucht nach dem Anderen (vgl. S. 69)
- Persönlichkeitsentwicklung und -entfaltung (vgl. S. 367)
- Liebe (vgl. S. 205)
- Bedingungen individuellen Glücks

Notizen

Romananfänge bewerten – Der erste Satz

„Der erste Satz ist wichtig. In der Liebe wie auch in der Literatur. Ein guter erster Satz entscheidet oftmals schon darüber, ob wir uns in einen Menschen oder in ein Buch verlieben, ob wir berührt werden und uns voller Neugier auf das Versprechen einer guten Geschichte einlassen."[1]

1. Lesen Sie die folgenden Romananfänge. Welche machen Sie neugierig auf das Buch und verführen zum Weiterlesen? Kreuzen Sie an und begründen Sie Ihre Wahl.

- ○ „Aber Jakob ist immer quer über die Gleise gegangen." (Uwe Johnson: Mutmaßungen über Jakob, Suhrkamp: Frankfurt am Main 1959)

- ○ „Hat jemand im vorigen Jahr am fünfzehnten Oktober Radio gehört?" (Astrid Lindgren: Mio, mein Mio, Oetinger Verlag: Hamburg 1954)

- ○ „Als Gregor Samsa eines Morgens aus unruhigen Träumen erwachte, fand er sich in seinem Bett zu einem ungeheueren Ungeziefer verwandelt." (Franz Kafka: Die Verwandlung, 1915)

- ○ „Ich heiße Serena Frome (reimt sich auf Ruhm), und vor knapp vierzig Jahren wurde ich vom britischen Geheimdienst auf eine geheime Mission geschickt." (Ian McEwan: Honig, Diogenes: Zürich 2013, Übersetzung: Karl Kurt Peters)

- ○ „Ich bin dazu verdammt, mit der Erinnerung an einen Jungen mit einer entsetzlichen Stimme zu leben – nicht wegen seiner Stimme, auch nicht, weil er der kleinste Mensch war, der mir je begegnet ist, und nicht einmal, weil er das Werkzeug zum Tod meiner Mutter war, sondern weil er der Grund ist, warum ich an Gott glaube: wegen Owen Meany bin ich Christ geworden." (John Irving: Owen Meany, Diogenes: Zürich 1990, Übersetzung: Edith Nerke/Jürgen Bauer)

- ○ „Mein erster Toter war ein Rentner." (Joachim Meyerhoff: Wann wird es endlich wieder so, wie es nie war, KiWi: Köln 2013)

- ○ „Im südlichen Niedersachen liegt ein Wald, der Deister, darin stand ein Haus aus Sandstein, in dem früher der Förster gewohnt hatte und das durch eine Reihe von Zufällen und den Kredit einer Bank in den Besitz eines Ehepaares kam, das dort einzog, damit die Frau in Ruhe sterben konnte." (Takis Würger: Der Club, Kein & Aber Verlag: Zürich 2018)

- ○ „Es war ein verrückter schwüler Sommer, dieser Sommer, in dem die Rosenbergs auf den elektrischen Stuhl kamen und ich nicht wusste, was ich in New York eigentlich wollte." (Sylvia Plath: Die Glasglocke, Suhrkamp: Frankfurt am Main 1968)

- ○ „Nennt mich Ismael." (Herman Melville: Moby-Dick, Hanser: München 2001, Übersetzung: Matthias Jendis Übersetzung: Matthias Jendis)

- ○ „Sieht so ein gebrochener Mann aus, frage ich mich, als ich ihm gegenübersitze und draußen der Schnee einsetzt, der seit Tagen erwartet wird und nun in feinen Flocken auf die grünbraunen Felder und in den Nachmittag fällt." (Lukas Bärfuss: Hundert Tage, Wallstein Verlag: Göttingen 2008)

- ○ „Falls Sie wirklich meine Geschichte hören wollen, so möchten Sie wahrscheinlich vor allem wissen, wo ich geboren wurde und wie ich meine verflixte Kindheit verbrachte und was meine Eltern taten, bevor sie mit mir beschäftigt waren, und was es sonst noch an David-Copperfield-Zeug zu erzählen gäbe, aber ich habe keine Lust, das alles zu erzählen." (J. D. Salinger: Der Fänger im Roggen, KiWi: Köln 2003, Übersetzung: Eike Schönfeld)

- ○ „Ilsebill salzte nach." (Günther Grass: Der Butt, S. Fischer Verlag: Frankfurt am Main 1979)

- ○ „Im Himmel, ganz oben, konnte ich einige ziehende Wolken erkennen, und da begriff ich, ich hatte überlebt." (Arno Geiger: Unter der Drachenwand. dtv: München 2019, Originalausgabe © 2018 Carl Hanser Verlag GmbH & Co. KG, München)

2. Beurteilen Sie den ersten Satz des Romans „Unter der Drachenwand" von Arno Geiger. Macht er Sie neugierig? Welche Geschichte erwarten Sie? Halten Sie Ihre Leseerwartung schriftlich fest und tauschen Sie sich mit Ihren Mitschülern und Mitschülerinnen darüber aus.

---

[1] Gabriele Stiller-Kern (Redaktion): Initiative Deutsche Sprache, Stiftung Lesen (Hrsg.): „Der schönste erste Satz": eine Auswahl der charmantesten und eindruckvollsten Beiträge zum internationalen Wettbewerb „Der schönste erste Satz". Hueber, Ismaning 2008

Zitate-Teppich zum Roman „Unter der Drachenwand"

Die folgenden Zitate[1] entstammen dem Roman „Unter der Drachenwand" von Arno Geiger aus dem Jahr 2018. Welches finden Sie interessant, welches macht Sie neugierig? Wählen Sie eines aus und führen Sie aus, was für einen Roman Sie erwarten. Ziehen Sie ggf. das Buchcover in Ihre Überlegungen mit ein.

„Bald ein ganzes Jahr trieb ich mich in Mondsee herum, indessen der Krieg kein Ende nahm. Der Jahrestag meiner Verwundung war verstrichen, und ich wunderte mich selbst, dass es mir gelungen war, mir den Krieg so lange vom Leib zu halten." (S. 356)

„Im Himmel, ganz oben, konnte ich einige ziehende Wolken erkennen, und da begriff ich, ich hatte überlebt." (S. 7)

„Reich ist man, wenn man das Glück hat, in Brasilien leben zu dürfen." (S. 69)

„Ruhig wird das Herz erst, wenn wir geworden sind, was wir sein sollen." (S. 367)

„,Manchmal habe ich Atemprobleme', keuchte ich. ,Ist es von der Lunge?', fragte sie. ,Von der Angst', sagte ich." (S. 140)

„Ich weiß, es sind schon ereignisreichere Geschichten von der Liebe erzählt worden, und doch bestehe ich darauf, dass meine Geschichte eine der schönsten ist. Nimm es oder lass es." (S. 205)

„Und ich dachte an die Schönheit des Lebens und an die Sinnlosigkeit des Krieges. Denn was war der Krieg anderes als ein leerer Raum, in den schönes Leben hineinverschwand? Und eines Tages, als letzte Bestätigung der Sinnlosigkeit, löste sich auch der Raum selbst auf, in den das schöne Leben hineinverschwunden war. Und dann? Was immer es gewesen war, jetzt war es nicht mehr." (S. 327)

„Aber selbst wenn es für mich nicht gut ausging, war mir das baldige Ende lieber als dieser diffuse, nicht enden wollende, immer schlimmer werdende, in immer dunklere Jahre hineinführende und alles Zivile aushöhlende Spuk, in dem das Schlechte in den Menschen immer deutlicher zutage trat, auch bei mir." (S. 462f.)

„Ein heimatloser Flüchtling, ein heimat- und staatenloser Mensch, unter falschem Namen, mit falschen Papieren, mit falschem Blut, in der falschen Zeit, im falschen Leben, in der falschen Welt." (S. 256)

„Das gute Ansehen des Krieges beruht auf Irrtum." (S. 81)

---

[1] alle Zitate: Arno Geiger: Unter der Drachenwand. dtv: München 2019, Originalausgabe © 2018 Carl Hanser Verlag GmbH & Co. KG, München

Lektüreerfahrungen dokumentieren – Das Lesetagebuch

Die Lektüre eines fast 500-seitigen Romans wie Arno Geigers „Unter der Drachenwand" stellt eine zeitliche und intellektuelle Herausforderung für den Leser dar. Häufig lohnt es sich, die eigene Lektürezeit zu verlangsamen, um sich seiner eigenen Eindrücke und Erfahrungen zu vergewissern. Dazu kann ein **Lesetagebuch** dienen. Man gestaltet dafür ein kleines Heft, in dem man in unregelmäßigen Abständen seine Lektüreerfahrungen, aber auch Informationen notiert. Auf diese kann man im Anschluss an die Lektüre, z. B. bei der Besprechung des Romans, zurückgreifen. Sie könnten z. B.

- einzelne Kapitel kurz zusammenfassen,
- beeindruckende Textstellen notieren,
- eigene Emotionen und Gedanken während eines Kapitels festhalten, etwa indem Sie das Handeln oder Denken einer literarischen Figur kommentieren,
- an eine Figur des Romans einen Brief oder eine E-Mail schreiben,
- aus der Sicht einer Figur einen Tagebucheintrag verfassen,
- zu einer bestimmen Szene des Romans eine Skizze zeichnen oder ein Bild malen,
- am Ende der Lektüre einen Brief an den Autor verfassen,
- notieren, was Ihnen beim Lesen des Romans gut bzw. weniger gut gefallen hat,
- eine Buchempfehlung schreiben oder ein neues Buchcover entwerfen.

Der Roman „Unter der Drachenwand" hat nicht nur einen, sondern gleich vier „Erzähler", die in Form von Tagebucheinträgen und Briefen zu Wort kommen. Wann immer sich diese „Stimmen" äußern, könnten Sie im Anschluss die neu gewonnenen Informationen im Lesetagebuch festhalten. Auf diese Weise gewinnen Sie Orientierung und Klarheit über die Handlungsträger des Romans. Folgende Fragen können Ihnen dabei helfen:

Veit Kolbe (junger Soldat auf Fronturlaub): S. 7 – 84, 129 – 215, 279 – 369, 419 – 476	Kurt Ritler (17-jähriger junger Mann): S. 97 – 110, 230 – 244, 384 – 398
Warum kehrt Veit aus dem Krieg zurück? Wie geht es ihm? Welche Erfahrungen hat er im Krieg gemacht? Wie steht er zum Krieg? Welches Verhältnis hat er zu seinen Eltern, insbesondere zu seinem Vater? In welcher Weise beeinflusst ihn der frühe Tod seiner Schwester Hilde? Was denkt er über Hitler und die Nazis? Was fasziniert ihn am „Brasilianer"? Wie entwickelt sich die Beziehung zur Lehrerin Grete Bildstein? Was hofft er zu Beginn? Auf welche Weise lernt er Margot kennen? Wie entwickelt sich ihre Beziehung? Welches Verhältnis hat Veit Kolbe zu seiner Vermieterin, der Quartierfrau? Was denkt Veit Kolbe über Nanni? Wie ist sein Verhältnis zu seinem Onkel vor Ort? Was vermisst er am meisten? Was unternimmt Veit, um nicht wieder in den Krieg eingezogen zu werden? In welchem Zustand befindet er sich am Ende des Romans im Vergleich zu seinem Anfang?	In welchem Verhältnis steht er zu Nanni? Wie reagiert seine Umwelt auf seine Liebe? Welche Pläne und Träume hat er mit Nanni? Was denkt er über den Krieg und die Nazis? Welche Erfahrungen macht er als Soldat? Wie verkraftet er den Tod seiner großen Liebe?
	Margots Mutter (Zivilistin in Darmstadt): S. 85 – 96, 264 – 278, 370 – 383
	Welches Verhältnis hat sie zu ihrer Tochter? Welche Erfahrungen macht sie in Darmstadt? Wie denkt sie darüber? Wie steht sie zum Krieg bzw. den Nazis? Womit beschäftigt sie sich? Was prägt den Alltag der Bombenopfer in Darmstadt? Welche Ratschläge hat sie für ihre Tochter?
	Oskar Meyer (jüdischer Zahntechniker): S. 111 – 128, 245 – 263, 399 – 418
	Wie lebt seine Familie in Wien und Budapest? Welche Alltags- und Kriegserfahrungen macht er? Warum wandert seine Familie nicht aus? Welche Vorwürfe macht er sich vor allem? Welche Rolle spielt Wallys Halstuch für ihn?

Die Romankenntnis nachweisen – Wer sagt was zu wem?

■ Im Roman „Unter der Drachenwand" (2018) von Arno Geiger geht es um das Geschehen abseits der Front. Ganz normale Menschen wie z. B. ein einfacher Soldat, eine junge Mutter oder ein Bombenopfer in einer Großstadt geben in Gesprächen, Monologen und Briefen Auskunft über ihre Lebenssituation. Stellen Sie Ihre Kenntnis des Romans unter Beweis, indem Sie die nachfolgenden Aussagen mithilfe eines Pfeils einer bestimmen Dialogsituation zuordnen: Wer sagt es zu wem? Identifizieren Sie im Anschluss Themenfelder des Romans. Sie können auch Fragen notieren, die sich für Sie aus dem Roman ergeben.

Figur: Von	Aussage	Figur: Zu
Brasilianer	„Bei mir ist alles Krieg, ich muss mir das abgewöhnen."	**Lehrerin**
	„Reich ist, wenn man das Glück hat, in Brasilien zu leben."	
Veit	„Wollen nicht Sie als Soldat ihr schreiben und sagen, was Sie mir gesagt haben, dass Verliebtsein etwas Schönes ist?"	**Nanni**
	„Dann müssen Sie Traubenzucker nehmen."	
		Veit
	„Ich glaube, was ich am meisten gebraucht habe, war, dass jemand zu mir sagt: ‚Hab keine Angst.'"	
Margots Mutter	„Die Lebensweise, die jeder Mensch in sich trägt, ist mir genommen. Du drehst dich um und willst etwas sagen, aber da ist niemand. In so belanglosen Momenten wird mir bewusst, wie sehr mir Wally fehlt."	**Arzt**
	„Ich bin ein ausgesaugter Knochen."	**Ferdl**
Kurt	„Tante Emma und Onkel Georg sind zu siebzehnt in einen Sarg gekommen, lauter Knochen der Hausgemeinschaft."	
Oskar		**Margot**
	„Deshalb wird die Menschheit erst dann wieder Frieden und Freiheit finden, wenn sie selbst nicht mehr tötet, auch Tiere nicht, und wenn sie endlich aufhört, das Fleisch der Tiere zu fressen, wie eine Hyäne, nur mit dem Unterschied, dass der Mensch die Tiere mit Instrumenten tötet, das Fleisch kocht, spickt und auf Meißener Porzellan serviert."	
Nanni	„Wer auf die Jagd nach einem Tiger geht, muss damit rechnen, auf einen Tiger zu treffen."	**Jeannette**

alle Zitate: Arno Geiger: Unter der Drachenwand. dtv: München 2019, Originalausgabe © 2018 Carl Hanser Verlag GmbH & Co. KG, München

Die Romankenntnis nachweisen – Wer sagt was zu wem? (Lösung)

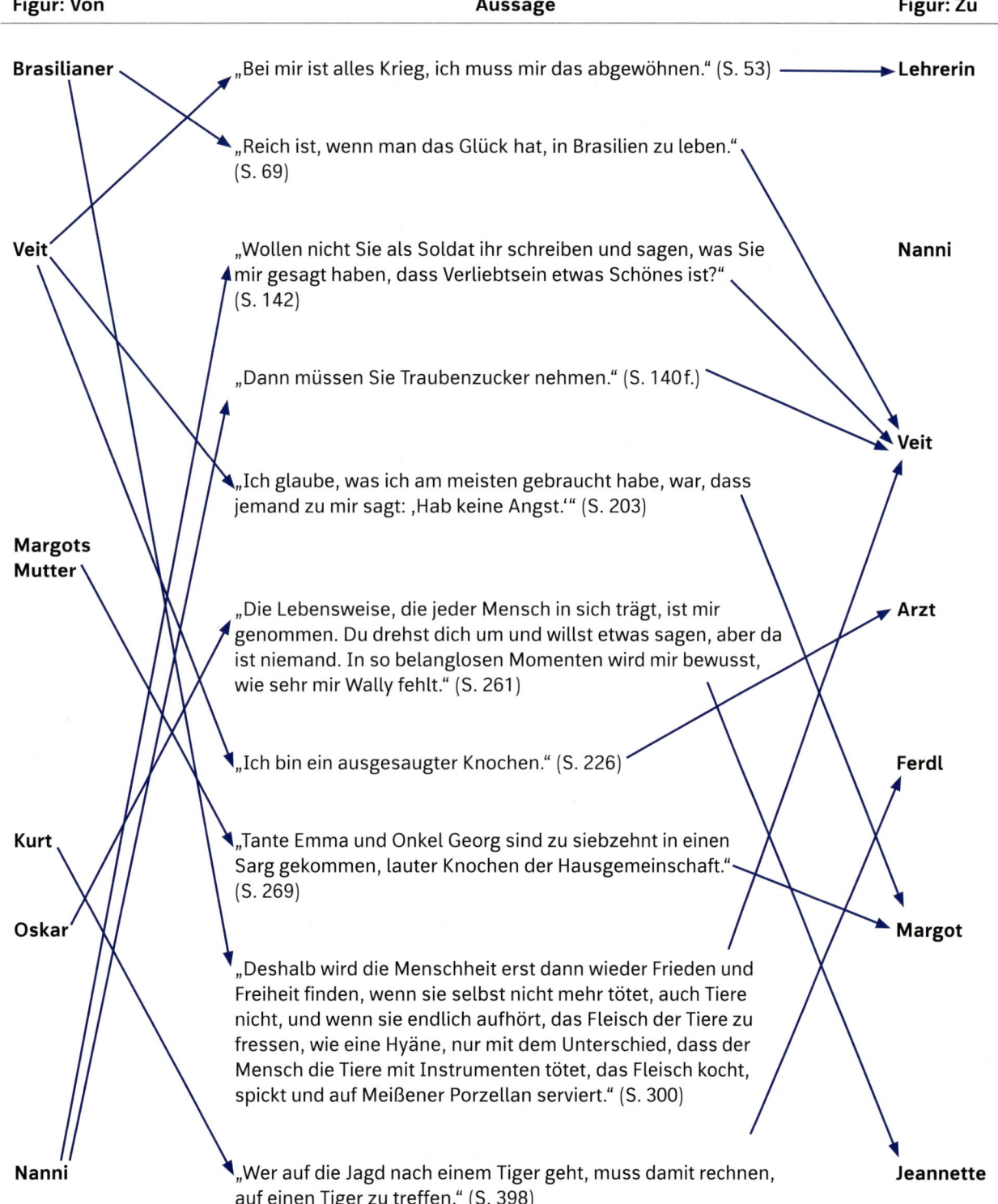

alle Zitate: Arno Geiger: Unter der Drachenwand. dtv: München 2019, Originalausgabe © 2018 Carl Hanser Verlag GmbH & Co. KG, München

„Unter der Drachenwand" von Arno Geiger – Abc-Methode

1. *Mithilfe dieses Arbeitsblattes soll es Ihnen ermöglicht werden, offen Ihre ersten Eindrücke zu Geigers Roman festzuhalten. Nutzen Sie dafür die jeweiligen Anfangsbuchstaben des Alphabets und assoziieren Sie einen Begriff oder Gedanken, den Sie in Zusammenhang mit dem Roman bringen können. Notieren Sie stichpunktartig. Buchstaben, zu denen Sie keine Einfälle haben, überspringen Sie.*

2. *Präsentieren Sie Ihre Ergebnisse in der Kleingruppe. Stellen Sie Gemeinsamkeiten her, indem Sie im Gespräch erkennen, dass unterschiedliche Begriffe möglicherweise ein und dieselbe Bedeutung haben. Bilden Sie nach Möglichkeit einen Oberbegriff.*

3. *Wählen Sie in der Gruppe ca. fünf bis acht Begriffe aus, die Ihnen zentral erscheinen. Diese stellen Sie dem gesamten Kurs vor, z. B. in Form eines Wandplakats, das Ihnen hilft, die Ergebnisse zu veranschaulichen und zu erläutern.*

Abc	Stichpunkt	Abc	Stichpunkt
A		N	
B		O	
C		P	
D		Q	
E		R	
F		S	
G		T	
H		U	
I		V	
J		W	
K		X	
L		Y	
M	argot rettet Veit durch ihre Liebe	Z	weiter Weltkrieg im Jahr 1944

Lektüretest zu Arno Geigers Roman „Unter der Drachenwand"

1. **Welches Verhältnis hat Veit Kolbe zu seinem Vater?**

   ☐ ein gutes, der Vater ist ein Vorbild ☐ ein mäßiges, es gibt leichte Verstimmungen ☐ es ist zerrüttet

2. **Wie heißt Veits noch vor dem Krieg verstorbene Schwester?**

   ☐ Margarete ☐ Inge ☐ Hilde ☐ Gertrud ☐ Margot ☐ Gunhild ☐ Magda

3. **Was verbirgt sich hinter dem exotisch anmutenden Wort „Schwarzindien"?**

   ☐ ein Mädchenlager ☐ ein Heimatverein Ausgewanderter ☐ ein Fußballverein ☐ das Postamt

4. **Welche Blumen baut der „Brasilianer" neben Gemüse in seinem Gewächshaus an?**

   ☐ Pfingstrosen ☐ Lilien ☐ Veilchen ☐ Chrysanthemen ☐ Tulpen ☐ Orchideen

5. **Aus welcher Stadt schreibt Margots Mutter ihrer Tochter Briefe und berichtet vom Kriegsalltag?**

   ☐ Wiesbaden ☐ Darmstadt ☐ Berlin ☐ Wien ☐ Heidelberg ☐ Köln ☐ Dresden

6. **In welchem Verhältnis steht Nanni zu Kurt?**

   ☐ sie ist seine Cousine ☐ sie ist seine Stiefschwester ☐ sie ist seine Freundin ☐ sie ist seine Nichte

7. **Wie heißen Frau und Kinder von Oskar Meyer?**

   ☐ Wally, Bernili, Georgili ☐ Fanny, Bernard, Gregor ☐ Wanda, Willi, Hansi ☐ Wolke, Gideon, Kurti

8. **Warum wird der „Brasilianer" verhaftet?**

   ☐ Er klaut Blumensamen. ☐ Er schlägt die Quartierfrau. ☐ Er beleidigt Hitler und die Nazis.

9. **Was ist die Lieblingsbeschäftigung von Veits Onkel, dem Postenkommandanten in Mondsee?**

   ☐ lesen ☐ rauchen ☐ Kontrollspaziergänge durch das Dorf ☐ Tee im Gasthof trinken ☐ schlafen

10. **Wo stirbt Nanni?**

    ☐ in Wien bei einem Bombenangriff ☐ in Schwarzindien ☐ in Darmstadt ☐ in der Drachenwand

11. **Wohin flüchtet Oskar Meyer mitsamt seiner Familie aus Wien?**

    ☐ nach Bukarest ☐ nach Italien ☐ nach Budapest ☐ nach Accra ☐ nach Győr ☐ nach England

12. **Welcher von Wally erhaltene Gegenstand schenkt Oskar Meyer Mut und Hoffnung?**

    ☐ ein Schlüsselanhänger ☐ ein bunter Stein ☐ eine einfache Kette ☐ ein Halstuch ☐ eine Uhr

13. **Veit Kolbe**

    ☐ wird in den letzten Kriegstagen getötet. ☐ stirbt erst 2004. ☐ stirbt 1946 an Typhus.

Lektüretest zu Arno Geigers Roman „Unter der Drachenwand"
(Lösung)

1. **Welches Verhältnis hat Veit Kolbe zu seinem Vater?**

   ☐ ein gutes, der Vater ist ein Vorbild ☐ ein mäßiges, es gibt leichte Verstimmungen ☒ es ist zerrüttet

2. **Wie heißt Veits noch vor dem Krieg verstorbene Schwester?**

   ☐ Margarete ☐ Inge ☒ Hilde ☐ Gertrud ☐ Margot ☐ Gunhild ☐ Magda

3. **Was verbirgt sich hinter dem exotisch anmutenden Wort „Schwarzindien"?**

   ☒ ein Mädchenlager ☐ ein Heimatverein Ausgewanderter ☐ ein Fußballverein ☐ das Postamt

4. **Welche Blumen baut der „Brasilianer" neben Gemüse in seinem Gewächshaus an?**

   ☐ Pfingstrosen ☐ Lilien ☐ Veilchen ☐ Chrysanthemen ☐ Tulpen ☒ Orchideen

5. **Aus welcher Stadt schreibt Margots Mutter ihrer Tochter Briefe und berichtet vom Kriegsalltag?**

   ☐ Wiesbaden ☒ Darmstadt ☐ Berlin ☐ Wien ☐ Heidelberg ☐ Köln ☐ Dresden

6. **In welchem Verhältnis steht Nanni zu Kurt?**

   ☒ sie ist seine Cousine ☐ sie ist seine Stiefschwester ☐ sie ist seine Freundin ☐ sie ist seine Nichte

7. **Wie heißen Frau und Kinder von Oskar Meyer?**

   ☒ Wally, Bernili, Georgili ☐ Fanny, Bernard, Gregor ☐ Wanda, Willi, Hansi ☐ Wolke, Gideon, Kurti

8. **Warum wird der „Brasilianer" verhaftet?**

   ☐ Er klaut Blumensamen. ☐ Er schlägt die Quartierfrau. ☒ Er beleidigt Hitler und die Nazis.

9. **Was ist die Lieblingsbeschäftigung von Veits Onkel, dem Postenkommandanten in Mondsee?**

   ☐ lesen ☒ rauchen ☐ Kontrollspaziergänge durch das Dorf ☐ Tee im Gasthof trinken ☐ schlafen

10. **Wo stirbt Nanni?**

    ☐ in Wien bei einem Bombenangriff ☐ in Schwarzindien ☐ in Darmstadt ☒ in der Drachenwand

11. **Wohin flüchtet Oskar Meyer mitsamt seiner Familie aus Wien?**

    ☐ nach Bukarest ☐ nach Italien ☒ nach Budapest ☐ nach Accra ☐ nach Györ ☐ nach England

12. **Welcher von Wally erhaltene Gegenstand schenkt Oskar Meyer Mut und Hoffnung?**

    ☐ ein Schlüsselanhänger ☐ ein bunter Stein ☐ eine einfache Kette ☒ ein Halstuch ☐ eine Uhr

13. **Veit Kolbe**

    ☐ wird in den letzten Kriegstagen getötet. ☒ stirbt erst 2004. ☐ stirbt 1946 an Typhus.

Baustein 2

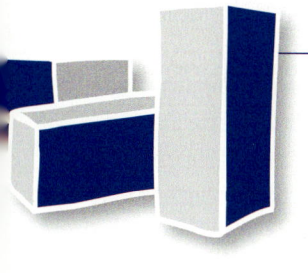

Zwischen Anpassung, Überzeugung und Aufbegehren – Figuren und Handlung im Roman „Unter der Drachenwand"

Im Mittelpunkt des Romans „Unter der Drachenwand" von Arno Geiger steht der Wehrmachtssoldat Veit Kolbe. Es ist vor allem die persönliche Geschichte der Traumabewältigung des 24-jährigen fronterfahrenden Kämpfers, die Geiger in den Blick nimmt. Ausgelaugt, körperlich wie psychisch nach fünf Jahren an der Front am Ende, sorgt eine mittelschwere Verletzung dafür, dass dem jungen Wiener ein Jahr geschenkt wird, denn als ein solches Geschenk empfindet Kolbe die Chance zur Rehabilitation in der idyllischen Provinz des Salzkammergutes, scheinbar fern von den monströsen Gräueltaten und der tödlichen Vernichtungsmaschinerie des Zweiten Weltkriegs. Kolbe führt akribisch Tagebuch, und auch aus seinen wenigen Briefen erfährt der Leser, wie beschädigt dieser Mensch durch die Kriegserfahrungen hinterlassen wurde. Mühsam versucht Kolbe, im kleinen Dorf Mondsee am gleichnamigen See am Fuße eines eindrucksvollen Berges, der Drachenwand, wieder auf die Beine zu kommen. Nur langsam gelingt es ihm, sich den Dorfbewohnern zu öffnen, die sich überraschenderweise ebenfalls als Kriegsversehrte ohne unmittelbare Fronterfahrung herausstellen. Auch am Mondsee lässt der Krieg die Menschen nicht los, es gibt Denunziationen, Verhaftungen und sogar Todesopfer, aber auch Liebe, Zärtlichkeit und Widerstand. So lernt der feinfühlig, suggestiv und selbstkritisch erzählende Kolbe schnell, dass der auf den ersten Blick unbedeutende Alltag in dem kleinen Dorf seine eigene Gewalt und Grausamkeit besitzt, vor der er sich in Acht zu nehmen hat bei seinem Versuch, in einer totalitären Gesellschaftsformation einen privaten Raum für sich und sein neues Leben individuell auszugestalten.

Doch bei der für sich schon überaus interessanten Geschichte des jungen, erschöpften Wehrmachtssoldaten belässt es Geiger nicht. Nach 84 Seiten setzen weitere Erzählstimmen ein. Die Mutter seiner Mitbewohnerin berichtet in Briefen aus der von vernichtenden Luftangriffen der Alliierten besonders stark betroffenen Großstadt Darmstadt, wie sie versucht, am Leben zu bleiben. Es schließen sich romantische Briefe eines jungen Wieners namens Kurti an, der an seine aus Sicherheitsgründen in ein Mädchenlager an den Mondsee verschickte Cousine namens Nanni rührende Liebesbriefe voller Sehnsucht schreibt. Ebendiese Nanni – so stellt sich später heraus – zeigt sich als tapfere Kämpferin für ihr Lebensglück und wird dafür vom erzählenden Veit Kolbe bewundert wie geliebt. Die vierte Stimme des Romans gibt Auskunft über den Holocaust. Der verzweifelte Vater einer jüdischen Familie – Oskar Meyer – berichtet in wachsender Verzweiflung von den Verfolgungen und Drangsalierungen durch die Nazis, zuerst in Wien, dann in Budapest, wohin er mitsamt Frau und Kind fataler weise flüchtet.

Durch diese Vielfalt an Stimmen entsteht ein komplexes, in der Regel aber gut verständliches Stimmengewirr und Beziehungsgeflecht zwischen den Romanfiguren. Dieses gilt es, im vorliegenden zentralen Baustein zu entflechten und in seiner Vielfalt für die Schüler nachvollziehbar und sichtbar zu machen. Dafür richtet sich der Fokus zu Beginn auf die Komplexität der Figurenkonstellation des Romans (2.1). Da die Geschichte Veit Kolbes auch quantitativ den größten Raum innerhalb des Handlungsgeschehens einnimmt, fokussiert die anschließende Teilsequenz die Entwicklung, die Geigers Antiheld im Laufe des Jahres am Mondsee durchläuft (2.2). Sein auch von ihm selbst diagnostizierter, wenn auch am Ende unabgeschlossener Heilungsprozess hängt unmittelbar mit der langsam wachsenden Liebe zur jungen Mutter Margot zusammen, die in 2.3 in den Blick genommen wird. An dem anrührenden Kampf der zwei jungen Menschen um Privatheit, Liebe und Alltag lässt sich der Grundkonflikt des Antikriegsromans analysieren. Anschaulich beschreibt der Ich-Erzähler Kolbe, wie er im Schutze des Gewächshauses des zwischenzeitlich verhafteten Brasilianers mit Margot und deren Tochter Lilo den Versuch unternimmt, ein ganz normales, unpolitisches Familienleben zu realisieren. Dabei steht die romantisch anmutende Familienidylle immer wieder in der Gefahr, vom herannahenden totalen Krieg mitgerissen und somit zerstört zu werden (2.4).

2.1 Figuren und Figurenkonstellationen in „Unter der Drachenwand"

„Unter der Drachenwand" ist nicht nur ein Antikriegs-, sondern auch ein Gesellschaftsroman. Durch die vielstimmige Anlage des Romans und den Verzicht Geigers auf einen auktorialen Erzähler wird es möglich, ein authentisches und vielfältiges Abbild sämtlicher Lebensbereiche der Menschen zu entwerfen, die unter der Drachenwand fern der Ostfront versuchen, ihren Alltag zu meistern. Dabei befinden diese sich nur auf den ersten Blick in Sicherheit, denn dem Echoraum des Krieges bleiben auch sie ausgesetzt. In der nur scheinbaren Idylle des Salzkammergutes – die tödliche Grausamkeit des Krieges ist in der Hauptstadt Wien in Form von alliierten Luftangriffen längst angekommen – trifft der um Ruhe und Erholung bemühte Veit Kolbe auf interessante wie kauzige Individuen der Dorfgemeinschaft. Alle sind sie in unterschiedlicher Weise Betroffene des Krieges, und alle reagieren in persönlicher Art und Weise auf die Unzumutbarkeiten des die Wünsche und Träume des Einzelnen ignorierenden Monstrums Krieg. Darunter finden sich ein Gärtner und eine Vermieterin, der Onkel Veits in seiner Funktion als Kommandant des Dorfes, eine Gruppe von in ein Mädchenlager verschickter Schülerinnen, deren Lehrerin, die junge Darmstädter Mutter Margot sowie im nahen Wien und fernen Budapest der jüdische Zahntechniker Oskar Meyer.

Methodisch strukturiert wird die folgende Sequenz durch die Erstellung eines **Figuren-Kabinetts.** Angesichts der Vielfalt und Komplexität des Figurenarsenals wird dabei ein arbeitsteiliges Vorgehen vorgeschlagen. Jeder Schüler bekommt im Anschluss an die Erstlektüre die individuelle Aufgabe, sich um die Erarbeitung *einer* Figur des Romans zu kümmern. Die Schüler machen sich auf diese Weise in einer ersten **„Think"-Phase** zu Experten dieser einen Romanfigur. Das erworbene Wissen versetzt sie in die Lage, im weiteren Verlauf der Methode in eben genau diese Rolle zu schlüpfen und die eigene Figur glaubwürdig und kenntnisreich in der Ich-Form zu präsentieren. Im Kursraum – so die Idee – treffen sich also im Anschluss an die Erarbeitungsphase alle Teilnehmer als Veit, Margot, die Quartierfrau, Nanni und so weiter und stellen sich einander gegenseitig vor.

Dafür werden insgesamt **neun Arbeitsblätter, 7a – 7i** (S. 74 ff., Webcode SNG-22744-009 – SNG-22744-017) bereitgestellt, was bedeutet, dass es in Abhängigkeit von der Kursgröße zu Mehrfachbesetzungen kommen muss. Besonders komplexe und für die Romanhandlung zentrale Figuren wie Veit erfordern genaue und intensive Lesearbeit sowie ein hohes Abstraktionsvermögen. Sie sollten daher nach Möglichkeit zu Beginn mit eher leistungsstarken Schülern besetzt werden. Die Idee der Methode des Figurenkabinetts besteht darin, dass die einzelnen Rollenprofile zu Beginn in Einzel- oder Partnerarbeit erarbeitet werden. Dafür stehen auf jedem Arbeitsblatt insgesamt vier Aufgaben bereit. Die erste ermöglicht einen emo-

Baustein 2: Zwischen Anpassung, Überzeugung und Aufbegehren – Figuren und Handlung im Roman „Unter der Drachenwand"

tionalen und eher assoziativen Start, indem die Schüler aufgefordert werden, ihre Figur mit einem Schauspieler zu „besetzen":

> *Stellen Sie sich vor, der Roman „Unter der Drachenwand" von Arno Geiger würde verfilmt werden und Sie als Regisseur/Regisseurin hätten die Aufgabe, den Protagonisten **Veit Kolbe** des Romans mit einem passenden, d. h. typgerechten Schauspieler zu besetzen. Welchen der drei folgenden Schauspieler würden Sie wählen? Kreuzen Sie an und begründen Sie Ihre Rollenbesetzung.*

Im Mittelpunkt der „Think"-Phase, die in der Regel in **Einzelarbeit** abläuft, steht die zweite Aufgabe der Arbeitsblätter 7a – i. Hier werden die Schüler zu konkreter und genauer Textarbeit angeleitet, im Idealfall in häuslicher Vorbereitung. Mithilfe eines Zitatspeichers sowie ihrer persönlichen Textkenntnis erarbeiten die Schüler kriterienorientiert ihre jeweilige Figur (Aufgabe 2, hier am Beispiel der Figur Veit Kolbe). Besonders wichtige Textstellen sind durch Fettdruck hervorgehoben, sie sollten unbedingt Berücksichtigung finden.

> *Der Roman „Unter der Drachenwand" entwirft ein vielschichtiges, mosaikartiges Bild aus dem letzten Kriegsjahr 1944, indem unterschiedliche Charaktere in Briefen, Tagebucheinträgen und Beschreibungen zu Wort kommen. Ihre Aufgabe ist es, den Protagonisten **Veit Kolbe** zu charakterisieren. Finden Sie dafür Antworten auf die folgenden Fragen und notieren Sie diese stichpunktartig. Nutzen Sie den Zitatspeicher und Ihre Romankenntnis.*

Zitatspeicher: Kap. 1, S. 17, **24 f.**, **28 f.**, 30 f., 35/Z.16 – 17, **39**, 42, 50, 57 f., 65 ff., 73, **81**, **135**, **137**, 139 f., **166 f.**, 171, 197 ff., **200 ff.**, **203 ff.**, 210, **220 ff.**, 225 f., 280, 285, 302, **313 f.**, **323 f.**, 327, 345, 347, 355, **358**, 365 f., 419, 430, 437, 439, **443**, 442 f., 451 ff., 462 f., **468 f.**, 473 ff., 477

Name, Alter, Beruf, Nationalität, Herkunft, Äußeres …	familiäre Situation/ Beziehung zum Vater	Lebenssituation/ Herausforderungen, Probleme, Beziehungen	Weltanschauung/ Einstellung zum Krieg
Absichten/Ziele/ Wünsche, Hoffnungen	Ängste und Konflikte	besondere Merkmale/Sonstiges	un-/sympathische Eigenschaften

Diese für die spätere Zusammenführung aller Figuren wesentliche Textarbeit kann in Abhängigkeit von den zur Verfügung stehenden Zeitressourcen von den Schülern in häuslicher Lektürearbeit vorbereitet werden, der schulische Unterricht wird dadurch zeitlich erheblich entlastet. Ist jede Romanfigur mit wenigstens zwei Schülern besetzt, kann sich eine **„Pair"-Phase** anschließen. Dafür setzen sich die arbeitsgleich arbeitenden Schüler, also beide Veits, Margots und Nannis und so weiter, zusammen und bearbeiten gemeinsam die

Aufgaben 3 und 4 des Arbeitsblattes 7. Die Aufgaben sollen – im Unterschied zu der eher reproduktiv angelegten zweiten Aufgabe, die im Exzerpieren wesentlicher Informationen aus dem Text besteht – einen spezifischen Deutungshorizont im Hinblick auf die jeweilige Figur eröffnen. Daher sind die jeweiligen Fragestellungen schon auf die Kernproblematik der Figur zugespitzt, im Falle Veit Kolbes also auf die Frage nach der Zwiespältigkeit seiner Person.

- *Ist Veit Kolbe ein Held oder ein Verbrecher? Sammeln Sie Pro- und Kontra-Argumente.*

- *„Veit Kolbe ist ein gemischter Charakter. Er ist nicht schwarz, er ist nicht weiß und er weiß, dass er sich mit dem Teufel ins Bett gelegt hat." (Arno Geiger) Überprüfen Sie das Zitat[1].*

Die fünfte Aufgabe des Arbeitsblattes 7 ist für alle Schüler gleich. Sie eröffnet die interessante und kreative **Phase der zufälligen Begegnung der literarischen Figuren** miteinander:

- *Schlüpfen Sie in die Rolle Veit Kolbes und stellen Sie sich Ihren Mitschülern/Mitschülerinnen, die in die Rollen anderer Figuren schlüpfen, vor. Falls möglich, bringen Sie ein symbolisches Requisit mit, das zu Ihrer Figur passt, und erläutern Sie seine Bedeutung.*

Die Schüler bewegen sich zu Beginn der **„Share"-Phase** im von Tischen und Stühlen nach Möglichkeit befreiten Kursraum. Richtungs- und ziellos gehen sie so lange im Raum umher, bis die Lehrkraft die lose Fluktuation durch ein (akustisches) Signal stoppt, z. B. durch ein Klingeln. Nun tun sich jeweils die zwei Schüler zusammen, die sich räumlich am nächsten stehen. Jeder Schüler stellt sich nun in seiner Rolle in der Ich-Form vor („Mein Name ist ... Ich lebe seit ... in Mondsee. Meine Aufgabe ist es ..."). Haben die Schüler wie gewünscht ein Requisit dabei, endet das Rollengespräch jeweils mit der Erläuterung der symbolischen Bedeutung dieses Gegenstands. Für Veit könnte dies z. B. ein Stift sein, für Margot ein Schnuller, für den Brasilianer Blumensamen, für Oskar Meyer ein Halstuch, für den Onkel eine Streichholzschachtel usw. Um dem **Figurenkabinett** im Ablauf eine gewisse Dynamik zu verleihen, ist vonseiten der Lehrkraft darauf zu achten, dass die einzelnen Begegnungen nicht zu lange dauern. Spätestens nach etwa fünf Minuten sollte ein erneutes Klingeln zur Auflösung des alten Teams führen. Nun wiederholt sich der Ablauf und es kommt zur Bildung neuer Figurenpaare. Das Potenzial der schüleraktivierenden Methode liegt neben dem soziale Perspektivenübernahme und Empathie einfordernden Vorgehen darin, dass sich im Kursraum Figuren begegnen können, die dies im Roman nicht tun oder nicht tun können. Margots Mutter z. B. verbleibt im Roman die ganze Zeit über in Darmstadt, wo sie um ihr physisches Überleben ringt. Sie äußert sich ausschließlich in manchmal mahnend-strengen, an anderer Stelle liebevoll-zärtlichen Briefen gegenüber ihrer Tochter in Mondsee. Mithilfe des Figurenkabinetts wird sie nun jedoch fiktiv in die Lage versetzt, direkt mit Veit Kolbe, zu dem sie sich in ihren Briefen eher beiläufig-kritisch äußert, in Kontakt zu treten. Interessant und hochexplosiv ist auch ein mögliches Treffen zwischen Oskar Meyer und der Quartierfrau Trude Dohm: Was haben sich das bemitleidenswerte Opfer des Holocaust und eine glühende und fanatische Verehrerin der menschenverachtenden nationalsozialistischen Bewegung zu sagen? Machen sie sich gegenseitig Vorwürfe, gehen sie sich an oder kommt es gar zu Verhaltensänderungen oder zu Entschuldigungen?

Es ist der Kreativität und Fantasie der Schüler überlassen, welche Inhalte in diesen zufälligen Dialogen zur Sprache kommen. In jedem Fall sollte den Schülern im Anschluss an die

---

[1] www.ardmediathek.de/ard/player/Y3JpZDovL21kci5kZS9iZWl0cmFnL2Ntcy9mZmZmNjg5NS03YmQ1LTRlZGQtOTFhOC05ZmI5Yjc3ZmNhOGM/ (23.06.2020)

„Share"-Phase im **Plenum** Gelegenheit gegeben werden, von dem Charakter bzw. den Inhalten dieser Gespräche zu berichten:

> ■ *Wie haben Sie die Methode des Figurenkabinetts erlebt? Welche neuen Erfahrungen neben der Lektüre haben Sie gemacht? Welche Begegnungen fanden Sie besonders interessant und ertragreich?*
>
> ■ *Worüber haben Sie miteinander gesprochen? Welchen Charakter hatten die Gespräche?*

Deutlich werden sollte, dass Geigers Figurenarsenal einen für die damalige Zeit typischen Querschnitt der Gesellschaft abbildet. Der Roman erzählt nicht nur von den dramatischen Verlusten, die der Wehrmachtssoldat Veit Kolbe in seinen fünf verlorenen Jahren an der Kriegsfront erleidet, sondern zugleich wendet er seinen Blick auf Menschen im Schatten des Krieges, auf die Daheimgebliebenen: Opportunisten wie den Onkel Veits, fanatische Endsieg-Gläubige wie die Quartierfrau und ihr Ehemann, stumpfe Mitläufer wie die Lehrerin Grete Bildstein und die wenigen aufrechten Menschen, die auch nach fünf Jahren des gnadenlosen Kriegsgeschehens dessen Inhumanität benennen, wie der Brasilianer. Veit kann in Mondsee, unter der Drachenwand, zwar dem unmittelbaren brutalen Frontgeschehen des Krieges entkommen, nicht aber den Auswirkungen dieses Krieges auf jeden einzelnen Menschen. So trifft er in seinem vermeintlichen Rückzugsort einerseits auf ein Übermaß an Verblendung, Hartherzigkeit, Ignoranz und Gleichgültigkeit. Andererseits nutzt er die Chance seines Lebens, indem er sich – längst unausgesprochener Kriegsgegner – mit den Widerständigen und Aufrechten zusammentut und auf diese Weise seine große Liebe, Margot, findet. Mit der Hauptfigur des Romans, Veit Kolbe, bekommt der Leser so einen vielschichtigen und mehrdimensionalen Eindruck davon, was der Krieg mit dem Individuum macht. Geigers Roman konstruiert ein mosaikartiges Bild, verzichtet dabei auf jedes „aufgebauschte historische Dekorum und lässt seinen Stabsgefreiten auf Erholung die schwarzen Ausströmungen des Zeitalters registrieren, jenes Schattenheer der Verschwundenen, Untergetauchten, Widerständigen, Deserteure, Denunzianten, Fanatiker, Kriegstreiber"[1]. „Unter der Drachenwand" ist ein Roman über die Verschickten, Verlassenen, Flehenden, Hoffenden, Verzweifelten und Enttäuschten.

Im Anschluss an das kurze Unterrichtsgespräch haben die Schüler in **Gruppenarbeit** die Aufgabe, die Figurenkonstellation in Form eines Schaubildes zu verarbeiten. Die Detailergebnisse aus den einzelnen Gesprächen im Figurenkabinett sollen also synthetisch zusammengefasst werden. Dafür erhalten die Schüler das **Arbeitsblatt 8** (S. 83, Webcode SNG-22744-018).

> ■ *Arno Geigers Roman stellt im Rückzugsort Mondsee unterschiedlichste Menschen vor, die sich alle durch existenzielle Grenzerfahrungen auszeichnen. Erarbeiten Sie ein grafisches Schaubild, das die Figurenkonstellationen zwischen den zentralen Figuren des Romans anschaulich wiedergibt: Rücken Sie Figuren, die Veit Kolbe emotional näherstehen, enger an ihn heran als Figuren, die er fürchten muss. Versehen Sie die verbindenden Pfeile – wenn möglich – mit Symbolen. Stellen Sie am Ende Ihr Schaubild im Plenum vor.*

---

[1] www.profil.at/kultur/arno-geiger-unter-drachenwand-8615616 (23.06.2020)

Arno Geiger: Unter der Drachenwand
– Figurenkonstellationen –

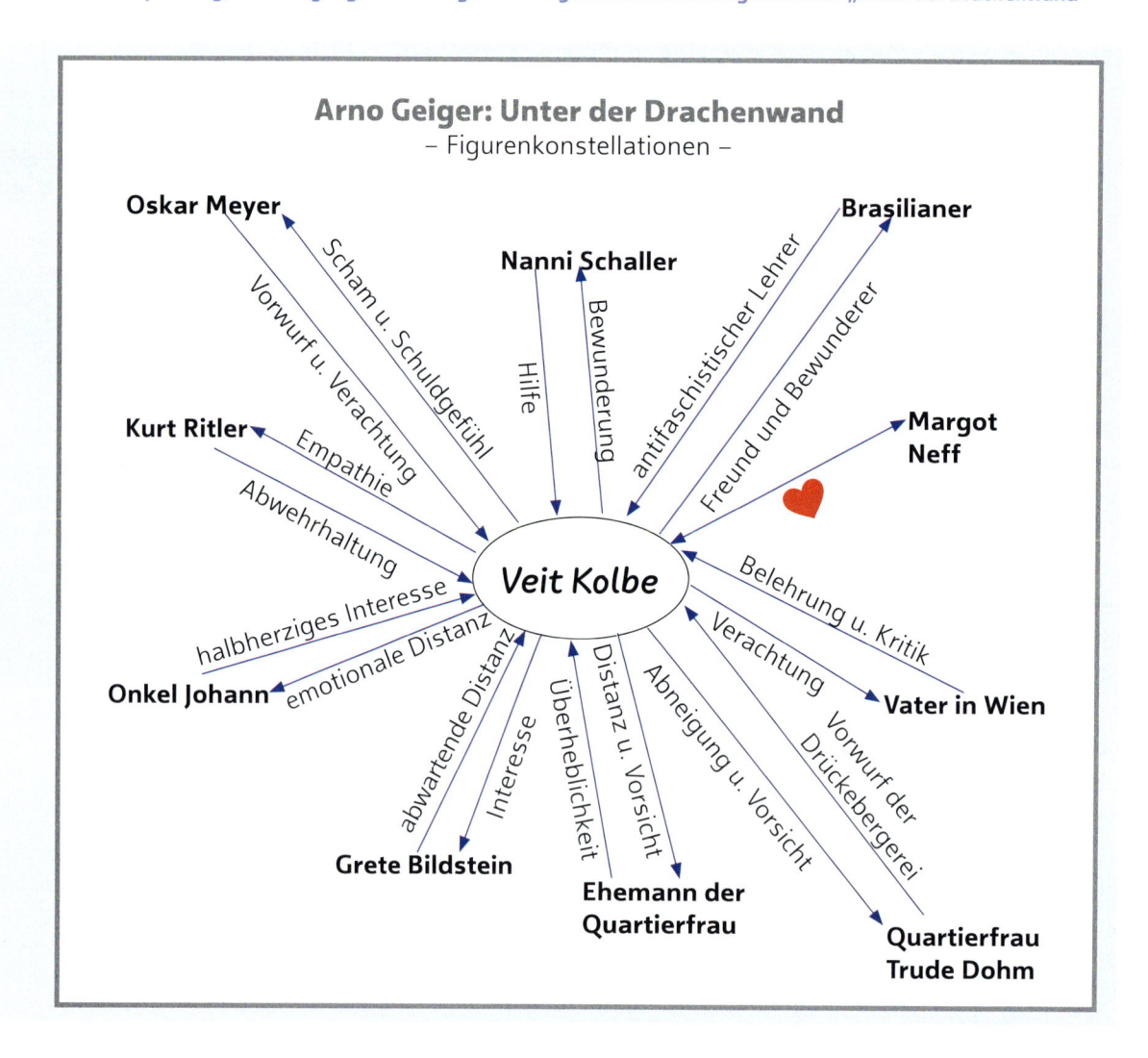

Veit Kolbe (Zentrum)

- **Oskar Meyer**: Scham u. Schuldgefühl / Vorwurf u. Verachtung
- **Nanni Schaller**: Bewunderung / Hilfe
- **Brasilianer**: antifaschistischer Lehrer / Freund und Bewunderer
- **Margot Neff**: ♥
- **Kurt Ritler**: Empathie / Abwehrhaltung
- **Onkel Johann**: halbherziges Interesse / emotionale Distanz
- **Grete Bildstein**: abwartende Distanz / Interesse
- **Ehemann der Quartierfrau**: Distanz u. Vorsicht / Überheblichkeit
- **Quartierfrau Trude Dohm**: Abneigung u. Vorsicht / Vorwurf der Drückebergerei
- **Vater in Wien**: Verachtung / Belehrung u. Kritik

Liegt für die spätere Präsentation der Schaubilder keine Dokumentenkamera vor, erhält mindestens eine Gruppe eine Folie, um in der Präsentationsphase eine Vorstellung über einen OHP zu ermöglichen. Eine Alternative, aber zeitraubender ist die Erstellung des Schaubildes auf einem Plakat. In Abhängigkeit von der zur Verfügung stehenden Zeit kann vor der Präsentation eine handlungsorientierte Aufgabe eingeschoben werden. Die Schüler erhalten die Aufgabe, ihr gerade erarbeitetes Schaubild in Standbilder umzusetzen (Aufgabe 3).

■ *Bauen Sie in Kleingruppen Standbilder, welche die Beziehungen der Figuren untereinander anschaulich ausdrücken. Präsentieren Sie Ihre Ergebnisse und erläutern Sie textnah.*

Unter Zeitdruck kann auf das Bauen der Standbilder auch verzichtet werden. In diesem Fall kommt es direkt zur **Präsentation** der Schaubilder. Bei der Thematisierung der konkreten Figurenkonstellationen zwischen einzelnen Figuren sollten nach Möglichkeit die jeweiligen Experten für die Figuren verstärkt zu Wort kommen. Im Idealfall können für eine Figur oder Beziehung typische Textstellen herangezogen, im Plenum gelesen und ausgewertet werden. Dabei sollte der Fokus auf der Frage liegen, was die Romanfiguren bei aller Unteschiedlichkeit in Denken, Handeln und Ideologie eint: Der Krieg macht sie alle zu Unvollkommenen, Unfertigen, Unerfüllten. Er lässt durch seinen totalen, alle Lebensbereiche des Menschen durchdringenden Anspruch keine individuelle Ausgestaltung des Lebens zu.

■ *Was haben die Figuren gemein? Was eint sie? Wonach sehnen sie sich?*

Baustein 2: Zwischen Anpassung, Überzeugung und Aufbegehren – Figuren und Handlung im Roman „Unter der Drachenwand"

Sehnsucht und Zerrissenheit als Kennzeichen aller Figuren des Romans

Figur	Sehnsucht
Veit Kolbe	sehnt sich nach einem normalen Studentenleben und Frieden
Margot Neff	sehnt sich nach einem liebevollen Ehe- und Familienalltag
Lore Neff	sehnt sich nach einem Ende der Bombenangriffe in Darmstadt
Grete Bildstein	sehnt sich nach beruflicher Anerkennung als Lehrerin
Onkel Johann	sehnt sich nach Zigaretten und dem Ruhestand
Der Brasilianer	sehnt sich nach Frieden, Freiheit, Solidarität, Menschlichkeit
Trude Dohm	sehnt sich als Quartierfrau nach dem Endsieg
Oskar Meyer	sehnt sich nach Sicherheit und Glück für seine Familie
Nanni Schaller	sehnt sich nach Freiheit in der Drachenwand und „Kurti"
Kurt Ritler	sehnt sich nach seiner Cousine Nanni

- *Beurteilen Sie die Anlage des Figurenarsenals. Ist sie gelungen?*
- *Inwiefern kann man den Text Geigers auch als Gesellschaftsroman bezeichnen?*
- *Gestalten Sie mit den Objekten, die Sie für Ihre Figur mitgebracht haben, eine kleine Ausstellung.*

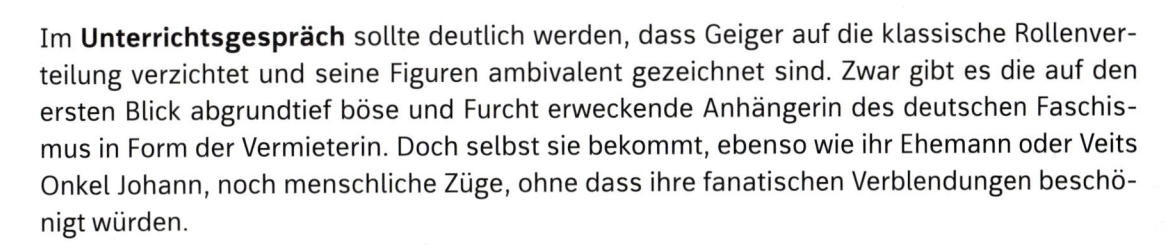

Im **Unterrichtsgespräch** sollte deutlich werden, dass Geiger auf die klassische Rollenverteilung verzichtet und seine Figuren ambivalent gezeichnet sind. Zwar gibt es die auf den ersten Blick abgrundtief böse und Furcht erweckende Anhängerin des deutschen Faschismus in Form der Vermieterin. Doch selbst sie bekommt, ebenso wie ihr Ehemann oder Veits Onkel Johann, noch menschliche Züge, ohne dass ihre fanatischen Verblendungen beschönigt würden.

- *Inwiefern ist sogar die Quartierfrau ein Mensch und nicht nur eine Verkörperung des Bösen? Kann der Leser bzw. die Leserin sogar mit ihr mitfühlen? Erläutern Sie.*

Die Bösartigkeiten der Quartierfrau beispielsweise werden sowohl von ihrem Ehemann als auch vom Herausgeber am Ende des Romans auf eine unerkannte Erkrankung zurückgeführt. Mit Recht bezeichnet Paul Jandl den Dichter Arno Geiger als „ein großes Talent, menschliche Eigenschaften in abstrakte Größen zu verwandeln. So bringt er sich in eine empathische Distanz zu den Figuren, in der die Guten ganz unverdächtig gut sind, aber die Schlechten auch nicht ganz schlecht aussehen. Die Quartierfrau seines neuen Romans ist ein umtriebiges Monster des Missmuts und der Bosheit, was allerdings ihren Mann, den Lackierer und Nazikarrieristen, nicht darin hindern muss, ihr in Liebe verfallen zu sein."[1] „Selbst die gehässigen Nazis bekommen eine halbwegs menschliche Stimme, denn über allem schwebt die Frage des Autors: ‚Wie hätte ich mich damals verhalten?'"[2]

Die Sequenz kann mit einem weiterführenden **Schreibauftrag**, der auch als **Hausaufgabe** eingesetzt werden kann, zu ihrem Ende kommen (Aufgabe 3).

---

[1] www.nzz.ch/feuilleton/von-der-geschaeftstuechtigkeit-der-firma-blut-und-boden-ld.1344758 (23.06.2020)
[2] Fritz Haas: Laudatio. Der stille Anverwandlungskünstler: Verleihung des Joseph-Breitbach-Preises an Arno Geiger. Koblenz 2018, S. 12

Baustein 2: Zwischen Anpassung, Überzeugung und Aufbegehren – Figuren und Handlung im Roman „Unter der Drachenwand"

> ■ *„Alles wird unter Druck durchsichtig. Der Diamant entsteht unter Druck und auch ein literarischer Charakter wird erst unter Druck gut sichtbar."*[1] Erläutern Sie das Zitat Arno Geigers.

In seiner spezifischen Situation in Mondsee gelingt es Veit Kolbe, zu sich selbst zu kommen. Die Begegnungen mit anderen Menschen, die unterschiedlichen Einstellungen zur Gesellschaft, zur Liebe und Familie sorgen dafür, dass er extrovertiert und zu – um im Bilde des Zitates zu bleiben – einem Diamanten wird. Einem Menschen, der den Krieg als menschenfeindliche Einrichtung der Welt erkannt hat und der seine persönlichen Ziele äußert.

Je nach Interesse und zur Verfügung stehender Zeit kann es an dieser Stelle zu inhaltlichen **Vertiefungen** kommen. Im Idealfall entscheiden die Schüler, mit welcher Romanfigur sie sich näher befassen wollen. Ausgangspunkt dieser individuellen Schwerpunktsetzung können dabei die auf den Arbeitsblättern 7a – i angebotenen Textstellen (Aufgabe 2) und die dazu passenden Folgeaufgaben 3 und 4 sein. Orientierende Informationen zu jeder Figur finden sich in diesem Unterrichtsmodell auf den Seiten 10 – 14.

An dieser Stelle werden die für den Roman sehr wichtigen Nebenfiguren des Oskar Meyer bzw. der Annemarie „Nanni" Schaller in den Blick genommen, da es zum einen schon aus zeitökonomischen, aber auch sachlichen Gründen nicht ratsam ist, sämtliche Figuren des Romans in gleicher Weise zu behandeln. Zum anderen werden die zentralen Figuren Veit, Margot und der Brasilianer im weiteren Verlauf dieses Bausteins stärker fokussiert.

Der Außenseiter im Figurenarsenal: Oskar Meyer

Eine Sonderrolle im Figurenarsenal des Romans nimmt **Oskar Meyer** ein. Er kommt nur am Rande des Textes zu Wort und seine Biografie ist mit den anderen Romanfiguren nicht verflochten. Auch wenn es am Ende für einen kurzen Moment zu einer Begegnung Oskars mit Veit Kolbe kommt, lernt der Leser den jüdischen Zahntechniker und seine Familie über dessen Briefe an seine Cousine Jeannette (vgl. S. 114) kennen. Es ist offensichtlich, dass Arno Geiger keinen Antikriegsroman schreiben wollte, ohne eine Erwähnung des Holocausts. Mit der Figur des anfangs in der Wiener Possingergasse wohnenden Oskar erhält die menschenverachtende Verfolgung und Vernichtung von Millionen europäischer Juden Einlass in den Roman. Je nach Schwerpunktsetzung ist es möglich, die Figur Oskar Meyer genauer in den Blick zu nehmen. Dafür kann der erste Brief Oskar Meyers (S. 111 – 128) gemeinsam im Plenum gelesen werden. Ausgewählte Textstellen werden besprochen und evtl. auch festgehalten. Der Fokus kann dabei auf die in Meyer anfangs noch glühende Hoffnung auf Besserung gelegt werden: „Von einem bestimmten Punkt an wird man uns wieder in Ruhe lassen." (S. 118)

Im Anschluss an die gemeinsame Textarbeit lässt sich die Lerngruppe in zwei Teams einteilen, diese erarbeiten nun eigenständig die beiden weiteren Briefe Meyers (2. Brief: vgl. S. 245 – 263, 3. Brief: vgl. S. 399 – 418) und beantworten die folgenden Leitfragen:

- ■ *Wie lebt Oskar Meyer mit seiner Familie in Wien? Welche Alltags- und Kriegserfahrungen macht er (1. Brief)?*
- ■ *Warum wandert seine Familie nicht aus?*
- ■ *Welche Vorwürfe macht er sich vor allem?*
- ■ *Auf welche Weise lebt die Familie in Budapest? Wie beschreibt Oskar dieses Leben (2. Brief)?*
- ■ *Welche Rolle spielt Wallys Halstuch für ihn (3. Brief)?*

---

[1] www.ardmediathek.de/ard/player/Y3JpZDovL21kci5kZS9iZWl0cmFnL2Ntcy9mZmZmNjg5NS03YmQ1LTRlZGQt OTFhOC05ZmI5Yjc3ZmNhOGM/ (23.06.2020)

Oskar Meyer und seiner Frau Wally werden Anfang Januar 1939 die Vornamen Israel und Sara aufgezwungen. Oskar beschreibt – anfangs unter Schock stehend – die alltäglichen Diskriminierungen, die Wiener Juden unter der NS-Herrschaft ertragen mussten. Als sie in Wien ihre Wohnung verlassen müssen und auf offener Straße angespuckt werden, entscheidet sich die Familie zur Flucht nach Budapest, ein fataler Fehler, wie sich erst später herausstellen wird. Die bewegenden Briefe, die Oskar Meyer auf der Flucht verfasst, lassen in ihrer Emotionalität und Verzweiflung die Ausweglosigkeit der Situation deutlich werden. In Budapest scheint es der dreiköpfigen Familie – der zweite Sohn Bernili lebt in England – vorerst besser zu gehen, doch 1944 besetzt die deutsche Wehrmacht Budapest. Die schon aus Wien bekannten alltäglichen Erniedrigungen, Schikanen und Verbrechen an Juden nehmen zu. Krankheit, Angst und vor allem die Selbstvorwürfe Oskar Meyers tun ihr Übriges. Er sieht jetzt ein, dass es ein Fehler war, ein Stellenangebot nach Afrika aus Scheu vor dem unbekannten Kontinent nicht anzunehmen (vgl. S. 121). Der Ton der Briefe verschärft sich; die anfängliche Hoffnung auf Rettung wandelt sich in zunehmende Verzweiflung: „Ein heimatloser Flüchtling, ein heimat- und staatenloser Mensch, unter falschem Namen, mit falschen Papieren, in der falschen Zeit, im falschen Leben, in der falschen Welt." (S. 256) Als sich die Situation der Budapester Juden immer weiter verschlimmert, verliert er Frau und Kind aus den Augen. Mitsamt ihrem Kind Georg wird seine Ehefrau Wally nach Auschwitz deportiert, woraufhin sich Oskar zur Zwangsarbeit meldet. Hier trifft er zufällig auf Veit, den er – sich des nahenden eigenen Todes durchaus bewusst – mit „bohrenden Augen und voller Vorwurf" trotzig anblickt (S. 452). Kurz vor seinem Tod im März 1945 auf einem Todesmarsch prägen Erstaunen und Fatalismus die Briefe Meyers: „Ich war erstaunt über den normalen Fortgang des Lebens außerhalb meiner eigenen Situation. Ich schaute den Vögeln hinterher, die von einem Baum zum anderen flogen. Ich sah, wie die Landschaft sich öffnete, und spürte, wie ich selbst immer kleiner wurde." (S. 414) Insgesamt fungieren seine erschütternden Briefe als Kontrastwelt zur scheinbar heilen Welt in Mondsee. Im **Plenumsgespräch** wird die Gesamtentwicklung der Briefe Oskar Meyers thematisiert:

> ■ *Durchläuft Oskar Meyer im Verlauf der drei Briefe eine Entwicklung oder ist er eher eine statische Figur? Berücksichtigen Sie die folgenden Textstellen: S. 118/Z. 6 – 8 (1. Brief), S. 256/Z. 5 – 16 (2. Brief), S. 401/Z. 10 + S. 414/ Z. 2 – 7 (3. Brief).*

Prozess wachsender Verzweiflung: Oskar Meyers Entwicklung

1. Brief: alltägliche Diskriminierungen in Wien (Oskar wird angespuckt, vgl. S. 116)
→ Hoffnung auf Besserung (vgl. S. 118)

2. Brief: Das Leben in Budapest erweist sich als noch schlimmer u. gefährlich.
→ zunehmende Hoffnungslosigkeit (vgl. S. 251) und Selbstvorwürfe (vgl. S. 256)

3. Brief: fatalistische Klarheit über das eigene Schicksal (vgl. S. 414) gepaart mit Abschied von den Lieben und dem Leben (vgl. S. 418)

Nanni Schaller

Gegen Ende des Zweiten Weltkriegs wurden in Österreich in den Großstädten lebende 13-bis 15-jährige Mädchen vor dem Krieg in Sicherheit gebracht, indem sie als Teil sogenannter Landverschickungen in stadtferne Mädchenausbildungslager gebracht und dort gedrillt wurden. Im Roman findet sich dieses historische Detail in Form des Mädchenlagers „Schwarzindien". Reale Briefe, die Arno Geiger zufällig als Flohmarktfund in die Hände fielen, markieren den Beginn seiner Romanplanungen. Die Mädchen aus Schwarzindien stromern vor den Augen des Neuankömmlings Veit Kolbe voller jugendlicher Kraft und Grazie in Mondsee herum. Eine besondere Rolle kommt dabei der 13-jährigen **Nanni Schaller** zu, die von ihrem wenige Jahre älterem Cousin und Freund Kurti Liebesbriefe aus Wien erhält.

■ *Charakterisieren Sie die Figur Nanni Schaller, indem Sie u. a. folgende Textstellen lesen und auswerten: S. 139/Z. 8 bis S. 144/Z. 6.*

Das junge, liebestrunkene Mädchen – heimliche Hauptfigur des Romans – fasziniert den Ich-Erzähler durch ihre Aufmüpfigkeit und Direktheit. Ihre Worte und ihr Wirken beschreibt Kolbe als „völlig frei und ohne Berechnung" (S. 143). Hellwach und voller Achtsamkeit erkennt sie bei ihrer ersten längeren Begegnung mit dem kriegsversehrten Soldaten dessen Zustand. „Besorgt" (S. 139) kümmert sie sich um den erneut unter einem Angstanfall leidenden Soldaten, beruhigt ihn („Es ist alles gut", S. 140) und gibt ihm gar anrührende Genesungsratschläge („Dann müssen Sie Traubenzucker nehmen.", S. 140f.). Doch dabei bleibt es nicht. Das junge Mädchen weiß, was es will. Wie Veit auch, will sie sich den gesellschaftlichfamiliären Zwängen des Lebens entziehen und besteht gegen den Willen ihrer tobenden Mutter auf der Realisierung ihres Liebesanspruchs zum Cousin Kurti. In der Begegnung mit Veit sieht sie die Chance, ihrem Ziel näher zu kommen. Vergeblich bittet sie den Wehrmachtssoldaten, ihrer Mutter einen um Nachsicht und Verständnis bittenden Brief zu schreiben. Von dieser Abfuhr lässt sich das starke Mädchen nicht desillusionieren, denn gegenüber dem autoritären Führungsanspruch der Lehrerin Grete Bildstein im Mädchenlager Schwarzindien zeigt sie sich weiterhin charakterstark und individuell.

Urplötzlich verschwindet Nanni von der Bildfläche. In ihrem Rucksack, den sie zurücklässt, findet sich – neben Liebesbriefen von Kurt – ein Zettel mit der Aufschrift: „So bin am ganzen Leibe ich, so bin ich und so bleibe ich, yes, Sir." (S. 151) Erst im Herbst 1944 wird ihre Leiche in der Drachenwand gefunden, offenbar ist sie abgestürzt.

Der Nanni-Strang kann als die stärkste Nebenhandlung des Romans begriffen werden. Am Beispiel der beeindruckenden, mignonhaften Mädchenfigur zeigt Geiger einen weiteren verzweifelten Versuch eines jungen Menschen, seinen berechtigten Anspruch auf Autonomie und Selbstverwirklichung in der faschistischen Diktatur durchzusetzen.

■ *Was sind die Ziele Nannis? Was will sie in ihrer persönlichen Situation erreichen?*

■ *Welche Mittel wendet sie an?*

■ *Warum ist sie für das Romangeschehen, v. a. für Veit Kolbe, eine wichtige Person?*

■ *Worin ähneln sich Veit Kolbe und Nanni Schaller? Inwiefern kann man bei den beiden von Parallelfiguren sprechen?*

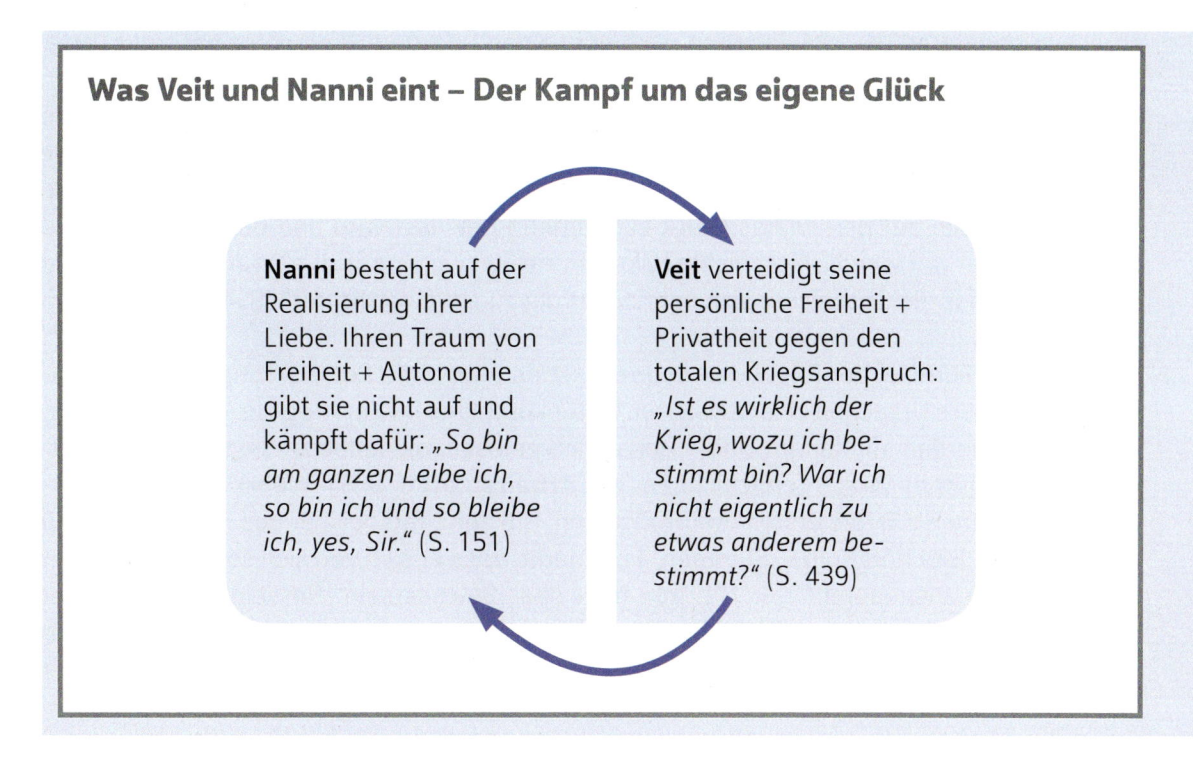

Was Veit und Nanni eint – Der Kampf um das eigene Glück

Nanni besteht auf der Realisierung ihrer Liebe. Ihren Traum von Freiheit + Autonomie gibt sie nicht auf und kämpft dafür: *„So bin am ganzen Leibe ich, so bin ich und so bleibe ich, yes, Sir."* (S. 151)

Veit verteidigt seine persönliche Freiheit + Privatheit gegen den totalen Kriegsanspruch: *„Ist es wirklich der Krieg, wozu ich bestimmt bin? War ich nicht eigentlich zu etwas anderem bestimmt?"* (S. 439)

■ *Gestalten Sie eine passende Todesanzeige für Nanni oder schreiben Sie einen Nachruf.*

2.2 Das Jahr am Mondsee – Die Entwicklung des Protagonisten Veit Kolbe

Arno Geigers tagebuchartig angelegter Gesellschaftsroman „Unter der Drachenwand" erzählt aus der eingeschränkten Perspektive eines versehrten Menschen glaubwürdig von der Unmenschlichkeit des Krieges. Sein Protagonist, der einfache Wehrmachtssoldat Veit Kolbe, kommt nach fünf erschöpfenden Jahren ununterbrochenen Kampfes an der Kriegsfront in die Idylle des Salzkammergutes am Mondsee unter der Drachenwand, um sich dort von den Strapazen an Körper und Seele zu erholen. Es ist demnach zuerst die Geschichte eines zerstörten Menschen, der sich selbst nüchtern als „ein abgenagtes Stück Herz" (S. 23) begreift, ein Kriegsteilnehmer und zugleich ein Opfer, das unter regelmäßigen Panikattacken leidet, die er anfangs nur mit der Naziwunderdroge Pervitin in den Griff zu bekommen meint. Geigers Protagonist muss sich während seiner Zeit unter der Drachenwand mit Fragen der Schuld und Verantwortung, mit Gefühlen der Einsamkeit und Angst auseinandersetzen. Bei der klaren Anamnese dessen, was der Krieg mit und aus dem Menschen macht, bleibt der Roman jedoch nicht stehen. Zugleich erzählt er von der utopischen Kraft der Liebe, die den Menschen genauso verändert wie dessen Blick auf Vergangenes, Gegenwärtiges und Zukünftiges. Kolbes existenzielle Sehnsucht nach Liebe, Privatheit, Familie, nach Nähe und Geborgenheit wird im Laufe des Jahres 1944 zunehmend gestillt, als sich dem Soldaten kleinere Gestaltungsräume eröffnen, die er zu nutzen lernt. Veit Kolbes Jahr unter der Drachenwand dient also nicht nur der Traumabewältigung, sondern kann zugleich als eine Geschichte der persönlichen Befreiung, der Menschwerdung gedeutet werden. In diesem Sinne kann „Unter der Drachenwand" als ein Entwicklungsroman verstanden werden. Indem er Tagebuch schreibend über sein bisheriges Leben nachdenkt, vergewissert sich Kolbe erzählend und schreibend seiner selbst. Die junge Mutter Margot hilft ihm dabei ebenso wie der Bruder seiner boshaften Vermieterin, der Brasilianer, oder die 13-jährige Nanni. In zahlreichen Gesprächen gelingt es dem 24-Jährigen, sich vom Krieg und dem Nationalsozialismus, aber auch von seinem Vater abzugrenzen: „Seit es mit Margot einen Menschen gab, mit dem ich mich aussprechen konnte und der mich ermunterte, zu meinen Ansichten zu stehen, hatte ich nicht mehr das Gefühl, Papa unterlegen zu sein." (S. 443) Geigers Roman ist also auch die Geschichte einer Auferstehung des Individuums, das sich seiner eigenen Bedeutung und seinem Anspruch auf personales Glück zunehmend bewusst wird und bereit ist, dafür zu kämpfen: „Aber wer war die Geschichte? Wo kam sie her, wo ging sie hin? Warum war es nicht umgekehrt, dass die Geschichte sich meiner würdig zu erweisen hatte?" (S. 46)

Wesentliches Lernziel der folgenden Sequenz ist es daher, die **Entwicklung des Protagonisten** sowie ihre Ursachen zu analysieren. Dafür kommt es im **Einstieg** zur Textbegegnung. Gemeinsam werden im Plenum einige Textstellen gelesen, die Kolbe zu Beginn als körperliches und seelisches Wrack kennzeichnen (vgl. **Arbeitsblatt 9**, S. 84, Webcode SNG-22744-019). Dies können z. B. die ersten drei Textstellen, die der Zitatspeicher des Arbeitsblattes 9 anbietet, sein. Hier hört Kolbe „Stimmen" und merkt, dass er sich von sich selbst entfernt. Er fühlt sich „wie ausgebombt" (S. 12). Ihm fehlt das „Bewusstsein" für seine Situation, der traumatisierte Soldat kann „das Erlebte nicht fassen" (S. 21). Beim an sich völlig normalen Bellen eines Hundes erlebt er – offensichtlich fremdbestimmt – einen Angstanfall, den er „mit weit aufgerissenen Augen" (S. 34) erduldet. Die gemeinsam gelesenen Zitate vom Romananfang lassen keinen anderen Schluss zu, als dass Kolbe körperlich wie seelisch zerstört ist und dringend der Erholung bzw. Heilung bedarf. Wird die Entwicklungskurve, die das Arbeitsblatt 9 anbietet, von der Lehrkraft an der Tafel notiert, kann zu Beginn ein erster Punkt im Minusbereich des Koordinatensystems gesetzt werden. Im Sinn der Aufgabe 1 werden die Schüler nun in der ersten **Erarbeitungsphase** aufgefordert, die weitere Romanhandlung und die mögliche Entwicklung Kolbes in den Blick zu nehmen. Die Aufgabe kann gut als **Partner- oder Kleingruppenarbeit** organisiert werden. Die im Wortspeicher fett gedruckten Textstellen können die Schüler priorisieren.

■ *Untersuchen Sie mithilfe des Koordinatensystems die persönliche Entwicklung Veit Kolbes. Werten Sie dafür die angegebenen Textstellen aus, indem Sie für einzelne Ereignisse oder Aussagen einen Punkt setzen und diese am Ende zu einer **Entwicklungskurve** verbinden.*

> Textstellen: S. **12 f.**, **21**, **34**, **39**, 50, 65, 138 f., 166/Z.1 – 3, 167, **203**, **205**, **220/Z. 25 – 28**, **228**, 280 f., **286**, 292, 314, **327/Z. 15 – 22**, 347, **356 f.**, **419/Z. 1 – 11**, **430/Z. 9 – 13**, 443/Z. 1 – 4, 458/Z. 24 ff., **462 f.**, 464, **468 f.**, 470/Z. 3, **473**, 474/Z. 1 – 8, **476**

Geigers Protagonist beobachtet das dörfliche Geschehen anfangs noch in leichter Distanz. Nach seiner Abfuhr bei der Lehrerin Grete Bildstein mischt er sich aber zunehmend in die Belange der anderen Dorfbewohner ein, er entwickelt Interesse für sie, zuerst in Gesprächen mit seinem ihm nicht unsympathischen Onkel, dann mit seiner Nachbarin Margot, zu der er im weiteren Verlauf eine leise Liebe entwickelt. Kolbe versucht, die an der Front automatisch erworbene harte Kriegshaut abzuwerfen und ein normales, durchschnittliches, bürgerliches Leben zu leben. Dabei pendelt er regelmäßig zwischen drohendem Untergang und zähem Beharrungswillen. Es sind die in regelmäßigen Abständen wiederkehrenden Angstanfälle, die ihn an seine Vergangenheit erinnern, an Kriegsleid und Kriegsgräuel. Doch diese nehmen ihn immer seltener in Beschlag und dominieren auch nicht auf Dauer seine Existenz, die zunehmend vom Alltag mit Margot sowie seiner Suche nach Menschlichkeit, Solidarität und Schönheit (Musik) geprägt ist.

In der **Präsentationsphase** stellen einzelne Gruppen ihre Entwicklungskurven vor. Dabei ist darauf zu achten, dass es nicht darauf ankommt, dass alle Gruppen identische Kurven vor-

Baustein 2: Zwischen Anpassung, Überzeugung und Aufbegehren – Figuren und Handlung im Roman „Unter der Drachenwand"

weisen. En détail sind Unterschiede möglich. Insgesamt sollte die Entwicklung Kolbes aber durch eine Kurve dargestellt werden, die im Laufe des Jahres 1944 langsam, aber stetig ansteigt und dabei einige Rückschläge aufweist. Das Romanende zeigt keinen vollständig geheilten und völlig genesenen Protagonisten, aber einen selbstbewussten, verantwortungsvollen, realistischen und lebenshungrigen jungen Menschen, der in seiner Angst „nicht allein" (S. 468) ist und der auch in gefährlichen Situationen gut gelaunt und ununterbrochen summt (vgl. S. 469). Der Veit Kolbe des Romanschlusses hat Autonomie und Freiheit zurückgewonnen, er besitzt „endlich ein eigenes Leben" (S. 469).

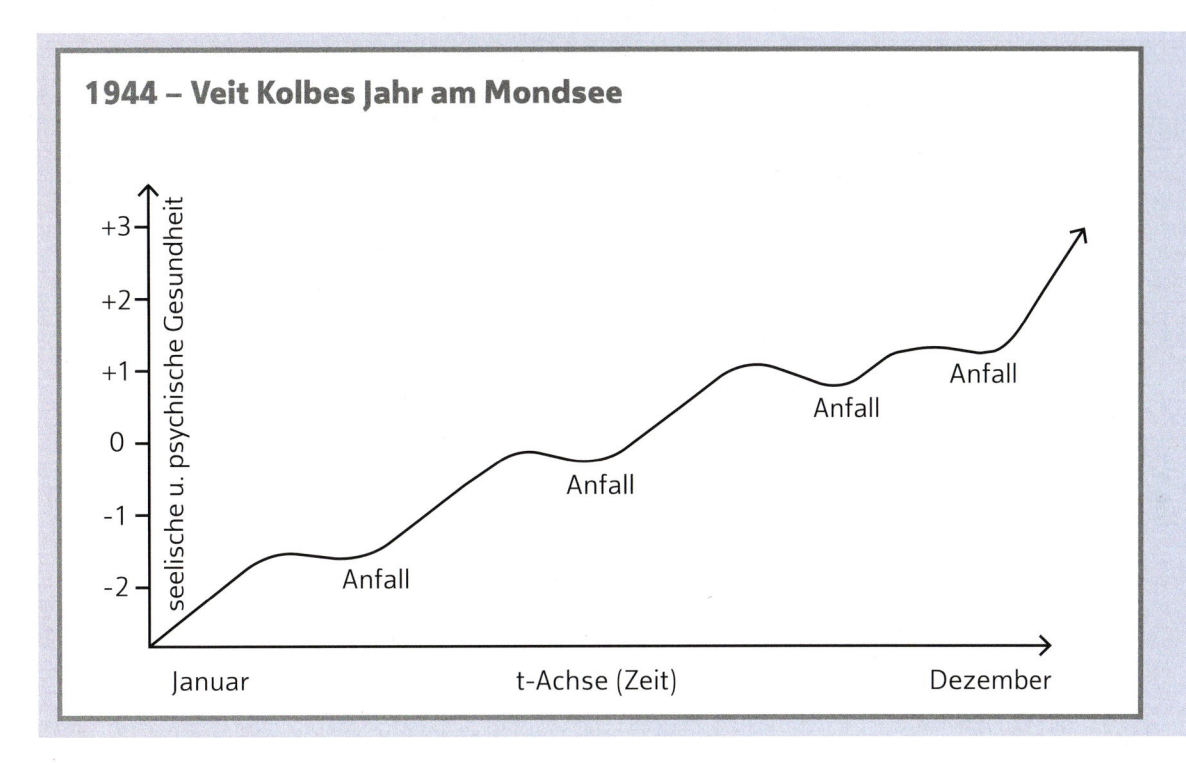

1944 – Veit Kolbes Jahr am Mondsee

[Diagramm: y-Achse: seelische u. psychische Gesundheit (-2 bis +3); x-Achse: t-Achse (Zeit) von Januar bis Dezember. Die Kurve steigt insgesamt an, mit vier markierten „Anfall"-Einbrüchen.]

Auf die Analyse der Entwicklung Kolbes folgt organisch die Frage nach deren Ursache. Diese kann in einer zweiten, eher analytisch angelegten **Erarbeitungsphase** geklärt werden. Diese Phase ist zweigeteilt. Zuerst geht es um mögliche Gründe für Kolbes Entwicklung. Hierfür erhalten die Schüler Hilfen in Form von sechs Schlagwörtern, die als mögliche Hypothesen untersucht werden können. Im zweiten Teil dieser Arbeitsphase, die im Sinne einer Differenzierung auch nur von schnell arbeitenden Schülern bearbeitet werden könnte, geht es um die gattungstypologische Einordnung des Romans. Die Schüler erhalten in Form eines kurzen Textes Informationen zu Merkmalen des Entwicklungsromans und sollen diese auf Geigers Roman „Unter der Drachenwand" anwenden.

- *Welche Fragen ergeben sich für Sie aus der Entwicklung Veit Kolbes?*
- *Welche Gründe lassen sich für diese Entwicklung finden? Kreuzen Sie an und begründen Sie Ihre Auffassung schriftlich in Ihrem Kursheft. (Aufgabe 2)*

☐ Tabletten	☒ Aufbegehren und Befreiung	☒ Zuneigung, Hingabe und Liebe
☒ soziale Beziehungen	☒ Übernahme von Verantwortung	☒ Erzählen/Tagebuch schreiben

Die **Präsentations- und Auswertungsphase** lässt sich mithilfe der Ankreuzmöglichkeiten der Aufgabe 2 des Arbeitsblattes 9 strukturieren, z. B. an der Tafel visualisiert in Form der nachfolgenden Tabelle. Infrage kommen sämtliche Optionen mit Ausnahme der medikamentösen Behandlung mittels Tabletten. Ausgehend von den textbezogenen und konkreten

Baustein 2: Zwischen Anpassung, Überzeugung und Aufbegehren – Figuren und Handlung im Roman „Unter der Drachenwand"

Beiträgen der Schüler werden die Ergebnisse von der Lehrkraft sukzessive an der Tafel gesichert.

■ *Warum nimmt Veit Kolbe Pervitin ein? Inwiefern helfen diese Tabletten? Was bleibt durch die Medikation letztlich unbehandelt?*

Veit Kolbe lässt sich – um seiner Panikattacken Herr zu werden – die damalige Wunderdroge der Wehrmacht namens Pervitin verschreiben. Doch damit erreicht er immer nur eine kurzzeitige Beruhigung. Das Abstellen der körperlichen Symptome des posttraumatischen Belastungssyndroms, wie Kolbes Leiden heute wohl heißen würde, sorgt nicht für Heilung, sondern für einen Aufschub. Das ist sowohl Kolbe als auch Margot klar: „Du musst andere Möglichkeiten finden, damit umzugehen. […] Man kann nicht ewig einsperren, was nicht zum Einsperren bestimmt ist." (S. 461)

■ *Was hilft Veit Kolbe wirklich? Welche Maßnahmen und Tätigkeiten wirken langfristig?*

möglicher Grund für Veits Entwicklung	Textbeleg
soziale Beziehungen	Lehrerin, Nanni, Brasilianer, Margot, Onkel (vgl. S. 51)
Zuneigung, Hingabe und Liebe	Margot und Lilo (vgl. S. 205)
Aufbegehren und Befreiung	Mord am Onkel, Widerstand gegen Vater (vgl. S. 443)
Übernahme von Verantwortung	Reflexion und Meinungsänderung (vgl. S. 451)
erzählen/Tagebuch schreiben	unaufhörliches, „fanatisches" Schreiben (vgl. S. 167)

Die Aufnahme **sozialer Beziehungen** kann als Katalysator der Regeneration Kolbes angesehen werden. Als zur Empathie fähiger Mensch beobachtet er zu Beginn seines Aufenthalts am Mondsee das dörfliche Geschehen noch in leichter Distanz. Neben dem Onkel (vgl. S. 51) ist die Lehrerin Grete Bildstein (vgl. S. 52 ff.) sein erster, wenn auch scheiternder Kontakt, der deutlich macht, dass der Soldat sich zunehmend für die Belange der anderen interessiert. Am Ende ist er sogar bereit, alles zu riskieren: Als Akt des Widerstands, des **Aufbegehrens und der Befreiung** von seinen inneren Dämonen tötet er seinen eigenen Onkel, um den Brasilianer vor der drohenden erneuten Verhaftung und gnadenlosen Bestrafung zu schützen (vgl. S. 366). In der verstärkten Kontaktaufnahme zu anderen Menschen, in der kleinen, teilnehmenden Geste, zeigt sich Kolbes Wunsch nach einem ganz normalen Privatleben. In verstärkter Form hilft auch die **Zuneigung, Hingabe und Liebe** Margots, die in der nachfolgenden Teilsequenz 2.3 fokussiert werden soll (vgl. S. 200 ff.). Wie Balsam wirken auch die nur scheinbar belanglosen Stunden der Muße auf dem Fensterbrett, währenddessen Veit die auf dem Boden herumkrabbelnde Lilo, das Kind Margots, betreuen und bewundern kann (vgl. S. 205). Andere Menschen, so merkt Veit Kolbe, tun ihm gut, geben ihm auch in ihrer alltäglichen Wiederholung scheinbar banaler Tätigkeiten wie Säen und Ernten, Putzen und Wickeln Sicherheit und Verlässlichkeit. So meint auch Arno Geiger: „Für mich war beim Schreiben aber klar, dass der Mensch ein unzerstörbares Bedürfnis nach Sicherheit hat, nach Geborgenheit und Halt. In dieser äußersten Bedrängnis wissen die Figuren des Romans, dass sie nichts aufschieben dürfen. Sie haben ein starkes Bewusstsein der Zerbrechlichkeit ihrer selbst. Das Bedürfnis nach einem Glücksmoment, nach Menschen, die zugewandt sind. Dieses Werts sozialer Beziehungen sind wir uns oft nicht ausreichend bewusst. Alles scheint verfügbar zu sein. Das ist aber nicht so. Alles ist zerbrechlich. Wir sind uns der Bedeutung und des Werts unseres Alltags nicht mehr bewusst."[1]

Auch Kolbes Einstellung zu Hitler und dem Nationalsozialismus ändert sich: Kann er sich anfangs von dem Gedanken, dass Hitler „ein großer Mann" (S. 135) ist, nicht frei machen, lässt er später an den destruktiven und inhumanen Folgen des Krieges keinen Zweifel: „Was die Familie an Persönlichkeitszerstörung anfängt, setzt der Krieg fort." (S. 437) Auch seine eigene Rolle im Krieg sieht Kolbe nach seinem Jahr des Nachdenkens am Mondsee differenzierter. Versucht er sich anfangs, von seiner Teilnahme an Kriegsverbrechen und menschenfeindlichem Verhalten reinzuwaschen (vgl. S. 323/Z. 3–8) und seine persönliche **Verantwortung** zu bestreiten, sieht er am Ende ein, dass jeder Kriegsteilnehmer persönlich für seine Taten einzustehen hat. Als er die furchtbaren Misshandlungen eines jüdischen Zwangsarbeiters – für den Leser als Oskar Meyer identifizierbar – ansehen muss, gesteht er seine eigene Verantwortung kompromisslos ein: „Und der Arm mit dem Stock ging auf und ab wie von einer Schnur gezogen. Wer hielt diese Schnur? Ich? Mag sein." (S. 451) Auch die inhumane, rassistische NS-Ideologie hat er am Ende als Lüge demaskiert, da er anmerkt, dass „es nichts Absolutes gibt, nichts Totales, Herkunft, Rasse, gesellschaftliche Stellung, Überzeugung" (S. 358). Auch das **Erzählen und Tagebuchschreiben** trägt zur seelischen Regeneration Kolbes bei. Das Schreiben als verlangsamtes Nachdenken über die eigene Lebenssituation wird zu einer zivilisatorischen Kraft, die es dem Menschen ermöglicht, aus dem Zwang des unmittelbaren Augenblicks (Kriegshandlungen) zurückzutreten und sich seiner eigenen Rolle und Verantwortung bewusst zu werden. Fast manisch und in nahezu jeder Lage (vgl. S. 396) geht Kolbe daher dem Schreiben nach: „Wenn ich Tagebuch schrieb, brauchte ich nichts als eine Tasse schwarzen Kaffee und hatte nie das Bedürfnis, von dem kleinen Tisch aufzustehen und eine Kleinigkeit zu essen. Ich schrieb und schrieb, und zwischendurch nahm ich einen Schluck Kaffee." (S. 167) Auch Margot anerkennt schließlich die heilsame Wirkung, die das Tagebuchschreiben auf Veit hat.

> ■ *Prüfen Sie mithilfe des Lexikoneintrags, ob und inwiefern es sich bei dem Text „Unter der Drachenwand" um einen Entwicklungsroman handelt. Belegen Sie Ihre These am Text. (Aufgabe 3)*

Die dritte Aufgabe des Arbeitsblattes 9 führt die Schüler in die gattungstypologische Terminologie des **Entwicklungsromans** ein. Der Begriff meint einen spezifischen Romantypus, in welchem die geistige und seelische Entwicklung des literarischen Helden in seiner Auseinandersetzung mit der Umwelt, aber auch mit sich selbst dargestellt wird. Geschildert wird der Reifeprozess des Helden, der seine Erfahrungen und Erlebnisse reflektierend verarbeitet und durch diesen Reflexionsprozess zu einem neuen, veränderten Menschen wird. Im Unterschied zum Bildungsroman, der terminologisch eng an den Entwicklungsroman grenzt, muss aus der Leserperspektive am Ende nicht zwangsläufig eine höhere Kompetenz oder Bildung als Resultat der Entwicklung des Helden stehen. Im Entwicklungsroman sind es zumeist schlechte Erfahrungen, die dahingehend Einfluss auf den Protagonisten nehmen, dass dieser sich veranlasst sieht, „in sich zu gehen" und einzusehen, welche Fehler er in seinem bisherigen Leben gemacht hat. Weil er sich diese Fehler, unerreichbaren Ziele oder illegitimen Ansprüche eingesteht, ist er zukünftig in der Lage, einen anderen, besseren Lebensweg einzuschlagen.

---

[1] www.noz.de/deutschland-welt/kultur/artikel/1026034/bestsellerautor-arno-geiger-fluechtlingswelle-kompliment-fuer-europa (23.06.2020)

Baustein 2: Zwischen Anpassung, Überzeugung und Aufbegehren – Figuren und Handlung im Roman „Unter der Drachenwand"

Der Roman „Unter der Drachenwand" kann mit Blick auf seinen Protagonisten Veit Kolbe als ein solcher Entwicklungsroman verstanden werden. Die Entwicklungskurven der Schüler (s. Aufgabe 2) sollten – wie beschrieben – diese trotz mehrerer Rückschläge insgesamt positive Entwicklung Kolbes berücksichtigen. Auch Arno Geiger selbst versteht die Anlage seines Protagonisten in diesem Sinne: „Der Veit ist ein armer Teufel natürlich. Und dass er sich dann doch aufrichtet, dazu braucht er natürlich seine Zeit, und der Roman lässt ihm diese Zeit. Ich glaube, dass das auch eine Stärke des Romans ist, dass er dem Veit die Zeit gibt."[1]

■ *Welche Einwände kann man gegen die Benennung des Textes als „Entwicklungsroman" anbringen? Inwiefern erfüllt Veit Kolbe die Anforderungen der Definition der Gattung nicht vollständig?*

Eingewandt werden kann, dass Kolbes Entwicklung nach seinem Jahr am Mondsee keinesfalls an einem idealen Endstadium angelangt ist. Von einer vollständigen Heilung kann keine Rede sein. Kolbe ist zwar ein anderer, besserer Mensch mit einem „Gefühl von Frieden" (S. 459) geworden, der Verantwortung übernimmt, seine Angstzustände zu kontrollieren gelernt hat und der eine ganz normale Familie gründen möchte. Dennoch ist er sich selbst darüber im Klaren, dass „ich tatsächlich und unwiderruflich in diesem Krieg bleiben würde, egal, wann der Krieg zu Ende ging und was aus mir noch wurde, ich würde für immer in diesem Krieg bleiben als Teil von ihm. Es war schwer, sich das einzugestehen" (S. 453). Im allerletzten Satz seiner Aufzeichnungen noch schließt Veit „die Augen im Wissen, dass wie vom Krieg auch von Mondsee etwas in mir bleiben wird, etwas, mit dem ich nicht fertigwerde" (S. 476). Insgesamt jedoch bleibt festzuhalten, dass Veit Kolbe als ein anderer Mensch zu seiner Truppe zurückkehrt. „Das Leben in den zurückliegenden zwölf Monaten hat ihn reifer gemacht, nachdenklicher, erwachsener. War seine Zukunft vorher nur der Krieg, so gibt es plötzlich Dinge in seinem Leben, auf die er sich freuen kann, wenn alles vorbei ist, die es wert sind, dass man sich vornimmt, für sie zu überleben."[2] Die Sequenz kann mit einem nachbereitenden Schreibauftrag, z. B. in Form einer Hausaufgabe, beendet werden (Aufgabe 4).

■ *Erläutern Sie auf Grundlage Ihrer Ergebnisse die folgende Aussage: „Äußerlich geschieht in Veit Kolbes Jahr am Mondsee wenig. Doch gerade diese kriegsferne Ruhe ist die Bedingung für die innere Selbsterkundung und Heilung des seelisch wie körperlich zerstörten Soldaten."*

Die Provokation des Romans liegt auch darin begründet, dass es sich bei Geigers Protagonisten um einen Wehrmachtssoldaten handelt. Angehörige der deutschen Wehrmacht haben insbesondere auf ihrem Feldzug im Osten zahlreiche grausame Kriegsverbrechen begangen. Insofern steht mit Kolbe letztlich kein Opfer, sondern ein Täter im Fokus des Romans. Und Geiger lässt keinen Zweifel daran, dass ihm auch seine Sympathie gehört. Der Frage, ob und inwiefern die Entscheidung Geigers legitim ist, einen – wenn auch reuigen – Täter in den Mittelpunkt der Handlung zu stellen, kann im Rahmen einer **Vertiefung** nachgegangen werden.

■ *Ist Veit Kolbe ein Täter, ein mörderischer Verbrecher und daher als Romanheld untauglich? Was spricht für seine Schuld bzw. Unschuld? Sammeln Sie in einer Pro- und Kontra-Liste Argumente.*

Die Aufgabe kann gut als **Partnerarbeit** organisiert werden. Je nach Leistungsstärke und Lektürekenntnis kann es sinnvoll sein, den Gruppen einige für die Erörterung der Problemstellung zentrale Textstellen vorzugeben:

---

[1] www.br.de/nachrichten/kultur/arno-geigers-neuer-roman-unter-der-drachenwand,QgF7R9k (23.06.2020)
[2] https://literaturkritik.de/geiger-unter-der-drachenwand-ein-leerer-raum-in-dem-das-leben-verschwindet, 24320.html (23.06.2020)

> ■ *Berücksichtigen Sie u. a. folgende Textstellen: S. 15f., S. 27, S. 35/Z. 16f., S. 37, S. 135, S. 199, S. 323f., S. 347, S. 451f.*

Die **Präsentations- und Auswertungsphase** kann unter Anleitung der Lehrkraft in Form einer dialektischen Pro- und Kontra-Erörterung strukturiert werden. Die Schüler präsentieren abwechselnd jeweils eine Textstelle, die für bzw. gegen Kolbe spricht. Die Argumente können in einem Tafelbild sukzessive gesammelt werden.

> ■ *Ist der Wehrmachtssoldat Veit Kolbe im Grunde ein Täter, ein mörderischer Verbrecher?*
>
> ■ *Welche Argumente sprechen für seine Täterschaft, was entlastet ihn?*

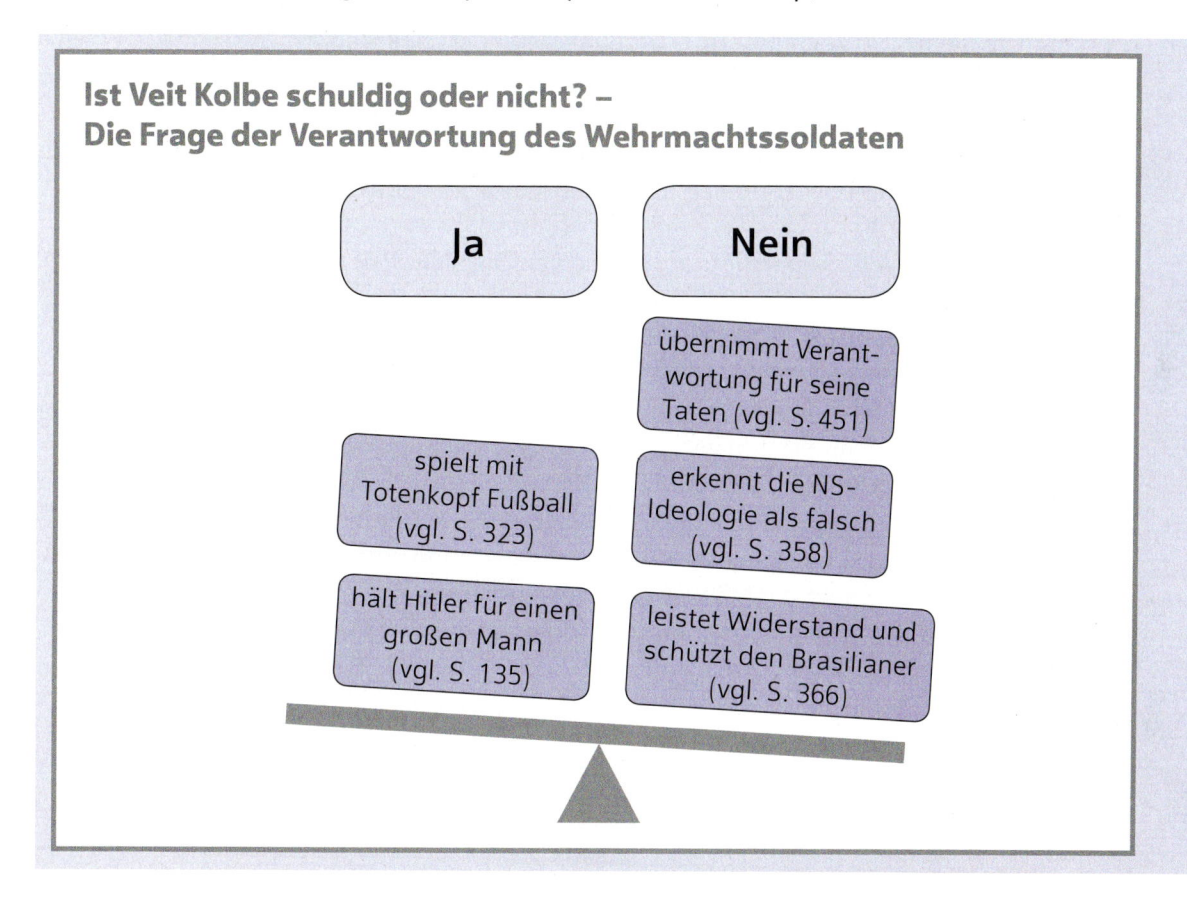

**Ist Veit Kolbe schuldig oder nicht? –
Die Frage der Verantwortung des Wehrmachtssoldaten**

Ja | Nein

Ja:
- spielt mit Totenkopf Fußball (vgl. S. 323)
- hält Hitler für einen großen Mann (vgl. S. 135)

Nein:
- übernimmt Verantwortung für seine Taten (vgl. S. 451)
- erkennt die NS-Ideologie als falsch (vgl. S. 358)
- leistet Widerstand und schützt den Brasilianer (vgl. S. 366)

Geigers Figur ist mit Sicherheit kein Held. Kolbe selbst gesteht seine Nähe zum Führer (vgl. S. 135) genauso ein wie seine Teilnahme an einem falschen, menschenverachtenden Krieg, dem zahllose unschuldige Menschen zum Opfer gefallen sind (vgl. S. 323). Andererseits ändert sich sein Blick auf den Krieg und die eigenen Taten im Laufe des Jahres am Mondsee deutlich. Reflektierend erkennt Kolbe die NS-Ideologie im Sinne des Brasilianers als menschenfeindlich und falsch an; gar aktiven Widerstand übt er aus, als er seinen eigenen Onkel erschießt, um den Brasilianer vor dessen drohender Verhaftung zu schützen. Veits Erkenntnis, dass er als Wehrmachtssoldat nicht nur ein harmloses Rädchen im Getriebe des großen Krieges ist, lässt sich exemplarisch an seinem **Gespräch mit dem Onkel** zeigen (vgl. S. 347). Sagt Kolbe zunächst „Es ist nicht mein Krieg", kann ihn der provokante, aber direkte Onkel derart schnell erden, dass der Soldat die Augen niederschlägt und schweigt: „Wenn ich ehrlich war, hatte der Onkel recht, es war auch mein Krieg, ich hatte an diesem verbrecherischen Krieg mitgewirkt, und was immer ich später tun oder sagen mochte, es steckte in diesem Krieg auf immer mein Teil […]." (Ebd.) Auch in der kurzen Begegnung mit dem Juden Oskar Meyer macht Kolbe deutlich, dass er seine persönliche Verantwortung anerkennt: „Und der Arm mit dem Stock ging auf und ab wie von einer Schnur gezogen. Wer hielt diese Schnur?

Ich? Mag sein." (S. 451) Die Textstellen legen nahe, dass man Kolbe als einen „**gemischten Charakter**", einen Durchschnittsmenschen mit Stärken und Schwächen bezeichnen kann. Das abgrundtief Böse reizt Arno Geiger genauso wenig wie glänzendes Heldentum: „Mich interessieren die Grautöne mehr als Schwarz-Weiß-Malerei. Und gerade bei diesem Stoff ist das schwieriges Terrain, weil wir es gewohnt sind, Täter-Opfer-Konstellationen präsentiert zu bekommen. Die Mitte ist ambivalent, vergleichsweise unübersichtlich. Veit Kolbe ist ein ‚Grauer' – so nennt er sich, als er in Mondsee eintrifft: ‚Willkommen Grauer.' Es gibt an ihm Aspekte eines Mitläufers, der mithilft, die Katastrophe am Laufen zu halten, der vor allem überleben will. Und es gibt an ihm Aspekte eines selbstständig denkenden jungen Mannes, der weiß, dass er sich ins Bett des Teufels gelegt hat und dass es nicht so einfach ist, aus dem Bett des Teufels wieder herauszukommen."[1] In seiner Dankesrede zur Verleihung des Joseph-Breitbach-Preises 2018 erklärt Arno Geiger den Charakterzug Veit Kolbes zu einem Grundprinzip seines Schreibens: „Überzeugung behindert das Denken. Warum noch nachdenken, wenn ich schon überzeugt bin. Deshalb mag ich keine Hundertprozentigen, egal, wo sie stehen. Alles Totale ist mir verdächtig. Und so sind meine Figuren keine Hundertprozentigen, sondern Graue, Ausdruck davon, dass auch ich mir nicht sicher bin. […] Deshalb meine Vorliebe für Vielstimmigkeit in Romanen. Deshalb meine Vorliebe für gemischte Charaktere."[2]

■ *Erschießt Geigers Protagonist seinen Onkel, weil er zu einem politischen Widerstandskämpfer geworden ist? Kann man ihn als einen „Grafen von Stauffenberg im Kleinen" bezeichnen?*

Die Annahme, dass sich Kolbe in seinem Jahr am Mondsee die pazifistische Grundhaltung zum Krieg zu eigen macht, die ihm von seinem einzigen echten Freund, dem Brasilianer, nahegebracht wird, liegt nahe. Am Ende lässt Kolbe keinen Zweifel daran, dass an Kriegen nichts gut ist. Kriege trügen nur dazu bei, die „menschliche Unmenschlichkeit" zu enthüllen (S. 253). Dennoch geht er nach seinem Jahr der Regeneration unter der Drachenwand zurück an die Front. Er zieht weder die Möglichkeit, zu desertieren, noch, zu einem aktiven Widerstandskämpfer zu werden, in Betracht. Auch Geiger meint: „Veit Kolbes Auflehnung ist momenthaft und eine persönliche Angelegenheit, keine politische. Den Onkel erschießt er aus Freundschaft zum Brasilianer […]."[3]

■ *Laden Sie Veit Kolbe zum Essen ein. Notieren Sie auf einem Zettel für Ihre Eltern die Gründe für diese ungewöhnliche Einladung und kündigen Sie an, worüber Sie mit ihm sprechen möchten.*

2.3 Rettung in höchster Not – Die Liebe zwischen Veit und Margot

Arno Geigers Roman „Unter der Drachenwand" thematisiert die Frage, wie es möglich ist, in Kriegszeiten eine eigenständige Existenz zu leben, zu leben und nicht gelebt zu werden, also zum Spielball der Verhältnisse zu werden. Wie Veit Kolbe leben nahezu alle Romanfiguren im Grunde fremdbestimmt, der Krieg ist größer als sie; und dennoch schaffen es einige vor dem Hintergrund der bedrohlichen faschistischen Diktatur und Gewalt des Zweiten Weltkriegs und mit äußerst vagen und bedrohlichen Zukunftsaussichten, die wenigen Gestaltungsmöglichkeiten zu nutzen, die sich ihnen bieten. Das Mittel dafür ist die Liebe. Untrennbar ver-

---
[1] www.dtv.de/_files_media/downloads/lesekreis-material-drachenwand-1235.pdf (23.06.2020)
[2] Arno Geiger: Dankrede. Unwiderlegbar ist die Gestalt. Verleihung des Joseph-Breitbach-Preises. Koblenz 2018, S. 19
[3] www.dtv.de/_files_media/downloads/lesekreis-material-drachenwand-1235.pdf (23.06.2020)

knüpft mit der positiven Entwicklung Veit Kolbes am Mondsee ist seine sich langsam entwickelnde Liebe zur jungen Darmstädter Mutter Margot. Auf bemerkenswerte, fast zärtliche Art beschreibt Geiger, wie sich diese Liebe langsam, aber stetig entwickelt. Veit und Margot schieben nichts auf, sie leben im Jetzt, weil sie nicht wissen, ob es ein Morgen für sie geben wird. Sie leben eine existenzialistische Lebensweise, und nicht umsonst entsteht nach dem Zweiten Weltkrieg die Philosophie des Existenzialismus. Das hat auch für den Leser heute Bedeutung: Im Bewusstsein der eigenen, heute oftmals verdrängten Sterblichkeit gilt es, sein Leben zu gestalten. Veit Kolbe ist sich seiner eigenen Sterblichkeit natürlich bewusst, er muss ständig damit rechnen, wieder eingezogen zu werden, was am Romanende auch tatsächlich eintrifft. Dennoch weiß er, dass er als liebender und zurückgeliebter Mensch in seiner „Angst nicht allein" (S. 468) und „fürs Erste geborgen" (S. 470) ist. Im letzten Kapitel präsentiert sich ein von der Liebe veränderter, dankbarer Mensch, der kaum noch etwas mit der Person zu tun hat, die am Neujahrstag 1944 am Mondsee als kriegsversehrter Mensch eintrifft. Für Veit ist Margot „herzlich, ein wunderbarer, warmer Mensch. Ich bedanke mich für jede gemeinsame Minute. Und sie richtete mir den Kragen. Nie bin ich mehr am Leben gehangen als in diesem Moment" (S. 474).

Zum **Einstieg** ist es sinnvoll, die Vorstellungen von Liebe aufseiten der Schüler im **Brainstorming** abzufragen und zu notieren. Diese können im Verlauf der Sequenz mit dem Liebeskonzept Geigers verglichen werden.

■ *Was ist für Sie Liebe? Wie kann man die Liebe beschreiben? Versuchen Sie eine Definition und erstellen Sie einen Ideenstern.*

Liebe ist ...

- ... Zärtlichkeit + Romantik
- ... bedingungslos
- ... Geborgenheit und Nähe
- ... Erotik
- ... Vertrauen
- ... ein Risiko
- ... der Sinn des Lebens
- ... Serotonin und Dopamin
- ... gefährlich
- ... ein wunderbares Gefühl des Zuhause-Seins
- ... kompliziert
- ... eine große Macht
- ... das höchste Glück
- ... uneigennützig

Im Folgenden soll die Entwicklung der Liebe zwischen Veit und Margot analysiert werden. Dafür erhalten die Schüler das **Arbeitsblatt 10** (S. 85, Webcode SNG-22744-020). Nach Möglichkeit wird das Gemälde Bruegels vergrößert, z. B. mithilfe einer Dokumentenkamera, für alle sichtbar gemacht.

Baustein 2: Zwischen Anpassung, Überzeugung und Aufbegehren – Figuren und Handlung im Roman „Unter der Drachenwand"

■ Beschreiben Sie Pieter Bruegels Bild „Die Bauernhochzeit" (1568). Welche Aspekte erscheinen Ihnen im Hinblick auf eine Hochzeitsfeier bemerkenswert bzw. ungewöhnlich?

Bruegels Bild kann als realistische Darstellung einer bäuerlichen Hochzeitsgesellschaft im Flandern des ausgehenden 16. Jahrhunderts verstanden werden. Die Hochzeitfeier findet an einer weiß gedeckten Tafel in einer großen Scheune statt. Die Gäste sitzen auf derben Holzbänken ohne Lehne, auch auf einfachen Hockern herrscht großes Gedränge. Auf der Strohwand hinter der Braut erkennt man ein grünes Tuch, auf welchem die papierne Brautkrone befestigt ist. Die Braut sitzt mit niedergeschlagenen Augen und gefalteten Händen allein in der Mitte des Tisches, sie scheint weder zu essen noch zu sprechen. Nach damaliger Sitte sitzt ihr Bräutigam nicht mit am Tisch; möglicherweise ist es der Mann, der am linken Bildrand Hochzeitsbier in kleinere Krüge umfüllt. Die feiernden Bauern – für die Musik sorgen zwei Sackpfeifer – wirken durchaus heiter und fröhlich. Dennoch ist anzunehmen, dass Bruegels Bild eine durchaus ernste Intention verfolgt, die er an ein im 16. Jahrhundert populäres biblisches Motiv, die Hochzeit von Kana (Johannes 2,1–12), anlehnte. Der biblischen Sage nach vollführt Jesus hier ein Wunder, indem er Wasser in Wein verwandelt.

Die kunsthistorische Forschung hat Bruegels reges Interesse am einfachen, aber für ihn ehrlichen und authentischen Leben und an Festlichkeiten der Bauern nachgewiesen und dem Künstler sogar den Namen „Bauernbruegel" verliehen. Ehrlich und ohne jede falsche Sentimentalität schildert das Bild die einfache Hochzeit humorvoll und ohne Überheblichkeit des bürgerlichen Städters. Bruegels Bild ist kunsthistorisch von Bedeutung, da es ein farbiges Bild der einfachen Lebensweise der bäuerlich-derben Landbevölkerung anbietet. Es zeigt das Essen, Trinken, Springen, Tanzen und Lieben in einer ungekünstelten, realistischen Art und Weise, wie es in der Kunst seiner Zeit bis dato nicht bekannt war. Im Roman „Unter der Drachenwand" erwähnt es Veit Kolbe nicht ohne guten Grund. Diese Textstelle kann mit den Schülern im Anschluss an die allgemeine Bildbeschreibung im **Plenum** gelesen und ausgewertet werden (Aufgabe 2).

■ In der Mitte des Romans erwähnt Veit Kolbe das Gemälde (vgl. S. 197 – 199). Lesen Sie diese Textstelle und erläutern Sie, welche Aussage es über die sich anbahnende Liebesbeziehung zwischen Veit und Margot macht.

Veit Kolbe fragt die Darmstädterin, „was sie an mir möge" (S. 197). Margots Antwort erscheint auf den ersten Blick erstaunlich unromantisch. Veit gebe ihr das Gefühl, dass er „gerne in meiner Nähe" sei und sich durch sie „nie gestört" fühle (ebd.). Es ist vor allem die Möglichkeit der ehrlichen Gemeinschaft mit einem Mann, die sie hervorhebt. Kolbe erwähnt daraufhin das Gemälde Brueghels, das eine Hochzeitsgesellschaft „in einer Scheune, einem Ort der Arbeit", zeigt, was ihm „gefalle". „Alle Menschen sollten an einem Ort der Arbeit heiraten." (S. 198) Trotz oder wegen dieses eher unsentimentalen und unromantischen Liebesverständnisses kommt es im Anschluss an das Gespräch zum ersten Kuss (vgl. ebd.). Beide werden zu einem Paar, das sich gegenseitig liebt, stützt und füreinander sorgt. Aus der „Darmstädterin" (ebd.) wird so „Margot" (S. 200), aus ihrem „Kind" (S. 201) bald „Lilo" (S. 325). Aus der Fremden wird ein Mensch, mit dem er den Rest seines Lebens verbringen will. „Dass er nach all dem, was er im Osten erlebt hat, überhaupt noch zur Liebe fähig ist, ist wundervoll genug. Doch mehr noch: Allmählich überwindet er sogar seine Angstzustände, die ihn immer wieder in die Knie zwingen."[1]

Die Schüler erhalten nun die Aufgabe, in der folgenden **Erarbeitungsphase** die Entwicklung der Liebe Veits und Margots zu analysieren. Ausgehend von einer – sachlich falschen – These untersuchen die Schüler auf Grundlage vorgegebener Textstellen, die selbstverständlich um eigene Lektüreerinnerungen erweitert werden dürfen und sollen, wie sich die beiden Figuren näherkommen und in welcher Weise sie voneinander profitieren (Aufgabe 3).

> ■ *„Als Veit und Margot sich sehen, ist es Liebe auf den ersten Blick." Überprüfen Sie die Stichhaltigkeit dieser These, indem Sie die Entwicklung ihrer Beziehung mithilfe der angegebenen Textstellen untersuchen. Entwickeln Sie anschließend ein Schaubild, das die Liebesbeziehung der beiden Figuren anschaulich kennzeichnet. Präsentieren Sie Ihr Ergebnis.*

Textstellen: S. 58/Z. 25 – S. 59, 75/Z.16 – 28, **130/Z. 9 – 132/Z. 7**, **161/Z. 17 – 162**, **196/Z. 10 – 15**, **197 – 199**, **200 – 205/Z. 22**, **209/Z. 27 – 212/Z. 8**, 224/Z.8 – 18, 280/Z. 19 – 281/Z. 3, **285/Z. 8 – 287/ Z. 20**, 292/Z. 12 – 25, 313/Z. 15 – 314/Z. 25, **354/Z. 22 – 355**, 423/Z. 13 – 425/Z.10, 443/Z. 1 – 4, **460/Z. 20 – 461**, 463/Z. 8 – 462/Z. 25, 467/Z. 1 – 469/Z. 5, **474/Z. 1 – 8**

Der Erarbeitungsphase kann zu Beginn eine gemeinsame Lektürephase im Plenum vorgeschaltet werden. Hier werden dann gemeinsam die ersten beiden Textstellen (vgl. S. 58/ Z. 25 – S. 5 + S. 75/Z. 16 – 28) gelesen und die Art der anfänglichen Beziehung zwischen Veit und Margot charakterisiert.

Die folgende Erarbeitungsphase gliedert sich dann in zwei Teilphasen: Im ersten Teil geht es um die gemeinsame Lektüre der Textstellen in **Kleingruppenarbeit**. Im zweiten Teil sollen die Ergebnisse dieser Phase in Form eines Schaubildes visualisiert werden. Liegt eine Dokumentenkamera vor, kann diese Aufgabe im Kursheft angelegt werden. Alternativ können ausgewählte Gruppen auch mit einer Folie arbeiten, um im Anschluss das Ergebnis über einen OHP zu präsentieren. Auch die Erstellung einer Wandzeitung ist denkbar, benötigt jedoch i. d. R. mehr Zeit. In der **Präsentationsphase** sollten mehrere, nach Möglichkeit unterschiedliche Visualisierungen der Entwicklung der Liebesbeziehung vorgestellt werden.

> ■ *Welche Visualisierung der Liebesbeziehung halten Sie für gelungen? Begründen Sie Ihre Einschätzung.*
>
> ■ *Inwiefern wird durch das Schaubild deutlich, dass die Liebe zwischen Margot und Veit nicht einschlägt wie der Blitz, sondern sich langsam entwickelt?*
>
> ■ *Welche Momente, Augenblicke, Erlebnisse oder Erfahrungen sind für Margot und Veit von besonderer Bedeutung? Welchen Einfluss nehmen sie auf ihre Liebesbeziehung?*

---

[1] www.deutschlandfunkkultur.de/arno-geiger-unter-der-drachenwand-fronturlaub-am-mondsee.950. de.html?dram:article_id=407667 (23.06.2020)

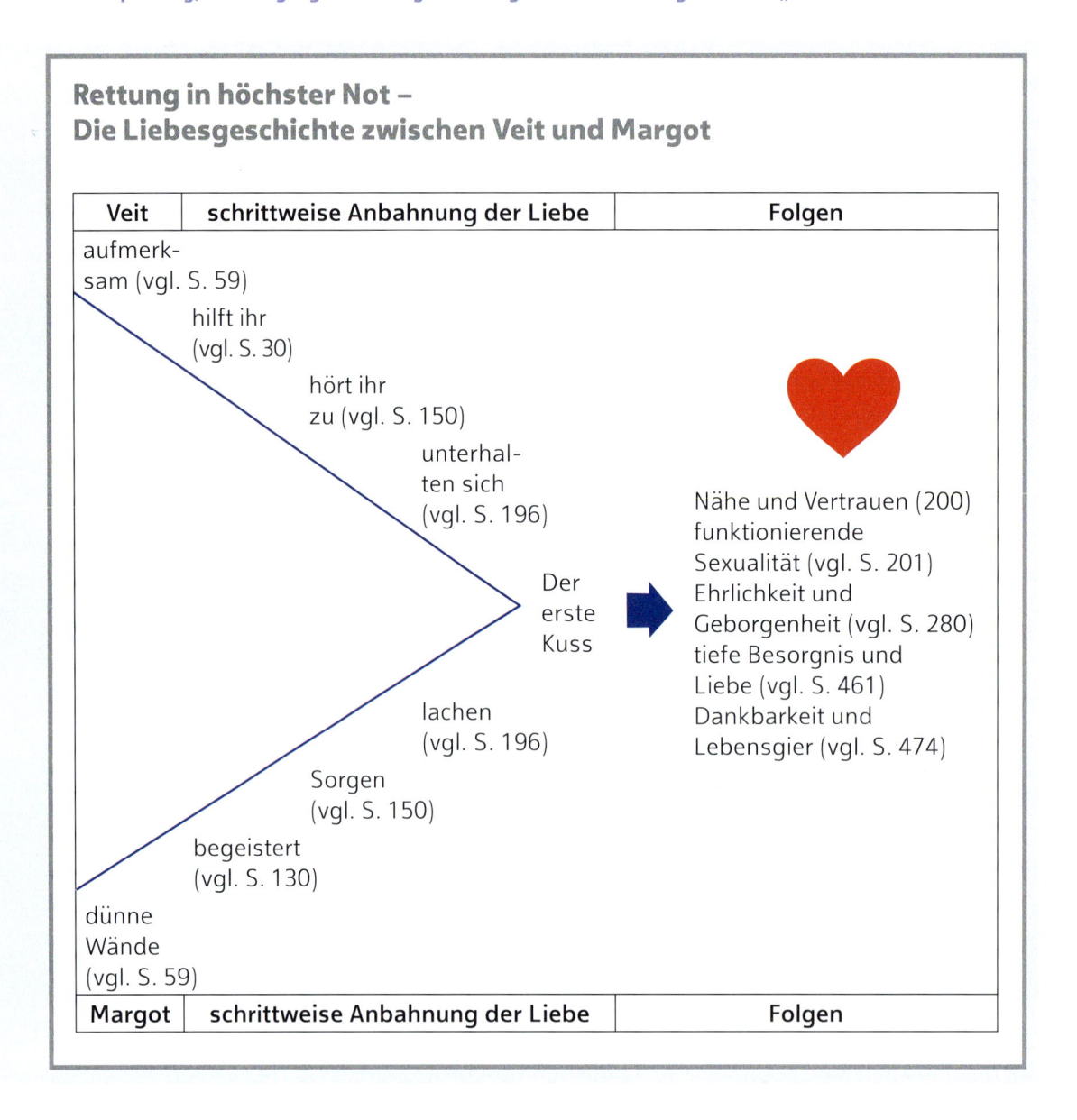

Rettung in höchster Not – Die Liebesgeschichte zwischen Veit und Margot

Veit	schrittweise Anbahnung der Liebe	Folgen
aufmerksam (vgl. S. 59)		
	hilft ihr (vgl. S. 30)	
	hört ihr zu (vgl. S. 150)	
	unterhalten sich (vgl. S. 196)	Nähe und Vertrauen (200) funktionierende Sexualität (vgl. S. 201) Ehrlichkeit und Geborgenheit (vgl. S. 280) tiefe Besorgnis und Liebe (vgl. S. 461) Dankbarkeit und Lebensgier (vgl. S. 474)
	Der erste Kuss	
	lachen (vgl. S. 196)	
	Sorgen (vgl. S. 150)	
	begeistert (vgl. S. 130)	
dünne Wände (vgl. S. 59)		
Margot	schrittweise Anbahnung der Liebe	Folgen

Im Kern geht es im **Auswertungsgespräch im Plenum** darum, die These der Aufgabe 3 auf der Grundlage von Textstellen zu falsifizieren. Im Mittelpunkt der Auswertung kann das für die Fragestellung zentrale Kapitel „Da ich keine Beziehungserfahrung besessen hatte" (S. 200ff.) gerückt werden. Veit und Margot lieben sich gerade nicht auf den ersten Blick, sondern nähern sich langsam im Laufe eines Jahres an. Ganz im Gegenteil zeigt der Wehrmachtssoldat anfangs nur geringes Interesse an seiner Nachbarin, sondern macht der Lehrerin Grete Bildstein den Hof. Diese lässt ihn jedoch abblitzen. Die sich langsam entwickelnde Liebe im unspektakulären, aber existenziellen privaten Raum beruht auf Gemeinsamkeiten im Alltag, sie zeigt sich v. a. in den kleinen Dingen. Nahezu zärtlich reflektiert Veit im Tagebuch, wie Margot Windeln stopft oder ein Kleid näht, wie ihr Kleinkind – jetzt mit dem Eigennamen „Lilo" versehen – durch das kalte Zimmer krabbelt oder im Schlafanzug dem Radio lauscht. Erst im Erzählen wird die Liebe zu einem wirklich wahren Geschehen. Denn im Nachdenken über diese alltäglichen, auf den ersten Blick kaum bemerkenswerten Vorgänge erkennt Kolbe, was ihm wirklich fehlt: Alltag, Normalität, Familie. Anrührend-zärtlich erkennt er den Wert dieser nur auf den ersten Blick unromantischen, zweckdienlichen Liebe, die sein Leben rettet: „Zwei, die für einige Zeit ihre Ruhe gefunden hatten, eine Ruhe, die nicht, wie so oft, mit Verlassenheit zu tun hatte, sondern mit Geborgenheit." (S. 205) Kolbe „weiß, es sind schon ereignisreichere Geschichten von der Liebe erzählt worden, und doch bestehe ich darauf, dass meine Geschichte eine der schönsten ist. Nimm es oder lass es" (ebd.). Die ganz alltägliche Handlung wird angesichts der Bedrohung des Krieges, die alles schnell beenden kann, mit außergewöhnlicher Bedeutung aufgeladen, und auf diese Weise gelingt es der Liebe, „sogar den Krieg von einem" zu entfernen (S. 279). Auch für Arno Geiger selbst ist die unromantische Liebe die Rettung für beide Figuren: „Liebe ist für mich nichts, was sich in Kerzenlicht und viel rotem Plüsch manifestiert, es geht um Grundsätzliches, das den Alltag prägt. Margot und Veit sind zwei, die gerne ihre Zeit miteinander verbringen, sehr zugewandt, und die einander nicht gegenseitig erziehen wollen. Sie stehen aufeinander. Und es ist bezeichnend, dass sie sich während der Arbeit im Gewächshaus näherkommen."[1]

Die Teilsequenz kann mit einer **nachbereitenden Schreibaufgabe**, z. B. in Form einer **Hausaufgabe**, zu ihrem Ende kommen (Aufgabe 4).

> *Erläutern Sie die Wirkung, die die Liebe zwischen Veit und Margot auf beide Figuren hat. Nutzen Sie dafür mindestens eines der beiden Zitate von Rilke bzw. Hugo.*

„Darin besteht die Liebe: dass sich zwei Einsame beschützen und berühren und miteinander reden."
(Rainer Maria Rilke)

„Mir ist auf der Straße ein sehr armer junger Mann begegnet, der verliebt war. Sein Hut war alt, sein Mantel abgetragen; Wasser rann durch seine Schuhe. Aber Sterne zogen durch seine Seele."[2]
(Victor Hugo)

„Unter der Drachenwand" klagt als Antikriegsroman an, dass das Individuum sein Menschenrecht auf die Verwirklichung persönlichen Glücks verwehrt bekommt: „Der Krieg nimmt einen mit wie Geröll im Fluss." (S. 442) Kolbe meint sehr lange, der „Verzerrung des eigenen Wesens" (S. 42) durch den Krieg nicht entkommen zu können, zu ohnmächtig und hilflos sei der Einzelne. Bis er Margot trifft und lieben lernt. Die Liebe zu ihr wird zum Gegengift. „Sie schreibt sich so tief in Veits Leben hinein wie seine Erlebnisse an der Front. Er spürt auf eine neue Weise, er ist nicht tot."[3] In der langsam erblühenden Liebe Veits und Margots feiert Arno Geiger das Lebende vor dem Hintergrund des allgegenwärtigen Todes, er gestaltet ein „Märchen von Liebe in liebloser Zeit"[4] und offenbart erst auf den letzten Seiten, dass das Märchen wahr ist.

2.4 Der totale Krieg und der einzelne Mensch – Veit Kolbes Kampf um Leben und Glück

Arno Geigers Roman „Unter der Drachenwand" ist ein Antikriegsroman. Er zeigt den Krieg als eine menschenbewegende und menschenzerstörende Kraft, die den Anspruch des Einzelnen auf Selbstverwirklichung und persönliches Glück zugunsten einer absolut gesetzten Ideologie negiert. In seinem Jahr am Mondsee, das für Geigers Protagonisten vor allem aus

---

[1] www.dtv.de/_files_media/downloads/lesekreis-material-drachenwand-1235.pdf (23.06.2020)
[2] Zitat 1: Rainer Maria Rilke, Zitat 2: Victor Hugo (www.gutzitiert.de/zitate_sprueche-liebe.html?page=1, 23.06.2020)
[3] www.spiegel.de/spiegel/literaturspiegel/d-160946151.hzml (23.06.2020)
[4] www.wienerzeitung.at/nachrichten/kultur/literatur/940492-Liebe-in-Zeiten-des-Krieges.html (23.06.2020)

Reflexion und Nachbereitung seiner fünf Frontjahre besteht, reift in Veit Kolbe die Einsicht in die Trostlosigkeit seiner soldatischen Existenz und die Sinnlosigkeit und Grausamkeit des Krieges: „Der totale Krieg war ein totaler Betrug." (S. 345) Geiger benötigt für diese Botschaft keine detaillierte Darstellung brutaler Fronterfahrungen, kein Blut und kein Morden. Indem er den jungen Wehrmachtssoldaten als innerlich zerstörte, von Angstanfällen gepeinigte Seele darstellt, nimmt er eindeutig Stellung zur Unmenschlichkeit des Krieges, der „das Schlechte im Menschen immer deutlicher zutage" (S. 462 f.) treten lässt. Dadurch, dass Kolbe im Verlauf des Jahres im Salzkammergut immer selbstbewusster und reflektierter wird und seinen persönlichen Anspruch auf Liebe und individuelles Glück formuliert und verteidigt, setzt Geiger auf die Kraft des Individuums gegen die Totalität der alles vereinnahmenden, sich absolut setzenden Politik. Der Roman „Unter der Drachenwand" ist so auch ein liberaler Text, der die private Freiheit des Einzelnen gegenüber dessen unrechtmäßiger Vereinnahmung durch den Staat propagiert. „Alles ist Masse im fünften Kriegsjahr"[1], so Arno Geiger. An seinem Protagonisten manifestiert sich der Anspruch, dieser Masse zu entkommen, in der leisen Liebe, die er in der trostlosen Gegenwart des Krieges zu Margot entwickelt und die sich am Ende des Romans in eine große Liebe, in eine lebensverändernde Kraft verwandelt. Der einzelne Mensch hat es am Ende geschafft, seine durch den Krieg geraubte Würde wiederzuerlangen und sich vom „Fluch der Geschichte" (S. 460) zu befreien. War er in den vergangenen fünf Kriegsjahren nur ein unbedeutendes Rädchen im Getriebe des Monstrums „Krieg", wird er nun vom Zuschauer zum Akteur seines eigenen Lebens. Während der totale Krieg Nazideutschlands an sein Ende gelangt, erwacht das Individuum und nutzt seine Chance auf Freiheit, Leben, Selbstbestimmung und Glück. Kolbes Briefe „sprechen vom mühsamen, manchmal bizarren Versuch, Alltag herzustellen und aufrechtzuerhalten vor dem Hintergrund des Krieges. Ich dachte, es könnte lohnenswert sein, vom Krieg abseits der Schlachtfelder zu erzählen, von einem Krieg, der auch im Hinterland allgegenwärtig ist und längst in jeden Winkel des Privaten eingedrungen ist"[2]. Und: „Ich habe was zu sagen über die Geworfenheit der Menschen, wie das ist, wenn man in etwas hineingestellt ist, ohne gefragt worden zu sein, wie das ist, wenn man mit Zwangssituationen konfrontiert ist, von Ängsten geplagt ist."[3]

Im Mittelpunkt der folgenden Teilsequenz soll daher die Wahrnehmung des Krieges durch Veit Kolbe stehen. Zugleich soll der progressive und am Ende erfolgreiche Widerstand Veit Kolbes gegen den Absolutheitsanspruch des totalen Krieges in den Blick genommen werden. Zum **Einstieg** erhalten die Schüler das **Arbeitsblatt 11** (S. 86, Webcode SNG-22744-021). Im Idealfall kann das englische Zitat im Kursraum an der Tafel oder Wand für alle sichtbar gemacht werden (Aufgabe 1).

> „We hold these truths to be self-evident, that all men are createt equal, that they are endowed, by their Creator, with certain unalienable Rights, that among these are Life, Liberty and the pursuit of Happiness."
> (Aus der Präambel der amerikanischen Unabhängigkeitserklärung 1776)

■ *Übersetzen Sie den Satz aus der amerikanischen Unabhängigkeitserklärung (1776).*

---

[1] www.kulturzeitschrift.at/kritiken/literatur/wie-ein-blick-in-die-augen-des-anderen-einen-menschen-oeffnet-unter-der-drachenwand-von-arno-geiger (23.06.2020)
[2] www.dtv.de/_files_media/downloads/lesekreis-material-drachenwand-1235.pdf (23.06.2020)
[3] www.br.de/nachrichten/kultur/arno-geigers-neuer-roman-unter-der-drachenwand,QgF7R9k (23.06.2020)

Baustein 2: Zwischen Anpassung, Überzeugung und Aufbegehren – Figuren und Handlung im Roman „Unter der Drachenwand"

Die erste Aufgabe besteht aus zwei Teilphasen. In der ersten gilt es, das englische Zitat zu übersetzen. Dies kann gemeinsam im Plenum oder in einer kurzen Partner- oder Gruppenarbeitsphase geschehen. Im Plenum wird der aus der Präambel der amerikanischen Unabhängigkeitserklärung (1776) stammende Satz an der Tafel oder Wand in deutscher Übersetzung notiert:

> „Wir halten die nachfolgenden Wahrheiten für klar an sich und keines Beweises bedürfend nämlich: dass alle Menschen gleich geboren, dass sie von ihrem Schöpfer mit gewissen unveräußerlichen Rechten begabt sind, dass zu diesem Leben, Freiheit und das Streben nach Glückseligkeit gehören"[1].

Der größtenteils vom späteren US-Präsidenten Thomas Jefferson verfasste Text ist ohne Zweifel eines der wirkungsmächtigsten Dokumente der demokratischen Staatsphilosophie. Er stellt einerseits die Gründungsurkunde der Vereinigten Staaten von Amerika dar. Zudem kann der in der Präambel formulierte Anspruch des Menschen auf Leben, Freiheit und das Streben nach Glück als Zeitenwende angesehen werden, da hier nicht mehr der Staat in den Mittelpunkt aller gesellschaftlichen, politischen und sozialen Handlungskontexte gerückt wird, sondern der einzelne Mensch, dessen Rechte es gegen staatliche Übergriffe von nun an zu verteidigen gilt. Die in der Unabhängigkeitserklärung formulierten Rechte finden sich in ähnlicher Form in der UN-Erklärung der Allgemeinen Menschenrechte (1948) und auch die neunzehn Grundrechte der deutschen Verfassung, des Grundgesetzes, sind in diesem Geiste formuliert. Der Mensch ist so im Sinne Kants nicht Mittel zu einem vom Staat formulierten Zweck – im Fall der Nationalsozialisten zur Erreichung eines tausendjährigen rassistischen Reichs –, sondern er ist Selbstzweck, er begründet also den Anspruch für sein Leben aus ebendiesem heraus. Er bedarf keiner weiteren externen Begründung.

Im zweiten Schritt geht es um den Transfer der Präambel auf den Romanhelden Veit Kolbe:

> ■ *Wie kann man den hier formulierten Anspruch auf die Wünsche Veit Kolbes beziehen? Erläutern Sie.*

Auf der Grundlage ihrer Lektüre rufen sich die Schüler nun im **Plenumsgespräch** unsystematisch einzelne Romansequenzen in Erinnerung, in denen Kolbe am kleinen Glück festhält, während der Krieg erneut nach ihm greift. Dies kann z. B. eine der zahlreichen Szenen sein, in denen Kolbe mit Margot, Lilo oder dem Brasilianer im Schutz des Gewächshauses Tomaten erntet, Gemüse pflanzt oder Musik hört. Auch hat Kolbe keine Probleme damit, Papiere zu fälschen bzw. zu stehlen, um seinen Aufenthalt am Mondsee auf illegale Weise zu verlängern (vgl. S. 312). Deutlich werden kann, dass Veit Kolbe „mit dem ganzen Scheiß nichts mehr zu tun haben" möchte, „ich wollte mein kleines Privatleben führen" (S. 313). Den ihn auch in der vermeintlichen Idylle am Mondsee niemals völlig loslassenden Krieg verbindet er mit „Persönlichkeitszerstörung" (S. 437).

Die folgende **Erarbeitungsphase** kann in Partner- oder Kleingruppenarbeit organisiert werden (Aufgabe 2). Um mehr Zeit für die gemeinsame Auswertung zu gewinnen, kann ein Teil der notwendigen Lektürearbeit, z. B. die linke Spalte der Tabelle, in einer vorbereitenden Hausaufgabe abgeleistet werden.

> ■ *Auch der Wehrmachtssoldat Veit Kolbe ist ein Opfer des Krieges: Er ist körperlich verletzt und seelisch zerrüttet. Nach fünf Jahren an der Front sieht er sich selbst als Experten für den Krieg. Erarbeiten Sie Kolbes Einschätzung des*

---

[1] www.verfassungen.net/us/unabhaenigkeit76.htm (23.06.2020)

Krieges sowie seine aus den Erfahrungen an der Front gewonnenen Wünsche: Wie möchte er leben? Werten Sie dafür die angegebenen Textstellen aus und notieren Sie stichpunktartig in der Tabelle.

Textstellen: S. 8/Z. 19 – 21, 13/Z. 1 – 8, 28/Z. 5 – 26, 42/Z. 13 – 18, 46/Z. 18 – 47/Z. 3, 49/Z. 5 – 17, 47/Z. 10 – 27, 66/Z. 15 – 28, 81/Z. 14 – 29, 139/Z. 2 – 7, 149/Z. 19 – 30, 220/Z. 2 – 12, 285/Z. 8 – 14, 292/Z. 2 – 12, 312/Z. 28 – 313/Z. 3, 313/Z. 15 – 314/Z. 25, 327/Z. 16 – 22, 345/Z. 13 – 29, 419/Z. 1 – 11, 437/Z. 23 – 27, 439/Z. 7 – 15, 442/Z. 11 – 13, 462/Z. 25 – 463/Z. 7, 469/Z. 23 – 27, 473/Z. 15 – 27

In der **Präsentations- und Auswertungsphase** können die Ergebnisse mithilfe einer Dokumentenkamera für alle Teilnehmer sichtbar gemacht werden. Alternativ können die Ergebnisse auch von der Lehrkraft sukzessive an der Tafel notiert werden oder man setzt einen OHP ein. Einzelne Teams oder Gruppen stellen nun anhand ausgewählter Textstellen ihre Teilergebnisse vor. Die vorgeschlagenen Textstellen sollten gemeinsam im Plenum gelesen und diskutiert werden. Die Ergebnisse können in Form eines **Tafelbildes** festgehalten werden.

- Wie hat Veit Kolbe den Krieg erlebt? Welche Erfahrungen hat er gemacht?
- Was hat ihn an der Front besonders geprägt bwz. beeindruckt?
- Was genau macht Veit zu einem Kriegsgegner? Inwiefern wird das durch seine Wünsche, Hoffnungen und Ziele deutlich?

Einschätzung des Krieges durch Veit Kolbe	Wünsche, Hoffnungen und Ziele Veit Kolbes
• unverständliche Raserei (vgl. S. 8)	• Leben zählt mehr als der Tod (vgl. S. 8)
• tötet alles Freie ab (vgl. S. 28)	• Wunsch nach „Privatsachen" (vgl. S. 28)
• verzerrt das eigene Wesen (vgl. S. 42)	• Geschichte als Diener des Menschen (vgl. S. 46)
• verursacht Trauma + Grauen (vgl. S. 66)	• Platzen vor lauter Liebe (vgl. S. 139)
• Dominator + Lüge/Irrtum (vgl. S. 81)	• Leben einfrieren und in besserer Welt aufwachen (vgl. S. 220)
• Distanzlosigkeit + Vereinnahmung (vgl. S. 220)	• kleines Privatleben (vgl. S. 313)
• Brutalität + Grausamkeit (vgl. S. 292)	• Schönheit des Lebens genießen (vgl. S. 327)
• Sinnloser leerer Raum verschlingt schönes Leben (vgl. S. 327).	• überschäumende Lebenskraft (vgl. S. 379)
• betrügt und fordert sinnlose Opfer (S. 345)	• ein eigenes Leben besitzen (vgl. S. 419)
• zerstört die Persönlichkeit (vgl. S. 437)	• Ende der Gewalt (vgl. S. 463)
• machtvoll und vereinnahmend (vgl. S. 442)	• Normalität wiederfinden (vgl. S. 473)
• höhlt alles Zivile aus (vgl. S. 462)	
• ruft das Schlechte hervor (vgl. S. 462f.)	

⬇

Konflikt zwischen Totalität (Krieg) und Individualität (Veit Kolbe)

Baustein 2: Zwischen Anpassung, Überzeugung und Aufbegehren – Figuren und Handlung im Roman „Unter der Drachenwand"

Wie von Thomas Jefferson gefordert (s. Aufgabe 1), kämpft Veit Kolbe für sein Anrecht, nach Glück zu streben („pursuit of Happiness"). Dieses sieht er völlig zu Recht vom alles verschlingenden Krieg bedroht. In der Zeit, die er mit dem Brasilianer verbringt, v. a. in der Liebe zur Darmstädterin Margot, zeigt sich sein zunehmend selbstbewusst vorgetragener Anspruch auf ebendieses personale Glück. Geigers Roman spielt in der Endphase des Zweiten Weltkriegs, er blickt „in eine zerbombte, zerschossene, zerpflügte Welt. Krieg als umfassende Matrix, die fernab von West- und Ostfront alle Lebensbereiche durchflutet. Freundschaft, Liebe, Essen, Schlafen, selbst das Scheißen: Veit kotet in stickiger Sommerhitze im Schweinestall – und spricht mit den Tieren über das Wetter und den F. [Führer, T.S.]; Schaufensterpuppen haben Soldatenhaltung; Hakenkreuzwimpel wehen auf den Gräbern der Alten; Schnüre zum Hochbinden der Tomaten fehlen, weil aller Bindfaden für die Pakete an die Front benötigt wird. ‚In der Nacht träumte ich erstmals von Kartoffeln', schreibt Kolbe: ‚Früher waren meine Träume anspruchsvoller.' Die Kinder schlagen mit den Köpfen im Schlaf gegen die Wand. Das Leben vergeht schnell, der Krieg langsam. Geiger erzählt vom scheinbar Marginalen und zielt ins Wesentliche. Er macht den Echoraum des Begriffs ‚Krieg' greifbar und vermittelt ein Wissen um die Gräuel der Vergangenheit, die kein Archiv preisgibt, und eine Form der Wahrheit, die tiefer reicht als bloße Faktenkenntnis und mehr offenbart als jede Museumspädagogik."[1] Mit Veits und Margots Rückzug ins Private deutet Geiger zugleich die konservative Wende in der Kunst an, die sich insbesondere in der Nachkriegszeit der 1950er-Jahre beispielsweise im Heimatfilm manifestiert.

- *In welchem Verhältnis stehen Individuum und Politik für Veit Kolbe?*
- *Welchen Anspruch formuliert der junge Soldat, welchen Anspruch die Gesellschaft?*
- *Wer behält in diesem Konflikt die Oberhand? Begründen Sie Ihre Einschätzung.*
- *Was geschieht mit dem einzelnen Menschen in einer ideologisch verhärteten Gesellschaft, die zunehmend verroht, die auf Konfrontation statt auf Diskurs setzt, die ihre zivilisatorischen, humanen Errungenschaften aufzugeben bereit ist?*

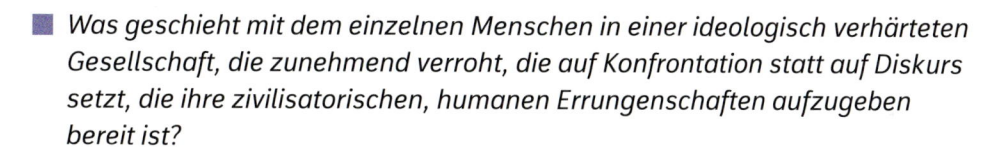

Das Individuum und die Gesellschaft – Grundkonflikte in Kriegszeiten

Anspruch des Einzelnen	Anspruch des Totalitarismus
Wunsch nach individueller Ausgestaltung des eigenen Lebens, nach Freiheit, Liebe, Selbstverwirklichung: *„Sollte es etwas Freies in mir geben, hatte man es abgetötet, alles Freie betrachtete ich als Privatsache, und Privatsachen gab es nicht mehr, seit Jahren."* (S. 28)	Wunsch nach Volksgemeinschaft, Aufgehen des Einzelnen im Ganzen, Unterwerfung und Zurückstellung persönlicher Wünsche zugunsten der Gemeinschaftsideologie: *„Alle sollen zusammenhalten."* (S. 137)

---
[1] www.profil.at/kultur/arno-geiger-unter-drachenwand-8615616 (23.06.2020)

Den in Veits Jahr am Mondsee dargestellten Entwicklungsprozess hin zum mündigen, selbstbestimmten Menschen sieht der Autor Arno Geiger exemplarisch: „Ich glaube, das Private im Menschen, das Bedürfnis nach Schönheit, nach Natürlichkeit ist unzerstörbar."[1] Für Geiger ist es der Wehrmachtssoldat, der den skizzierten Kampf des Individuums gegen den alles verschlingenden, totalen Krieg gewinnt, auch wenn Kolbe in seinem allerletzten Satz trotz aller gewonnenen Autonomie eingestehen muss, „dass wie vom Krieg auch von Mondsee etwas in mir bleiben wird, etwas, mit dem ich nicht fertigwerde" (S. 476). Dennoch zeigt die Resistenz oder Widerstandskraft seines Protagonisten, dass Geiger an die Möglichkeit glaubt, auch in einer zunehmend inhumanen Gesellschaft ein Mensch zu bleiben, statt zu zerbrechen. Nicht zufällig korrespondiert mit dem Aufstieg Veit Kolbes der Niedergang der faschistischen, totalitären Diktatur. Im Moment, als Kolbe das Zerbröseln der nationalsozialistischen Herrschaft und die kommende Niederlage erahnt („Darmstadt ist 99 % kaputt", S. 264), erwacht sein Widerstandsgeist. Kolbe steht auf und der Mensch erwacht, als das Dritte Reich fällt und der Krieg verloren geht.

- *Warum ist es Veit Kolbe möglich, zu einer stabileren und auch glücklicheren Person zu werden? Welche Rolle spielen bei dieser Entwicklung die Politik bzw. die Informationen über den Stand des Krieges?*

- *Wer zeigt sich im Verlauf des Romans als der Stärkere? Das Individuum oder die Gesellschaft? Begründen Sie Ihre Einschätzung.*

Wer ist stärker? Das Individuum oder die Gesellschaft?

Untergang der Gesellschaft ↑

Anzeichen für das Ende des Zweiten Weltkriegs
- deutsche Einheiten auf dem Rückzug (vgl. S. 399)
- Regelmäßig überfliegen alliierte Bomber das Idyll am Mondsee (vgl. S. 78).
- Die Politik lügt die Bürger über den Krieg an (vgl. S. 192).

Anzeichen für die Regeneration Veits
- Am Ende seines Jahres verspürt er ein „Gefühl von Frieden" (S. 459).
- Er spürt, dass er sich „losgerissen" hat und „endlich ein eigenes Leben" besitzt (S. 469).

Aufstieg des Individuums ↓

Die Aufgaben 3 und 4 des Arbeitsblatts 11 dienen einer möglichen **Vertiefung** und **Aktualisierung**. Auch wenn zwischen der heutigen Schülergeneration und dem Romangeschehen letztlich nur ein Menschenleben steht, sind das Grauen und die Unmenschlichkeit des Krieges für heutige Schüler sehr weit weg. Bilder von realen Kriegen, z. B. aus Syrien und dem Irak, kennen die Schüler ausschließlich aus den Medien. Noch wirkungsmächtiger im Hinblick auf ihre Einschätzung bzw. Vorstellungen vom Krieg dürfte der fragwürdige, in jedem Fall die Wahrheit verharmlosende und verfälschende Einfluss von Computerspielen sein. Es ist daher sinnvoll, diese verkürzten Vorstellungen vom Krieg und seinen Folgen näher in den Blick zu nehmen. Dafür können die **Aufgaben 3 und 4** in Partner- oder Kleingruppenarbeit bearbeitet werden.

---

[1] www.kulturzeitschrift.at/kritiken/literatur/wie-ein-blick-in-die-augen-des-anderen-einen-menschen-oeffnet-unter-der-drachenwand-von-arno-geiger (23.06.2020)

Baustein 2: Zwischen Anpassung, Überzeugung und Aufbegehren – Figuren und Handlung im Roman „Unter der Drachenwand"

- *Erläutern Sie das Zitat Arno Geigers, indem Sie es auf Ihr eigenes Leben beziehen. In welchen Situationen fühlen Sie sich von den Imperativen (Befehlen) der Gesellschaft vereinnahmt bzw. in Ihren persönlichen Vorstellungen von einem guten Leben „bedroht"?*

> „Wir leben alle unter der Drachenwand – die Drachenwand, das ist das Ungewisse, das Bedrohliche, die Zwangssituation. Wir sind alle viel mehr von äußeren Zwängen bestimmt, als uns das recht sein kann. Es ist viel leichter, Menschen zu Schlechtem, zu Geringschätzung und Verachtung zu erziehen, und mühsamer, sie zu Respekt, Hingabe und Liebe zu erziehen. Das ist der mühsame, aber der lohnende Weg."[1]
>
> (Arno Geiger)

- *Was können Sie von der Überlebensstrategie Veit Kolbes lernen? Begründen Sie textnah.*

„Unter der Drachenwand" ist keinesfalls eine Art Historienroman, auch wenn er originale Quellen mit fiktionalen Beiträgen mischt. Die Schüler sollen in die Lage versetzt werden, sein großes Thema – die Selbstbehauptung des Individuums – auf ihr eigenes Leben zu übertragen, das Erzählsujet also zu aktualisieren. Dafür können ihnen die folgenden sozialpsychologischen Informationen mithilfe eines kurzen **Lehrervortrags** vermittelt werden. Steht ausreichend Zeit zur Verfügung, können sich die Schüler das Identitätsmodell nach Lothar Krappmann auch eigenständig aneignen. In diesem Fall kommt das **Zusatzmaterial 4** (S. 162, Webcode SNG-22074-041) zum Einsatz, das in Partner- oder Kleingruppenarbeit bearbeitet werden kann:

- *Stellen Sie einem Partner/einer Partnerin das Identitätskonzept Goffmans mithilfe der Seiltänzer-Metaphorik vor. Suchen Sie aus Ihrem Alltag als Schüler/Schülerin je ein passendes Beispiel und machen Sie deutlich, worin Ihr persönlicher Balanceakt ganz konkret besteht.*

- *Versuchen Sie, das Identitätskonzept Krappmanns auf die literarische Figur Veit Kolbe aus Arno Geigers Roman „Unter der Drachenwand" zu beziehen. Überlegen Sie dafür: Inwiefern betont Kolbe seine personale Identität, wo wird der Anspruch an seine soziale Identität deutlich? Verfassen Sie dann ein kurzes schriftliches Statement zur Identitätsproblematik Kolbes und machen Sie deutlich, warum der Roman auch als „Kampf um Identität" verstanden werden kann.*

„Unter der Drachenwand" ist ein zutiefst menschenfreundlicher Roman, der das Individuum als liebesbedürftiges Wesen zeigt. Veit Kolbe spürt und lernt, dass es die Liebe zu Margot ist, die ihn retten wird. In der zärtlichen Begegnung mit einem ebenso liebesbedürftigen Menschen findet Veit Kolbe seine persönliche Überlebensstrategie. So meint auch Arno Geiger selbst: „Für mich war beim Schreiben aber klar, dass der Mensch ein unzerstörbares Bedürfnis nach Sicherheit hat, nach Geborgenheit und Halt. In dieser äußersten Bedrängnis wissen die Figuren des Romans, dass sie nichts aufschieben dürfen. Sie haben ein starkes Bewusstsein der Zerbrechlichkeit ihrer selbst. Das Bedürfnis nach einem Glücksmoment, nach Menschen, die zugewandt sind. Dieses Werts sozialer Beziehungen sind wir uns oft nicht ausrei-

---

[1] „Der Liebesroman ist der wahre Antikriegsroman", Zita Bereuter, Radio ORF, Wien, 08.01.2018, https://fm4.orf.at/stories/2888188/ (23.06.2020)

chend bewusst. Alles scheint verfügbar zu sein. Das ist aber nicht so. Alles ist zerbrechlich. Wir sind uns der Bedeutung und des Werts unseres Alltags nicht mehr bewusst."[1]

Im **Präsentations- und Auswertungsgespräch** geht es zu Beginn um die für jeden Menschen bedeutsame Frage, welche Gestaltungsspielräume der einzelne Mensch in der Gesellschaft hat (Aufgabe 1). Jeder Mensch hat den Wunsch, sein Leben zu planen und persönliche Träume zu realisieren. Dafür sind gesellschaftliche, soziale und politische Spielräume notwendig, die Veit Kolbe (noch) nicht hat, weil der Krieg totalitär, d. h. allumfassend ist und diese Spielräume vernichtet. Die Ungewissheit über den Ausgang des Krieges, über die Frage, ob man überleben oder sterben wird, macht ihn lebensgierig. Veit will „die wenigen Spielräume, die er vorfindet, nutzen. Wo ist die Freiheit? Wie entfaltet sich das Private? Wie gehe ich mit äußeren Zwängen um? – Davon erzählt der Roman"[2]. Mit der zweiten Aufgabe des Zusatzmaterials 4 wird der Transfer auf die Romanfigur Veit Kolbe intendiert.

- *Veit Kolbe hatte immer den Wunsch, Elektrotechnik zu studieren. Durch den Krieg kommt er nicht dazu, sich diesen Wunsch zu erfüllen. Welche Träume haben Sie selbst für Ihr eigenes Leben? Was sind Ihre Ziele?*

- *Welche Anstrengungen sind Sie bereit zu unternehmen, um ihren Lebenstraum wahr werden zu lassen?*

- *Veit Kolbe kommt der Krieg dazwischen. Was könnte sich Ihnen bei der Verwirklichung Ihrer Träume in den Weg stellen? Welche Hürden sind möglich, wie gedenken Sie diese zu meistern?*

Ist Veit Kolbes Biografie unmittelbar mit dem Grauen des Zweiten Weltkriegs verbunden, der die individuellen, persönlichen Lebensträume von Millionen von Menschen zerstört, so kann dennoch von einer überzeitlichen, ahistorischen Thematik gesprochen werden, die insbesondere für junge Heranwachsende, deren Identität sich noch ausbildet, von Bedeutung ist. Für den Sozialpsychologen Lothar Krappmann stellt Identität die zentrale Besonderheit des Individuums dar, da sie aufzeigt, wie das Individuum eine Balance zwischen widersprüchlichen Erwartungen, zwischen den „Anforderungen der anderen und den eigenen Bedürfnissen sowie zwischen dem Verlangen nach Darstellung dessen, worin es sich von anderen unterscheidet, und der Notwendigkeit, die Anerkennung der anderen für seine Identität zu finden, gehalten hat"[3]. Nach Goffman lassen sich die Erwartungen, mit denen sich der einzelne Mensch bei seiner Selbstpräsentation in Interaktion auseinanderzusetzen hat, in zwei Dimensionen unterteilen: „die vertikale Zeitdimension, in der die Ereignisse im Leben des Individuums zu einer ‚personal identity' zusammengefasst werden, und die horizontale Dimension, in der die zu einem gewissen Zeitpunkt nebeneinander aktualisierbaren Rollen zu einer ‚social identity' vereinigt werden"[4]. Die personale und die soziale Identität stehen grundsätzlich miteinander im Konflikt, da die erste vom Individuum verlangt, so zu sein wie kein anderer Mensch, während die zweite völlige Anpassung an die gesellschaftlichen Regeln einfordert. Zu einem stabilen Identitätskonzept kommt es demnach, wenn es gelingt, die sozialen Rollenerwartungen mit den einzigartigen Wünschen des Individuums in Einklang zu bringen. Junge Menschen müssen also lernen, dass sie ihre eigenen Wünsche in Einklang mit den Vorgaben der Gesellschaft bringen sollten. Oftmals sind hier Kompromisse, nicht selten sogar Opfer erforderlich.

---

[1] www.noz.de/deutschland-welt/kultur/artikel/1026034/bestsellerautor-arno-geiger-fluechtlingswelle-kompliment-fuer-europa (23.06.2020)
[2] www.dtv.de/_files_media/downloads/lesekreis-material-drachenwand-1235.pdf (23.06.2020)
[3] L. Krappmann: Soziologische Dimensionen der Identität. Klett-Cotta: Stuttgart 1982, S. 7 – 9
[4] Ebd.

Baustein 2: Zwischen Anpassung, Überzeugung und Aufbegehren – Figuren und Handlung im Roman „Unter der Drachenwand"

- Welche Rollen müssen Sie in der Gesellschaft spielen? Wer schreibt für Ihre Rolle das Skript?
- Was geschieht, wenn Sie Ihre Rolle nicht erfüllen, z. B. die des fleißigen Schülers bzw. der fleißigen Schülerin oder die des gehorsamen, hilfsbereiten Kindes?
- Wie gelingt es Ihnen trotz der vielfältigen sozialen Imperative (Befehle) in Ihrem Leben, persönliche Träume zu realisieren? Wo gibt es Freiräume für den Einzelnen und wie kann man sie nutzen?

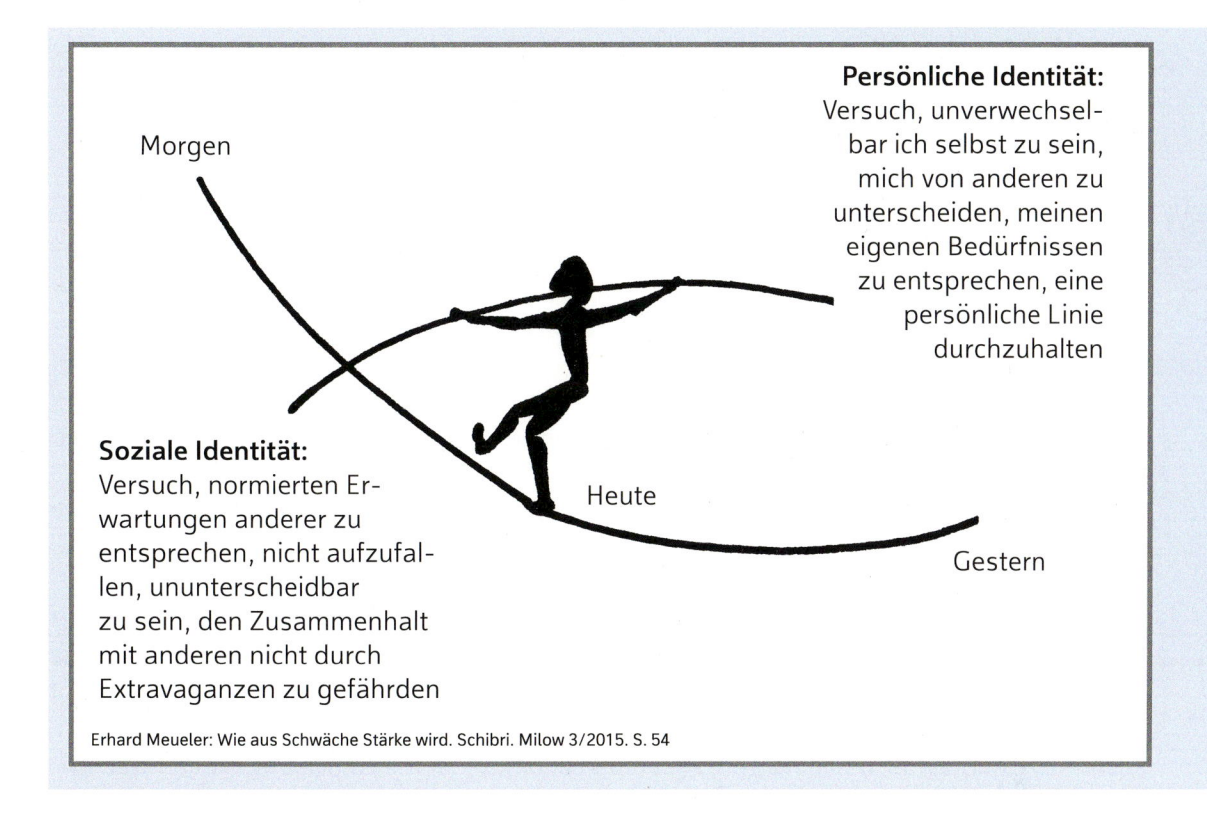

Persönliche Identität: Versuch, unverwechselbar ich selbst zu sein, mich von anderen zu unterscheiden, meinen eigenen Bedürfnissen zu entsprechen, eine persönliche Linie durchzuhalten

Morgen

Heute

Gestern

Soziale Identität: Versuch, normierten Erwartungen anderer zu entsprechen, nicht aufzufallen, ununterscheidbar zu sein, den Zusammenhalt mit anderen nicht durch Extravaganzen zu gefährden

Erhard Meueler: Wie aus Schwäche Stärke wird. Schibri. Milow 3/2015. S. 54

Die Biografie Veit Kolbes kann auch als eine Geschichte der Befreiung, der Menschwerdung gedeutet werden, denn wie in einer Art zweiten Pubertät vergewissert sich der junge Wehrmachtssoldat schreibend und erzählend seiner selbst und grenzt sich von anderen, v. a. vom Vater, ab. Damit korrespondiert auch Kolbes zunehmend klare Abwendung von den Kriegszielen und der Ideologie Nazideutschlands: „Was die Familie an Persönlichkeitszerstörung anfängt, setzt der Krieg fort." (S. 437) Auch hier liegt eine gewisse Nähe zur Lebenswelt heutiger Schüler, denen Abgrenzungs- und Selbstfindungsprozesse in ihrer eigenen Biografie nicht fremd sind. Die Schüler sollen erkennen, dass Identität – ganz im Sinne des Tafelbildes – als fragiler Drahtseilakt zu verstehen ist und sie selbst wie ein Seiltänzer dazu gezwungen sind, nicht auf eine Seite des Seiles abzurutschen. Veit Kolbe merkt – zuerst intuitiv spürend, später reflektierend und intellektuell –, dass ihm der totale Anspruch des Krieges – um in der Bildlichkeit des Tafelbildes zu bleiben – auf die Seite der sozialen Identität gezogen hat und er sämtliche Optionen für die individuelle Ausgestaltung seines einzigartigen Lebens verloren hat. Als er diesen unerhörten „Diebstahl" bemerkt („Der Krieg rückte keinen Millimeter zur Seite", S. 81), ist er bereit, zu lügen, zu betrügen und sogar zu töten: Er fälscht ärztliche Dokumente, um seine Einberufung hinauszuzögern, und er erschießt seinen eigenen Onkel, um seinen antifaschistischen Freund, den Brasilianer, vor der Inhaftierung, vor wahrscheinlicher Folter und Ermordung durch NS-Schergen zu bewahren. Veit Kolbe ist nicht bereit, sein Leben für das große Ganze zu opfern, er besteht auf seiner eigenen Existenz: „Was kann es Besseres geben, als am Leben zu bleiben?" (S. 8) Geigers Protagonist ist sich der Schönheit des Lebens und seinem Recht auf eine persönliche, einzigartige Biografie bewusst, er findet es „schade, dass ich bisher nicht mehr glückliche Momente in meinem Leben hatte" (S. 57). Dass der Krieg ihn völlig vereinnahmt und sein Wesen verzerrt hat, will er nicht länger hinnehmen: „Bei mir ist alles Krieg. Ich muss mir das abgewöhnen." (S. 53) Der nicht nur in der Hitlerjugend populäre Spruch „Du bist nichts, dein Volk ist alles" zeigt das nationalsozialistische Ideal einer Volksgemeinschaft, mit der die gesellschaftliche Zerrissenheit und Heterogenität mitsamt ihrer Klassen- und Standesunterschiede überwunden werden sollte. Der NS-Ideologie geht es um die Eingliederung eines jeden Menschen in eine opferbereite Volks- und Leistungsgemeinschaft, in der für Würde und Individualität kein Raum mehr ist. Dagegen wehrt sich Veit Kolbe, und am Ende spürt er in beglückender Weise, „dass ich mich von etwas losgerissen hatte und endlich ein eigenes Leben besaß" (S. 469). Er ist nicht mehr ein bloßes Rädchen im Getriebe der Welt, sondern ein Handelnder, der sein Leben ausgestalten möchte.

- *Inwiefern kann man Veit Kolbes Jahr am Mondsee als Kampf um eine eigene Identität verstehen?*
- *Warum kann man Kolbe als eine Art „Seiltänzer" bezeichnen? Was muss er dafür tun, wieder auf das Seil zu gelangen, von dem er in seinen fünf Frontjahren gefallen ist?*

Auf Grundlage der Schülerbeiträge wird das **Tafelbild** entsprechend ergänzt bzw. erweitert:

Unter „Soziale Identität": V. Kolbe wird wieder eingezogen, der Krieg fordert seinen Tribut.
Unter „Persönliche Identität": V. Kolbe will Elektrotechnik studieren u. eine Familie gründen.

In seiner Dankesrede zur Verleihung des Joseph-Breitbach-Preises 2018 verallgemeinert und aktualisiert Arno Geiger die Botschaft seines Romans selbst. Für ihn passt eine Figur wie die Veit Kolbes in unsere heutige Gesellschaft, „die sich im Umgang mit Mängeln schwertut und nach Vollkommenheit strebt. Aber in einer Gesellschaft, die nach Vollkommenheit strebt, sucht man ständig nach Schuldigen, weil die Vollkommenheit sich nicht einstellen will. Angebliche Vollkommenheit – Perfektion – ist in meinen Augen Kitsch, eine künstlich geordnete Welt. Wir finden sie in Liebesromanen, in denen man sofort weiß, mit wem man es zu tun hat, und in Romanen über das Dritte Reich, in denen man sofort weiß, mit wem man es zu tun hat, Schafe und Böcke aufs Strengste geschieden, zum tausendsten Mal über allem die eine und einzige Frage: Was habe ich mit den Tätern zu tun? Natürlich nichts!"[1] Als Veit Kolbe im Roman „Unter der Drachenwand" einen Blick auf sein geliebtes Gewächshaus wirft, in dem männliche und weibliche Flüchtlinge die Arbeit des geflohenen Brasilianers verrichten, notiert er in sein Tagebuch: „Ich empfand die Anwesenheit dieser Fremden als irritierend. Gleichzeitig boten auch sie sich als Möglichkeit an, meinen Blick zu erweitern und dann bestätigt zu finden, dass es nichts Absolutes gibt, nichts Totales, Herkunft, Rasse, gesellschaftliche Stellung, Überzeugung. Es lag nur an mir hinüberzugehen." (S. 358)

- *Die Biografie der literarischen Figur Veit Kolbe ist außergewöhnlich und nicht denkbar ohne die furchtbaren Erfahrungen, die er im Verlauf des Zweiten Weltkriegs macht. Inwiefern aber können seine Beobachtungen und Empfindungen für unsere heutigen, gegenwärtigen Probleme bedeutsam sein?*

---

[1] Arno Geiger: Dankrede, a. a. O., S. 20 f.

- *Deutschland hat 2015 – im Vergleich zu anderen Ländern – zahlreiche Flüchtlinge aus Kriegsgebieten aufgenommen. Viele Einwohner unseres Landes sind durch diese Anwesenheit ihrer neuen Mitbürger und Mitbürgerinnen verunsichert und ängstlich. Erläutern Sie unter Bezug auf die Textstelle S. 358, wie sich wohl Veit Kolbe zu dieser verständlichen Unsicherheit äußern würde.*

- *Ist Veit Kolbe ein Vorbild? Erläutern Sie, indem Sie auf denkbare vorbildliche Eigenschaften oder vorbildliches Verhalten hinweisen.*

Notizen

Veit Kolbe – Ein Wehrmachtssoldat als Romanheld?

1. Stellen Sie sich vor, der Roman „Unter der Drachenwand" von Arno Geiger würde verfilmt werden und Sie als Regisseur/Regisseurin hätten die Aufgabe, den Protagonisten **Veit Kolbe** des Romans mit einem passenden, d. h. typgerechten Schauspieler zu besetzen. Welchen der drei folgenden Schauspieler würden Sie wählen? Kreuzen Sie an und begründen Sie Ihre Rollenbesetzung.

Elyas M'Barek   David Kross   M. Schweighöfer

2. Der Roman „Unter der Drachenwand" entwirft ein vielschichtiges, mosaikartiges Bild aus dem letzten Kriegsjahr 1944, indem unterschiedliche Charaktere in Briefen, Tagebucheinträgen und Beschreibungen zu Wort kommen. Ihre Aufgabe ist es, den Protagonisten **Veit Kolbe** zu charakterisieren. Finden Sie dafür Antworten auf die folgenden Fragen und notieren Sie diese stichpunktartig. Nutzen Sie den Zitatspeicher und Ihre Romankenntnis.

Zitatspeicher: Kap. 1, S. 17, **24f.**, **28f.**, 30f., 35/Z. 16–17, **39**, 42, 50, 57f., 65ff., 73, **81**, **135**, **137**, 139f., **166f.**, 171, 197ff., **200ff.**, **203ff.**, 210, **220ff.**, 225f., 280, 285, 302, **313f.**, **323f.**, 327, 345, 347, 355, **358**, 365f., 419, 430, 437, 439, **443**, 442f., 451ff., 462f., **468f.**, 473ff., 477

Name, Alter, Beruf, Nationalität, Herkunft, Äußeres ...	familiäre Situation/ Beziehung zum Vater	Lebenssituation/ Herausforderungen, Probleme, Beziehungen	Weltanschauung/ Einstellung zum Krieg
Absichten/Ziele/ Wünsche, Hoffnungen	Ängste und Konflikte	besondere Merkmale/ Sonstiges	un-/sympathische Eigenschaften

3. Ist Veit Kolbe ein Held oder ein Verbrecher? Sammeln Sie Pro- und Kontra-Argumente.

4. „Veit Kolbe ist ein gemischter Charakter. Er ist nicht schwarz, er ist nicht weiß und er weiß, dass er sich mit dem Teufel ins Bett gelegt hat." (Arno Geiger) Überprüfen Sie das Zitat[1].

5. Schlüpfen Sie in die Rolle Veit Kolbes und stellen Sie sich Ihren Mitschülern/Mitschülerinnen, die in die Rollen anderer Figuren schlüpfen, vor. Falls möglich, bringen Sie ein symbolisches Requisit mit, das zu Ihrer Figur passt, und erläutern Sie seine Bedeutung.

---

[1] www.ardmediathek.de/ard/player/Y3JpZDovL21kci5kZS9iZWl0cmFnL2Ntcy9mZmZmNjg5NS03YmQ1LTRlZGQtOTFhOC05ZmI5Yjc3ZmNhOGM/ (23.06.2020); Bilder: Picture-Alliance GmbH (BREUEL-BILD/ABB) (r.), (dpa/Hase, Tobias) (l.), (BREUEL-BILD/PuR) (M.)

Margot Neff – Eine junge Mutter aus Darmstadt

1. Stellen Sie sich vor, der Roman „Unter der Drachenwand" von Arno Geiger würde verfilmt werden und Sie als Regisseur/Regisseurin hätten die Aufgabe, die Figur **Margot Neff** mit einer passenden, d. h. typgerechten Schauspielerin zu besetzen. Welche der drei folgenden Schauspielerinnen würden Sie wählen? Kreuzen Sie an und begründen Sie Ihre Rollenbesetzung.

   Emma Watson Gizem Emre Carla Juri

   _____
   _____
   _____
   _____
   _____

2. Der Roman „Unter der Drachenwand" entwirft ein vielschichtiges, mosaikartiges Bild aus dem letzten Kriegsjahr 1944, indem unterschiedliche Charaktere in Briefen, Tagebucheinträgen und Beschreibungen zu Wort kommen. Ihre Aufgabe ist es, die Figur **Margot Neff** zu charakterisieren. Finden Sie dafür Antworten auf die folgenden Fragen und notieren Sie diese stichpunktartig. Nutzen Sie den Zitatspeicher und Ihre Romankenntnis.

   Zitatspeicher: S. 41 f., 58 f., 74 f., 130 f., 161 f., 186 f., 194–199, 200–205, 209–212, 229, 280–282, 287, 292, 301, 314, 330 f., 354 f., 423 ff., 461, 464, 468, 472, 474, 477

Name, Alter, Beruf, Nationalität, Herkunft, Äußeres …	familiäre Situation/ Beziehung zur Mutter	Lebenssituation/ Herausforderungen, Probleme, Beziehungen	Weltanschauung/ Einstellung zum Krieg
Absichten/Ziele/ Wünsche, Hoffnungen	Ängste und Konflikte	besondere Merkmale/ Sonstiges	un-/sympathische Eigenschaften

3. Welche Funktion kommt Margot für Veit Kolbe zu? Was bewirkt sie in seinem Leben?

4. „Margot ist eine Betrügerin mit reiner Seele." Erläutern Sie diese Aussage anhand Ihrer Ergebnisse aus Aufgabe 3 und Ihrer Lektüreerfahrungen.

5. Schlüpfen Sie in die Rolle der Margot Neff und stellen Sie sich Ihren Mitschülern/Mitschülerinnen, die in die Rollen anderer Figuren schlüpfen, vor. Falls möglich, bringen Sie ein symbolisches Requisit mit, das zu Ihrer Figur passt, und erläutern Sie seine Bedeutung.

Bilder: Picture-Alliance GmbH (Geisler-Fotopress/Niehaus, Clemens (M., r.), (REUTERS/Herman, Yves) (r.)

© Westermann Gruppe
Best.-Nr. 022744

Robert Raimund Perttes – Der Brasilianer

1. Stellen Sie sich vor, der Roman „Unter der Drachenwand" von Arno Geiger würde verfilmt werden und Sie als Regisseur/Regisseurin hätten die Aufgabe, die Figur des **Brasilianers** mit einem passenden, d. h. typgerechten Schauspieler zu besetzen. Welchen der folgenden Schauspieler würden Sie wählen? Kreuzen Sie an und begründen Sie Ihre Rollenbesetzung.

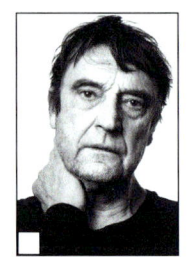

   ☐ Wolfgang Rüter   ☐ Daniel Stock   ☐ Timo Kählert

2. Der Roman „Unter der Drachenwand" entwirft ein vielschichtiges, mosaikartiges Bild aus dem letzten Kriegsjahr 1944, indem unterschiedliche Charaktere in Briefen, Tagebucheinträgen und Beschreibungen zu Wort kommen. Ihre Aufgabe ist es, die Figur des **Brasilianers** zu charakterisieren. Finden Sie dafür Antworten auf die folgenden Fragen und notieren Sie diese stichpunktartig. Nutzen Sie den Zitatspeicher und Ihre Romankenntnis.

   Zitatspeicher: S. 61, 68 – 71, 76 – 78, 132 – 137, 148, 172 – 174, 175 – 178, 293 – 303, 328 f., 333 – 340, 364 – 367, 477 f.

Name, Alter, Beruf, Nationalität, Herkunft, Äußeres …	familiäre Situation/ Schwester + Schwager	Lebenssituation/ Herausforderungen, Probleme, Beziehungen	Weltanschauung/ Einstellung zum Krieg
Absichten/Ziele/ Wünsche, Hoffnungen	Ängste und Konflikte	besondere Merkmale/ Sonstiges	un-/sympathische Eigenschaften

3. Welche Funktion kommt dem Brasilianer im Roman zu? Was bewirkt er in Veits Leben?

4. „Wer im 5. oder 6. Kriegsjahr Orchideen anbaut, ist der natürliche Feind all derer, die darüber nachdenken, was außer Blut noch zum Boden passt."[1] Erläutern Sie.

5. Schlüpfen Sie in die Rolle des Brasilianers und stellen Sie sich Ihren Mitschülern/Mitschülerinnen, die in die Rollen anderer Figuren schlüpfen, vor. Falls möglich, bringen Sie ein symbolisches Requisit mit, das zu Ihrer Figur passt, und erläutern Sie seine Bedeutung.

---

[1] https://fm4.orf.at/stories/2888188/ (23.06.2020); Bilder: Beu, Thilo: Theater Bonn (3)

Lore Neff – Margots Mutter schreibt Briefe aus Darmstadt

1. Stellen Sie sich vor, der Roman „Unter der Drachenwand" von Arno Geiger würde verfilmt werden und Sie als Regisseur/Regisseurin hätten die Aufgabe, die Figur **Lore Neff** mit einer passenden, d. h. typgerechten Schauspielerin zu besetzen. Welche der folgenden Schauspielerinnen würden Sie wählen? Kreuzen Sie an und begründen Sie Ihre Rollenbesetzung.

U. Grossenbacher   Sophie Basse   Annika Schilling

_____
_____
_____
_____
_____

2. Der Roman „Unter der Drachenwand" entwirft ein vielschichtiges, mosaikartiges Bild aus dem letzten Kriegsjahr 1944, indem unterschiedliche Charaktere in Briefen, Tagebucheinträgen und Beschreibungen zu Wort kommen. Ihre Aufgabe ist es, die Figur der Mutter Margots, **Lore Neff**, zu charakterisieren. Finden Sie dafür Antworten auf die folgenden Fragen und notieren Sie diese stichpunktartig. Nutzen Sie den Zitatspeicher und Ihre Romankenntnis.

Zitatspeicher: S. 85 – 96, 264 – 278, 370 – 383 (alle drei Briefe an Margot in Mondsee)

Name, Alter, Beruf, Nationalität, Herkunft, Äußeres …	familiäre Situation/ Beziehung zu Mann + Kindern	Lebenssituation/Alltag, Herausforderungen, Probleme, Beziehungen	Weltanschauung/ Einstellung zum Krieg
Absichten/Ziele/ Wünsche, Hoffnungen	**Ängste und Konflikte**	**besondere Merkmale/ Sonstiges**	**un-/sympathische Eigenschaften**

3. Welche Rolle kommt den Briefen der Mutter Margots zu? Wozu dienen sie dem Leser/der Leserin?

4. „Wie haben unsere Eltern und Großeltern das alles aushalten können, ohne seelisch zu zerbrechen?"[1] Inwiefern gibt die Figur Lore Neff eine Antwort auf diese Frage?

5. Schlüpfen Sie in die Rolle der Mutter Margots und stellen Sie sich Ihren Mitschülern/Mitschülerinnen, die in die Rollen anderer Figuren schlüpfen, vor. Falls möglich, bringen Sie ein symbolisches Requisit mit, das zu Ihrer Figur passt, und erläutern Sie seine Bedeutung.

---

[1] www.zeit.de/2018/03/unter-der-drachenwand-arno-geiger (23.06.2020); Bilder: Beu, Thilo: Theater Bonn (3)

© Westermann Gruppe
Best.-Nr. 022744

Oskar Meyer – Ein jüdisches Schicksal im Dritten Reich

1. Stellen Sie sich vor, der Roman „Unter der Drachenwand" von Arno Geiger würde verfilmt werden und Sie als Regisseur/Regisseurin hätten die Aufgabe, die Figur **Oskar Meyer** mit einem passenden, d. h. typgerechten Schauspieler zu besetzen. Welchen der folgenden Schauspieler würden Sie wählen? Kreuzen Sie an und begründen Sie Ihre Rollenbesetzung.

   A. Reinhardt   C. Gummert   C. Czeremnych

2. Der Roman „Unter der Drachenwand" entwirft ein vielschichtiges, mosaikartiges Bild aus dem letzten Kriegsjahr 1944, indem unterschiedliche Charaktere in Briefen, Tagebucheinträgen und Beschreibungen zu Wort kommen. Ihre Aufgabe ist es, die Figur **Oskar Meyer** zu charakterisieren. Finden Sie dafür Antworten auf die folgenden Fragen und notieren Sie diese stichpunktartig. Nutzen Sie den Zitatspeicher und Ihre Romankenntnis.

   Zitatspeicher: S. 111–228, 245–263, 399–418 (alle drei Briefe Oskar Meyers), 451 f., 479 f.

Name, Alter, Beruf, Nationalität, Herkunft, Äußeres …	familiäre Situation/ Beziehung zu Frau + beiden Kindern	Lebenssituation/Alltag, Herausforderungen, Probleme, Beziehungen	Weltanschauung/ Einstellung zum Krieg
Absichten/Ziele/ Wünsche, Hoffnungen	**Ängste und Konflikte/ Fehler**	**besondere Merkmale/ Sonstiges**	**un-/sympathische Eigenschaften**

3. Die Figur des jüdischen Zahntechnikers Oskar Meyer kommt nur am Rande des Romans zu Wort, seine Biografie ist mit den anderen Figuren des Textes nicht verbunden, auch wenn ihm Veit Kolbe am Schluss für einen kurzen Augenblick begegnet. Welche Funktion hat seine Figur für Sie? Hätte der Autor Arno Geiger auf die Nebenfigur des Oskar Meyers auch verzichten können?

4. „Man kann keinen Roman über das Leben im Zweiten Weltkrieg schreiben, ohne den Holocaust zur Sprache zu bringen." Erläutern Sie diese Aussage anhand des Schicksals der Familie Oskar Meyers.

5. Schlüpfen Sie in die Rolle Oskar Meyers und stellen Sie sich Ihren Mitschülern/Mitschülerinnen, die in die Rollen anderer Figuren schlüpfen, vor. Falls möglich, bringen Sie ein symbolisches Requisit mit, das zu Ihrer Figur passt, und erläutern Sie seine Bedeutung.

Bilder: Beu, Thilo: Theater Bonn (3)

Kurt Ritler – Ein junger Mann zwischen Liebe und Krieg

1. Stellen Sie sich vor, der Roman „Unter der Drachenwand" von Arno Geiger würde verfilmt werden und Sie als Regisseur/Regisseurin hätten die Aufgabe, die Figur **Kurt Ritler** mit einem passenden, d. h. typgerechten Schauspieler zu besetzen. Welchen der folgenden Schauspieler würden Sie wählen? Kreuzen Sie an und begründen Sie Ihre Rollenbesetzung.

Patrick Mölleken   Jannik Schümann   Jonas Nay

2. Der Roman „Unter der Drachenwand" entwirft ein vielschichtiges, mosaikartiges Bild aus dem letzten Kriegsjahr 1944, indem unterschiedliche Charaktere in Briefen, Tagebucheinträgen und Beschreibungen zu Wort kommen. Ihre Aufgabe ist es, die Figur **Kurt Ritler** zu charakterisieren. Finden Sie dafür Antworten auf die folgenden Fragen und notieren Sie diese stichpunktartig. Nutzen Sie den Zitatspeicher und Ihre Romankenntnis.

Zitatspeicher: S. 64, 79, 97 – 110, 230 – 244, 384 – 398 (alle drei Briefe), 445 – 449, 479

Name, Alter, Beruf, Nationalität, Herkunft, Äußeres …	familiäre Situation/ Beziehung zu Eltern	Lebenssituation/Alltag, Herausforderungen, Probleme, Beziehungen	Weltanschauung/ Einstellung zum Krieg
Absichten/Ziele/ Wünsche, Hoffnungen	**Ängste und Konflikte**	**besondere Merkmale/ Sonstiges**	**un-/sympathische Eigenschaften**

3. Kurt Ritler kommt im Roman durch drei Briefe zu Wort. Welche Funktion hat die Figur des jungen 17-jährigen Mannes für das Romanganze? Was wird durch sie deutlich?

4. „Die Liebe zwischen Kurt und Nanni erschafft sich mitten im Zweiten Weltkrieg für kurze Zeit ein kleines Paradies, das jedoch nicht von Dauer sein kann." Erläutern Sie.

5. Schlüpfen Sie in die Rolle des jungen Kurt Ritler und stellen Sie sich Ihren Mitschülern/Mitschülerinnen, die in die Rollen anderer Figuren schlüpfen, vor. Falls möglich, bringen Sie ein symbolisches Requisit mit, das zu Ihrer Figur passt, und erläutern Sie seine Bedeutung.

Bilder: Picture-Alliance GmbH (dpa/Galuschka, Horst) (l.), (dpa/Wendt, Georg) (M.), (dpa/Hase, Tobias) (r.)

© Westermann Gruppe
Best.-Nr. 022744

Nanni Schaller – Zwischen Anpassung und Aufbegehren

1. Stellen Sie sich vor, der Roman „Unter der Drachenwand" von Arno Geiger würde verfilmt werden und Sie als Regisseur/Regisseurin hätten die Aufgabe, die Figur **Nanni Schaller** mit einer passenden, d. h. typgerechten Schauspielerin zu besetzen. Welche der folgenden Schauspielerinnen würden Sie wählen? Kreuzen Sie an und begründen Sie Ihre Rollenbesetzung.

   Jule Hermann   Emma Schweiger   Harriet Herbig-Matten

   _____
   _____
   _____
   _____

2. Der Roman „Unter der Drachenwand" entwirft ein vielschichtiges, mosaikartiges Bild aus dem letzten Kriegsjahr 1944, indem unterschiedliche Charaktere in Briefen, Tagebucheinträgen und Beschreibungen zu Wort kommen. Ihre Aufgabe ist es, die Figur **Nanni Schaller** zu charakterisieren. Finden Sie dafür Antworten auf die folgenden Fragen und notieren Sie diese stichpunktartig. Nutzen Sie den Zitatspeicher und Ihre Romankenntnis.

   Zitatspeicher: S. 63 f., 79, 139 – 144, 144 – 146, 150 – 153, 209, 317, 318 – 329

Name, Alter, Beruf, Nationalität, Herkunft, Äußeres …	familiäre Situation/ Beziehung zu den Eltern	Lebenssituation/Alltag, Herausforderungen, Probleme, Beziehungen	Weltanschauung/ Einstellung zum Krieg
Absichten/Ziele/ Wünsche, Hoffnungen	Ängste und Konflikte	besondere Merkmale/ Sonstiges	un-/sympathische Eigenschaften

3. Geigers Romanfiguren pendeln in Mondsee zwischen Anpassung, Überzeugung und Aufbegehren. Welche Funktion im Romanganzen kommt der Figur der Nanni zu? Berücksichtigen Sie insbesondere Nannis auf einen Zettel gekritzelte Botschaft (vgl. S. 151).

4. In Goethes Roman „Wilhelm Meisters Lehrjahre" (1795) gibt es ein 13-jähriges hübsches Mädchen namens Mignon, das plötzlich als Mitglied einer Gauklertruppe auftaucht, dem erwachsenen Helden Wilhelm auf eigenwillige, aber hingebungs- und liebevolle Art nicht mehr von der Seite weicht und ihm als Dienerin fungiert. Überprüfen Sie, ob und inwiefern man Nanni als eine Art Mignon-Figur verstehen kann (vgl. S. 140 f.).

5. Schlüpfen Sie in die Rolle der jungen Nanni Schaller und stellen Sie sich Ihren Mitschülern/Mitschülerinnen, die in die Rollen anderer Figuren schlüpfen, vor. Falls möglich, bringen Sie ein symbolisches Requisit mit, das zu Ihrer Figur passt, und erläutern Sie seine Bedeutung.

Bilder: Picture-Alliance GmbH (dpa/Kaiser, Henning) (l.), (dpa/Düren, Ursula) (r.), (dpa/Scholz, Markus) (M.)

Veits Onkel Johann – Postenkommandant in Mondsee

1. Stellen Sie sich vor, der Roman „Unter der Drachenwand" von Arno Geiger würde verfilmt werden und Sie als Regisseur/Regisseurin hätten die Aufgabe, die Figur **Onkel Johann** mit einem passenden, d. h. typgerechten Schauspieler zu besetzen. Welchen der folgenden Schauspieler würden Sie wählen? Kreuzen Sie an und begründen Sie Ihre Rollenbesetzung.

Holger Kraft  · Klaus Zmorek  · Wolfgang Rüter

2. Der Roman „Unter der Drachenwand" entwirft ein vielschichtiges, mosaikartiges Bild aus dem letzten Kriegsjahr 1944, indem unterschiedliche Charaktere in Briefen, Tagebucheinträgen und Beschreibungen zu Wort kommen. Ihre Aufgabe ist es, die Figur **Onkel Johann** zu charakterisieren. Finden Sie dafür Antworten auf die folgenden Fragen und notieren Sie diese stichpunktartig. Nutzen Sie den Zitatspeicher und Ihre Romankenntnis.

Zitatspeicher: S. 29 f., 36 – 39, 44, 51, 149, 153 – 155, 158 – 161, 168 – 170, 213, 284, 304 – 308, 315 – 317, 345, 346 – 349, 358 – 362, 364 – 367

Name, Alter, Beruf, Nationalität, Herkunft, Äußeres ...	familiäre Situation	Lebenssituation/Alltag, Herausforderungen, Probleme, Beziehungen	Weltanschauung/ Einstellung zum Krieg
Absichten/Ziele/ Wünsche, Hoffnungen	Ängste und Konflikte	besondere Merkmale/ Sonstiges	un-/sympathische Eigenschaften

3. Welche Funktion kommt Veits Onkel im Figurenarsenal zu? Ist er der böse Nazi? Sammeln Sie Pro- und Kontra-Argumente.

4. „Arno Geiger schafft es, dass der Leser selbst für die Täter im Dritten Reich eine gewisse Form von Sympathie empfindet." Erläutern Sie die Aussage anhand ausgewählter Textstellen.

5. Schlüpfen Sie in die Rolle des Postenkommandanten, Veits Onkel, und stellen Sie sich Ihren Mitschülern/Mitschülerinnen, die in die Rollen anderer Figuren schlüpfen, vor. Falls möglich, bringen Sie ein symbolisches Requisit mit, das zu Ihrer Figur passt, und erläutern Sie seine Bedeutung.

Bilder: Beu, Thilo: Theater Bonn (3)

Die Quartierfrau Trude Dohm – Verkörperung des Bösen?

1. Stellen Sie sich vor, der Roman „Unter der Drachenwand" von Arno Geiger würde verfilmt werden und Sie als Regisseur/Regisseurin hätten die Aufgabe, die Figur der **Quartierfrau Trude Dohm** mit einer passenden, d. h. typgerechten Schauspielerin zu besetzen. Welche der folgenden Schauspielerinnen würden Sie wählen? Kreuzen Sie an und begründen Sie Ihre Rollenbesetzung.

U. Grossenbacher   Sophie Basse   Birte Schrein

_____

_____

_____

_____

2. Der Roman „Unter der Drachenwand" entwirft ein vielschichtiges, mosaikartiges Bild aus dem letzten Kriegsjahr 1944, indem unterschiedliche Charaktere in Briefen, Tagebucheinträgen und Beschreibungen zu Wort kommen. Ihre Aufgabe ist es, die Figur der **Quatierfrau Trude Dohm** zu charakterisieren. Finden Sie dafür Antworten auf die folgenden Fragen und notieren Sie diese stichpunktartig. Nutzen Sie den Zitatspeicher und Ihre Romankenntnis.

Zitatspeicher: S. 33, 42, 60 f., 80, 130 f., 137, 170 f., 191, 207, 284 f., 309 – 311, 343 f., 464 – 466, 470, 478

Name, Alter, Beruf, Nationalität, Herkunft, Äußeres ...	familiäre Situation/ Beziehung zu Bruder + Ehemann	Lebenssituation/Alltag, Herausforderungen, Probleme, Beziehungen	Weltanschauung/ Einstellung zum Krieg
Absichten/Ziele/ Wünsche, Hoffnungen	Ängste und Konflikte	besondere Merkmale/ Sonstiges	un-/sympathische Eigenschaften

3. Dem Nazismus und der Menschenfeindlichkeit kann Veit Kolbe auch fern der Front nicht entkommen. Welche Funktion kommt der Figur der Quartierfrau im Romanganzen zu?

4. „Arno Geiger schafft es, dass der Leser selbst für überzeugte Nazis ein wenig Mitleid und Verständnis aufbaut." Prüfen Sie die Aussage anhand ausgewählter Textstellen.

5. Schlüpfen Sie in die Rolle der Quartierfrau Trude Dohm und stellen Sie sich Ihren Mitschülern/Mitschülerinnen, die in die Rollen anderer Figuren schlüpfen, vor. Falls möglich, bringen Sie ein symbolisches Requisit mit, das zu Ihrer Figur passt, und erläutern Sie seine Bedeutung.

Bilder: Beu, Thilo: Theater Bonn (3)

„Unter der Drachenwand" – Figurenkonstellationen

1. *Arno Geigers Roman stellt im Rückzugsort Mondsee unterschiedlichste Menschen vor, die sich alle durch existenzielle Grenzerfahrungen auszeichnen. Erarbeiten Sie ein grafisches Schaubild, das die Figurenkonstellationen zwischen den zentralen Figuren des Romans anschaulich wiedergibt: Rücken Sie Figuren, die Veit Kolbe emotional näherstehen, enger an ihn heran als Figuren, die er fürchten muss. Versehen Sie die verbindenden Pfeile – wenn möglich – mit Symbolen. Stellen Sie am Ende Ihr Schaubild im Plenum vor.*

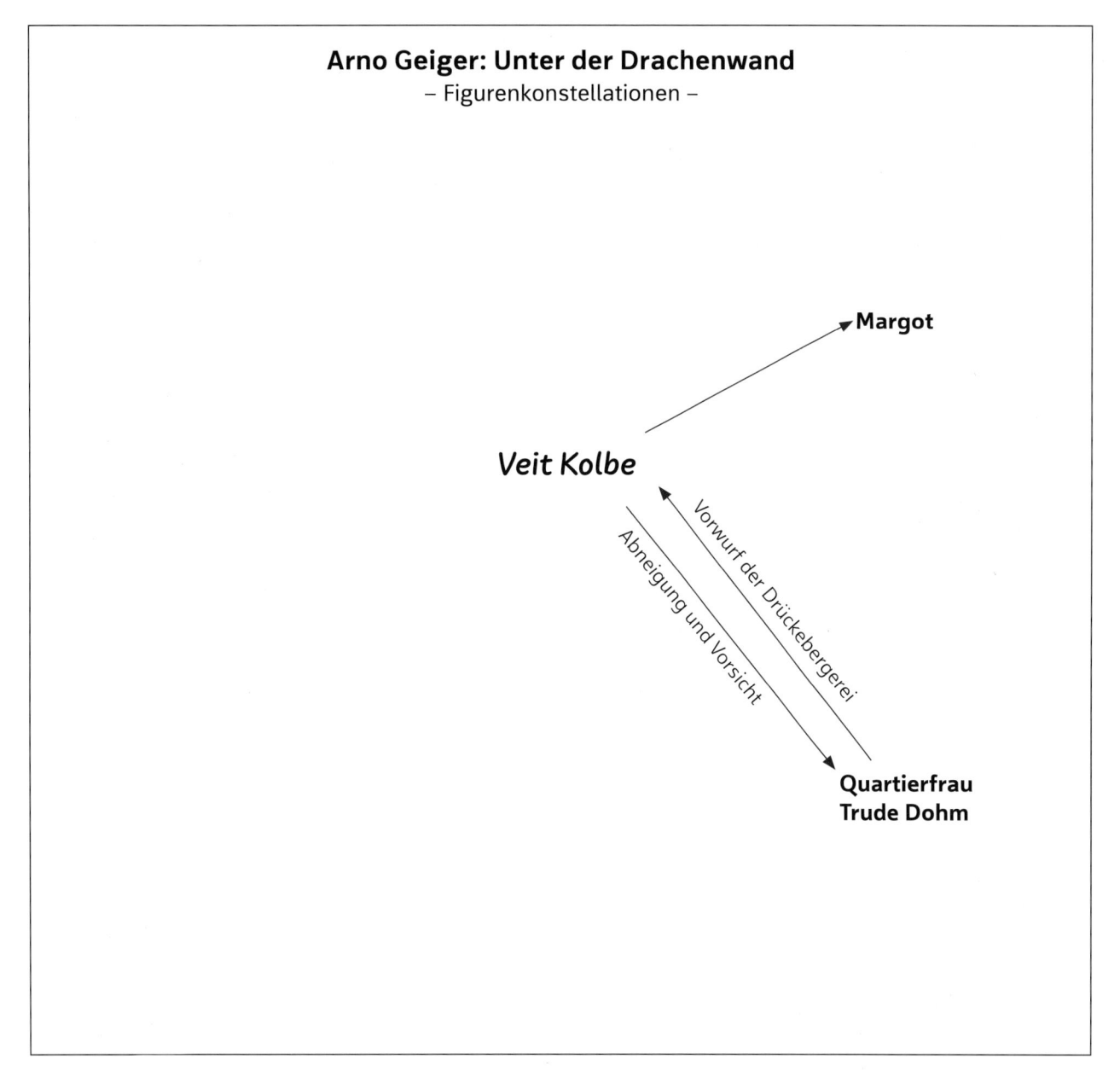

Arno Geiger: Unter der Drachenwand
– Figurenkonstellationen –

- **Margot**
- *Veit Kolbe*
- **Quartierfrau Trude Dohm**

Verbindungen:
- Veit Kolbe → Margot
- Veit Kolbe ↔ Quartierfrau Trude Dohm: „Vorwurf der Drückebergerei" / „Abneigung und Vorsicht"

---

2. *Bauen Sie in Kleingruppen Standbilder, welche die Beziehungen der Figuren untereinander anschaulich ausdrücken. Präsentieren Sie Ihre Ergebnisse und erläutern Sie textnah.*

3. *„Alles wird unter Druck durchsichtig. Der Diamant entsteht unter Druck und auch ein literarischer Charakter wird erst unter Druck gut sichtbar."*[1] *Erläutern Sie das Zitat Arno Geigers.*

---

[1] www.ardmediathek.de/ard/player/Y3JpZDovL21kci5kZS9iZWl0cmFnL2Ntcy9mZmNjNjg5NS03YmQ1LTRlZGQtOTFhOC05ZmI5Yjc3ZmNhOGM/ (23.06.2020)

Veit Kolbe – Die Entwicklung des Protagonisten beschreiben

1. *Untersuchen Sie mithilfe des Koordinatensystems die persönliche Entwicklung Veit Kolbes. Werten Sie dafür die angegebenen Textstellen aus, indem sie für einzelne Ereignisse oder Aussagen einen Punkt setzen und diese am Ende zu einer **Entwicklungskurve** verbinden.*

> Textstellen: S. 12f., **21**, **34**, **39**, 50, 65, 138f., 166/Z. 1–3, **167**, **203**, **205**, **220**/Z. 25–28, **228**, 280f., **286**, 292, 314, **327**/Z. 15–22, 347, **356f.**, **419**/Z. 1–11, **430**/Z. 9–13, 443/Z. 1–4, 458/Z. 24ff., **462f.**, 464, **468f.**, 470/Z. 3, **473**, 474/Z. 1–8, **476**

1944 – Veit Kolbes Jahr am Mondsee

(Koordinatensystem: y-Achse „seelische u. psychische Gesundheit" von -2 bis +3; x-Achse „t-Achse (Zeit)" von Januar bis Dezember)

2. *Welche Gründe lassen sich für diese Entwicklung finden? Kreuzen Sie an und begründen Sie Ihre Auffassung schriftlich in Ihrem Kursheft.*

☐ Tabletten	☐ Aufbegehren und Befreiung	☐ Zuneigung, Hingabe und Liebe
☐ soziale Beziehungen	☐ Übernahme von Verantwortung	☐ Erzählen/Tagebuch schreiben

3. *Prüfen Sie mithilfe des Lexikoneintrags, ob und inwiefern es sich bei dem Text „Unter der Drachenwand" um einen Entwicklungsroman handelt. Belegen Sie Ihre These am Text.*

> **Entwicklungsroman:** ein Romantypus, in dem die innere und äußere Entwicklung eines meist jungen Menschen dargestellt wird. Dieser muss sich mit den komplexen Einflüssen seiner Umwelt auseinandersetzen. Dabei vollzieht sich eine Reifung der Persönlichkeit bis hin zu einem Endstadium, das meist das persönliche Idealbild des Autors oder seiner Epoche widerspiegelt. Entsprechend oft ist der E. in der Ich-Form verfasst und trägt autobiografische Züge. Die Grenzen dieser Gattung zum Bildungsroman und zum Erziehungsroman sind zumeist fließend.
>
> Schülerduden Literatur. Ein Lexikon zum Deutschunterricht. Mannheim: Bibliographisches Institut 2000

4. *Erläutern Sie auf Grundlage Ihrer Ergebnisse die folgende Aussage: „Äußerlich geschieht in Veit Kolbes Jahr am Mondsee wenig. Doch gerade diese kriegsferne Ruhe ist die Bedingung für die innere Selbsterkundung und Heilung des seelisch wie körperlich zerstörten Soldaten."*

Rettung in höchster Not – Die Liebe zwischen Veit und Margot

alamy images: Green, Gibson

1. *Beschreiben Sie Pieter Bruegels Bild „Die Bauernhochzeit" (1568). Welche Aspekte erscheinen Ihnen im Hinblick auf eine Hochzeitsfeier bemerkenswert bzw. ungewöhnlich?*

2. *In der Mitte des Romans erwähnt Veit Kolbe das Gemälde (vgl. S. 197–199). Lesen Sie diese Textstelle und erläutern Sie, welche Aussage es über die sich anbahnende Liebesbeziehung zwischen Veit und Margot macht.*

3. *„Als Veit und Margot sich sehen, ist es Liebe auf den ersten Blick." Überprüfen Sie die Stichhaltigkeit dieser These, indem Sie die Entwicklung ihrer Beziehung mithilfe der angegebenen Textstellen untersuchen. Entwickeln Sie anschließend ein Schaubild, das die Liebesbeziehung der beiden Figuren anschaulich kennzeichnet. Präsentieren Sie Ihr Ergebnis.*

Textstellen: S. **58/Z. 25–59**, 75/Z. 16–28, **130/Z. 9–132/Z. 7**, 161/Z. 17–162, 196/Z. 10–15, 197–199, **200–205/Z. 22, 209/Z. 27–212/Z. 8**, 224/Z. 8–18, 280/Z. 19–281/Z. 3, **285/Z. 8–287/Z. 20**, 292/Z. 12–25, 313/Z. 15–314/Z. 25, **354/Z. 22–355**, 423/Z. 13–425/Z. 10, 443/Z. 1–4, **460/Z. 20–461**, 463/Z. 8–462/Z. 25, 467/Z. 1–469/Z. 5, **474/Z. 1–8**

„Darin besteht die Liebe: dass sich zwei Einsame beschützen und berühren und miteinander reden."
(Rainer Maria Rilke)

„Mir ist auf der Straße ein sehr armer junger Mann begegnet, der verliebt war. Sein Hut war alt, sein Mantel abgetragen; Wasser rann durch seine Schuhe. Aber Sterne zogen durch seine Seele."[1]
(Victor Hugo)

4. *Erläutern Sie die Wirkung, die die Liebe zwischen Veit und Margot auf beide Figuren hat. Nutzen Sie dafür mindestens eines der beiden Zitate von Rilke bzw. Hugo.*

---
[1] Zitat 1: Rainer Maria Rilke, Zitat 2: Victor Hugo (www.gutzitiert.de/zitate_sprueche-liebe.html?page=1) (23.06.2020)

Der Einzelne und die Gesellschaft: „The pursuit of Happiness"

> „We hold these truths to be self-evident, that all men are createt equal, that they are endowed, by their Creator, with certain unalienable Rights, that among these are Life, Liberty, an the pursuit of Happiness."
> (Aus der Präambel der amerikan. Unabhängigkeitserklärung 1776)

1. Übersetzen Sie den Satz aus der amerikanischen Unabhängigkeitserklärung (1776). Wie kann man den hier formulierten Anspruch auf die Wünsche Veit Kolbes beziehen? Erläutern Sie.

2. Auch der Wehrmachtssoldat Veit Kolbe ist ein Opfer des Krieges: Er ist körperlich verletzt und seelisch zerrüttet. Nach fünf Jahren an der Front sieht er sich selbst als Experten für den Krieg. Erarbeiten Sie Kolbes Einschätzung des Krieges sowie seine aus den Erfahrungen an der Front gewonnenen Wünsche: Wie möchte er leben? Werten Sie dafür die angegebenen Textstellen aus und notieren Sie stichpunktartig in der Tabelle.

Textstellen: S. 8/Z. 19–21, 13/Z. 1–8, 28/Z. 5–26, 42/Z. 13–18, 46/Z. 18–47/Z. 3, 49/Z. 5–17, 47/Z. 10–27, 66/Z. 15–28, 81/Z. 14–29, 139/Z. 2–7, 149/Z. 19–30, 220/Z. 2–12, 285/Z. 8–14, 292/Z. 2–12, 312/Z. 28–313/Z. 3, 313/Z. 15–314/Z. 25, 327/Z. 16–22, 345/Z. 13–29, 419/Z. 1–11, 437/Z. 23–27, 439/Z. 7–15, 442/Z. 11–13, 462/Z. 25–463/Z. 7, 469/Z. 23–27, 473/Z. 15–27

Einschätzung des Krieges durch Veit Kolbe	Wünsche, Hoffnungen und Ziele Veit Kolbes

3. Erläutern Sie das Zitat Arno Geigers, indem Sie es auf Ihr eigenes Leben beziehen. In welchen Situationen fühlen Sie sich von den Imperativen (Befehlen) der Gesellschaft vereinnahmt bzw. in Ihren persönlichen Vorstellungen von einem guten Leben „bedroht"?

> „Wir leben alle unter der Drachenwand – die Drachenwand, das ist das Ungewisse, das Bedrohliche, die Zwangssituation. Wir sind alle viel mehr von äußeren Zwängen bestimmt, als uns das recht sein kann. Es ist viel leichter, Menschen zu Schlechtem, zu Geringschätzung und Verachtung zu erziehen, und mühsamer, sie zu Respekt, Hingabe und Liebe zu erziehen. Das ist der mühsame, aber der lohnende Weg."[1]
> (Arno Geiger)

4. Was können Sie von der Überlebensstratgie Veit Kolbes lernen? Begründen Sie textnah.

---
[1] https://fm4.orf.at/stories/2888188/ (23.06.2020)

Baustein 3

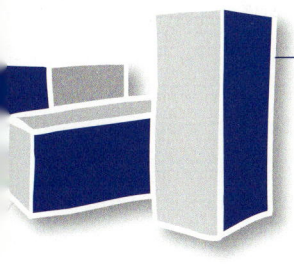

Sprache und Erzählen im Roman „Unter der Drachenwand"

Während es im für dieses Unterrichtsmodell zentralen zweiten Baustein um die inhaltliche Annäherung an die Protagonisten und Nebenfiguren des Romans „Unter der Drachenwand" geht, nimmt der vorliegende dritte Baustein eher formale Aspekte in den Blick. Zu Beginn erarbeiten die Schüler die Multiperspektivität des Romans und die Funktion der jeweiligen Erzählstimmen (3.1). Im Anschluss werden erzähltechnische Verfahren des Autors analysiert, mit deren Hilfe es Arno Geiger gelingt, Textkohärenz trotz der Vielfalt an Stimmen zu generieren. Dafür nutzt er insbesondere die Leitmotiv-Technik (3.2). Dann kommen die Schüler mit den erzähltechnischen Begriffen der Erzählform, -perspektive und des Erzählverhaltens in Berührung (3.3). Zudem lernen sie unterschiedliche Darbietungsformen kennen und untersuchen die im Roman vorherrschende Erzählhaltung. Danach können die Schüler sich an ausgewählten Beispielen mit der Sprache Arno Geigers beschäftigen, die zugleich als hinter- und tiefsinnig, aber auch als leicht und unverkrampft charakterisiert wird. Ohne ausufernde Metaphorik gelingt es dem Autor, seine Leser zu berühren und die Gedankenwelt seiner Figuren glaubwürdig und authentisch zu transportieren (3.4). In 3.5 können die Schüler die Funktion des Tagebuchschreibens für Veit Kolbe erarbeiten. Indem Kolbe ein solches Tagebuch führt, hält er mit sich selbst Zwiesprache. Das eigene Erzählen ermöglicht die Selbstbefragung und -vergewisserung, es führt beim einfachen Wehrmachtssoldaten zu neuem Selbstbewusstsein und -vertrauen. Am Ende kann die inhaltliche, aber auch formale Modernität des Romans „Unter der Drachenwand" in den Blick genommen werden (3.6).

3.1 Ein Roman – viele Stimmen: Multiperspektivität in „Unter der Drachenwand"

Anders als herkömmlich erzählte Texte, die von *einem* Erzähler wiedergegeben werden, besteht Arno Geigers Roman „Unter der Drachenwand" aus vier Erzählstimmen. Der Dichter blendet sich als Autor nahezu vollständig aus und verzichtet auf jegliches auktoriale Erzählen. Stattdessen werden Auszüge aus Briefen und Tagebüchern aneinandergereiht, vier Figuren – Veit Kolbe, Lore Neff, Kurt Ritler und Oskar Meyer – kommen in der subjektiven Ich-Form zu Wort. Lange stehen diese Romanteile relativ unverbunden nebeneinander, doch am Ende führt der Roman die Fäden seiner Figuren kunstvoll zusammen. Auch wenn sich die Figuren kaum kennen und sich selbst am Ende nur kurz und oberflächlich begegnen, so eint sie doch eines: Sie alle sind Opfer des Krieges, jeder spricht für sich und sein individuelles Schicksal: „‚An jedem schönen Wort klebt heute der Krieg' stellt Veits Geliebte einmal fest."[1] Da sind die jungen, verboten Liebenden (Kurt und Anni) und da ist die zugleich hart- und warmherzig agierende Mutter in einer zerbombten Großstadt (Margots Mutter Lore Neff in Darmstadt), da gibt der verzweifelte und von Selbstvorwürfen gepeinigte Zahntechniker aus Wien und Budapest Zeugnis über die Bedrohung, Verfolgung und schließlich Ermordung jüdischer Bürger im Nazireich und da versucht der junge Wehrmachtssoldat Veit Kolbe, nach

---

[1] www.stuttgarter-zeitung.de/inhalt.arno-geigers-roman-unter-der-drachenwand-bewusstseinsdaemmerung-am-mondsee.8d9707c0-164b-477d-affd-a07afed92853.html (23.06.2020)

fünf furchtbaren Jahren an der Kriegsfront seelisch und körperlich wieder auf die Beine zu kommen, also zu regenerieren und sich den Krieg so lange wie möglich vom Leib zu halten. Diese vier Stimmen, von denen die Kolbes klar dominiert, rekonstruieren glaubwürdig das Lebensgefühl ganz normaler Menschen in der Endphase des Zweiten Weltkriegs, wobei die Figuren – anders als der heutige Leser in der Rückschau – nie wissen, wie lange das Grauen des Krieges noch andauern wird. Langsam und ohne Besserwisserei generiert Geiger eine vielschichtige und -stimmige Innensicht von Nazideutschland im letzten Jahr des Zweiten Weltkriegs; ein breites Spektrum menschlicher Haltungen zwischen gehässiger Verleumdung, Indifferenz gegenüber der Unmenschlichkeit, aber auch zärtlich-liebevoller Zuneigung und Zuwendung.

Dabei beruht die Vielstimmigkeit des Romans auf einem Zufall: Ausgangspunkt der Planung des Romans ist ein Flohmarktfund von realen Briefen aus der Zeit des Zweiten Weltkriegs, die Arno Geiger in ihrer Authentizität und Emotionalität sehr beeindruckt haben. Anders als Walter Kempowski in seinem epochalen Werk „Echolot" aber präsentiert Geiger dem Leser die Briefe nicht in unveränderter Form, sondern redaktionell bearbeitet und inhaltlich erweitert. So kann man den Roman als halb dokumentarischen und halb fiktionalen Text bezeichnen, mit dem der Autor versucht, historische Wahrheit zu vermitteln. Im Ganzen drängt jedoch die dichterische Gestaltung die realen Fakten in den Hintergrund.

In der folgenden Teilsequenz geht es darum, die besondere erzähltechnische Machart des Romans wirkungsästhetisch zu erarbeiten und für die Schüler funktional begreifbar zu machen. Zum **Einstieg** kann die beschriebene Multiperspektivität des Romans mit den bisherigen Lektüreerfahrungen der Schüler verglichen werden.

- *Was ist die formale Besonderheit des Romans? Vergleichen Sie ihn erzähltechnisch mit einem der Texte, die Sie zuletzt privat gelesen haben. Was fällt auf?*
- *Vor welche Schwierigkeit ist der Leser/die Leserin des Romans gestellt? Was muss er/sie eigenständig leisten, weil es keinen allwissenden Erzähler gibt, der die Lektüre ordnet?*

Im Anschluss erhalten die Schüler das **Arbeitsblatt 12** (S. 125, Webcode SNG-22744-022) und rekonstruieren aus ihrer Lektüre die vier Erzählstimmen des Romans, die in Form eines Torten- oder Kuchendiagramms dargestellt werden sollen (Aufgabe 1).

- *Eine formale Besonderheit des Romans „Unter der Drachenwand" besteht darin, dass es nicht nur einen Erzähler gibt, sondern gleich vier. Identifizieren Sie diese vier Erzählstimmen namentlich. Notieren Sie die Textabschnitte, die zu einem bestimmten Erzähler gehören, und errechnen Sie am Ende den prozentualen Anteil, der allen Erzählstimmen mit Blick auf den ganzen Roman zukommt. Zeichnen Sie Ihr Ergebnis in das Tortendiagramm.*

Die Aufgabe eignet sich für **Partner- oder Gruppenarbeit**. Liegt eine Dokumentenkamera vor, können die Schaubilder in das Kursheft übertragen werden. Ansonsten ist es hilfreich, einige Teams mit einer Folie und Folienstiften auszustatten, um im Anschluss eine **Präsentation** mittels eines OHPs zu ermöglichen. Hier wird dann zuerst gemeinsam die Berechnung der Stimmenanteile vorgestellt und nachvollzogen:

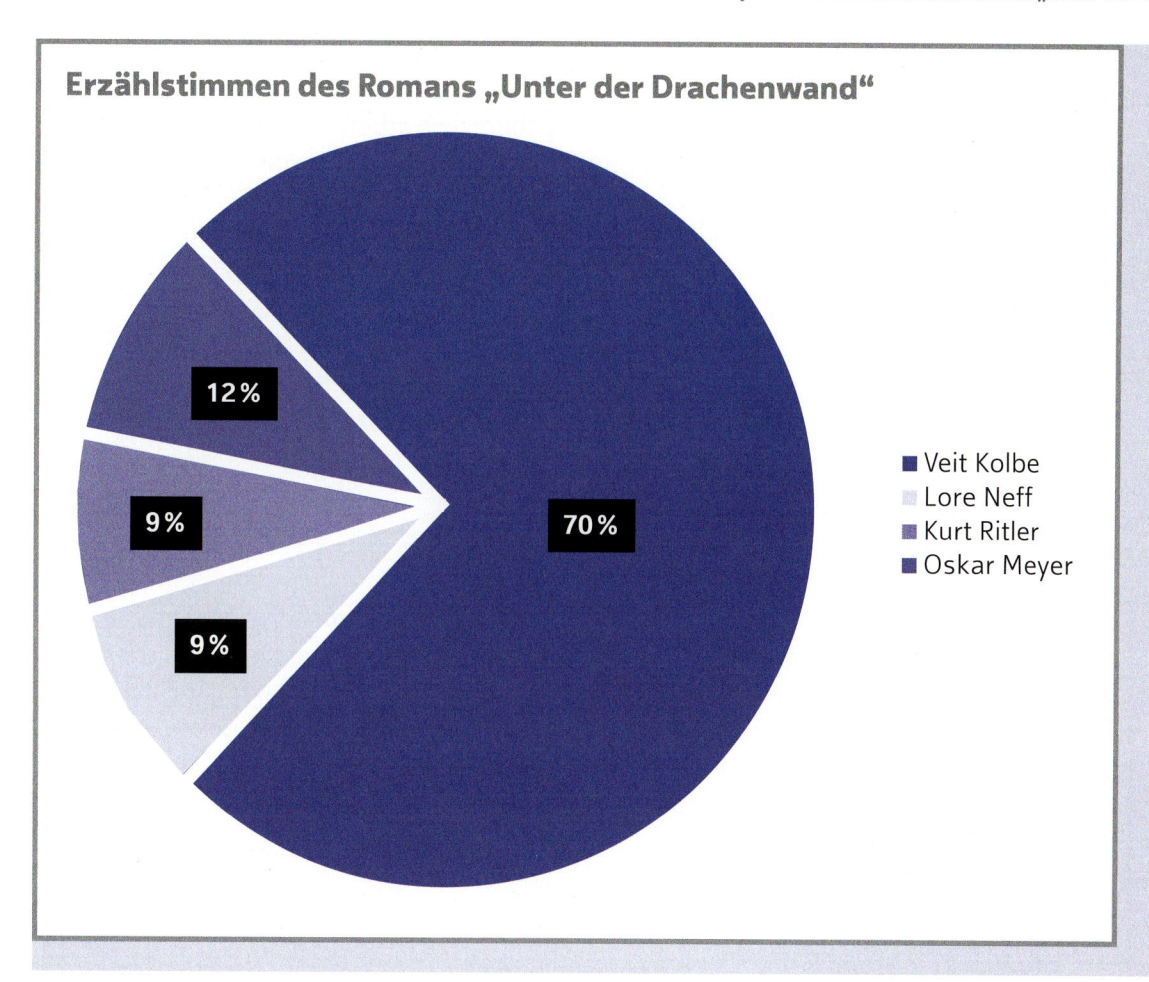

Erzählstimmen des Romans „Unter der Drachenwand"

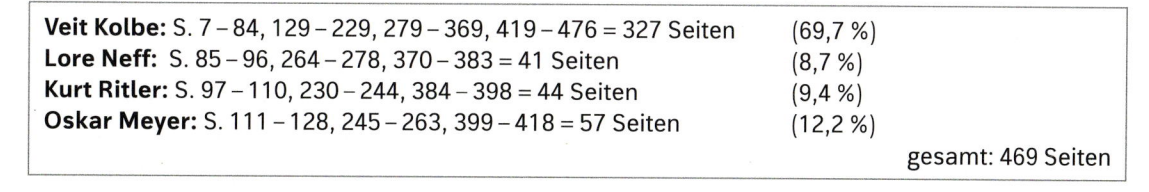

- Veit Kolbe: 70 %
- Oskar Meyer: 12 %
- Kurt Ritler: 9 %
- Lore Neff: 9 %

Veit Kolbe: S. 7–84, 129–229, 279–369, 419–476 = 327 Seiten	(69,7 %)
Lore Neff: S. 85–96, 264–278, 370–383 = 41 Seiten	(8,7 %)
Kurt Ritler: S. 97–110, 230–244, 384–398 = 44 Seiten	(9,4 %)
Oskar Meyer: S. 111–128, 245–263, 399–418 = 57 Seiten	(12,2 %)
	gesamt: 469 Seiten

Mit knapp 70 Prozent des Textkorpus nehmen die Aufzeichnungen Veit Kolbes den klar größten Teil des Romans ein. Seine Briefe und vor allem seine Tagebuchaufzeichnungen können daher als Haupthandlung bezeichnet werden (vgl. 2.2, S. 51). Die Geschichte des 24-jährigen, von der Zerstörungskraft des Krieges desillusionierten Wehrmachtssoldaten, dem eine mittelschwere Verletzung vorerst das Leben rettet und der unter der Drachenwand am Mondsee vorübergehend Zuflucht sucht, wird begleitet von den Stimmen dreier Menschen, die in der Stadt (Darmstadt, Wien, Budapest) wohnen und die nicht das Glück haben, dass die Bombenflieger der Alliierten über sie hinwegfliegen oder der Krieg sie nicht beachtet.

In der sich anschließenden **Erarbeitungsphase** steht die Frage im Mittelpunkt, warum Geiger die zerstörerischen Auswirkungen des verbrecherischen Weltkriegs auf die einfachen, kleinen Leute nicht auf die klassische Art und Weise mithilfe eines auktorialen Erzählers skizziert, sondern multiperspektivisch im Ich-Modus erzählen und seine teils erfundenen, teils realen Figuren selbst zu Wort kommen lässt, ungefiltert und unkommentiert von einem besserwissenden, souveränen Erzähler (Aufgaben 2 bis 4).

> *Welche Funktion haben die jeweiligen Erzählstimmen? Wozu benötigt sie der Autor? Beantworten Sie diese Frage mit Blick auf die Kerninhalte der jeweiligen Textabschnitte.*

Baustein 3: Sprache und Erzählen im Roman „Unter der Drachenwand"

In Abhängigkeit von der zur Verfügung stehenden Zeit können die drei Aufgaben 2 bis 4 entweder von jedem Team vollständig bearbeitet und die Ergebnisse auf einer Folie bzw. Wandzeitung notiert werden. Alternativ können die Aufgaben auch arbeitsteilig bearbeitet werden, was eine deutliche Zeitersparnis mit sich bringt. Im **Auswertungsgespräch** geht es zuerst um die Frage, wofür Geiger seine vier Erzählstimmen überhaupt benötigt. Dafür informieren ausgewählte Schüler über die Sorgen und Nöte der jeweiligen Figur. Die Beiträge werden geprüft, zur Diskussion gestellt und am Ende in einem sukzessive aufgebauten **Tafelbild** zusammengefasst (Aufgabe 2).

■ *Erarbeiten Sie aus Ihrer Romankenntnis sowie ggf. anhand folgender Textstellen, worüber die einzelnen Stimmen informieren bzw. was im Zentrum ihrer Information steht (A: S. 7–21, B: S. 85–96, C: S. 97–110, D: S. 111–128).*

Veit Kolbe erzählt von seinem an der Ostfront erlittenen Kriegstrauma und seinem Wunsch nach Normalität, Menschlichkeit und Frieden. Sein Jahr am Mondsee zeigt die Fähigkeit des Menschen zu lieben, zu regenerieren und zu widerstehen.

Lore Neff erzählt von ihren alltäglichen Nöten im Bombenhagel von Darmstadt. Sie schreibt ihrer Tochter Margot mütterlich-strenge Briefe und ist Zeugin der Absurdität und Unerbittlichkeit des tödlichen Krieges, den sie hinnimmt.

Unter der Drachenwand: Funktion der Erzähler

Kurt Ritler sorgt sich um seine Liebe zu Nanni, schmiedet zunächst mit ihr Pläne und wünscht sich Frieden. Doch nach Nannis Tod wird an seinem Beispiel die Abstumpfung, der Pessimismus und die Kriegsmüdigkeit junger Menschen klar.

Oskar Meyer schreibt verzweifelte Briefe aus Wien und Budapest und gibt dadurch Auskunft über die menschenverachtende Verfolgung und Bedrohung jüdischer Bürger und deren zunehmendes Leid.

■ *Charakterisieren Sie Kurt Ritler. Womit beschäftigt sich der junge Mann?*

Kurt Ritler schreibt zuerst anrührende Liebesbriefe an Nanni, seine 13-jährige Cousine, die sich im Mädchenlager Schwarzindien in Veits unmittelbarer Nähe aufhält und die von diesem für ihre Direktheit und ihren Absolutheitsanspruch bewundert wird. Kurt ist interessiert an Nannis Alltag (vgl. S. 98) und besorgt um ihre Mutter (vgl. S. 99), er muntert seine heimliche Freundin auf (vgl. S. 100) und formuliert als Ziel, mit Nanni in Friedenszeiten die Drachenwand zu besteigen (vgl. S. 108). Kurt Ritlers Briefe stehen stellvertretend für die junge, am Ende des Krieges von den Nazis als Kanonenfutter missbrauchte Generation. Anrührend sind seine Pläne für ein späteres Leben mit Nanni (vgl. S. 239), das er nach dem Schulabschluss realisieren möchte (vgl. S. 243f.). Später, nachdem er vom tödlichen Unfall seiner Freundin erfahren hat, wirken seine Briefe an den Freund Ferdl verzweifelter und indifferenter. Kurt schreibt hier unsentimental und abgestumpft über das harte Kasernenleben (vgl. S. 384ff.); es geht ihm angesichts der Schikanen, die er zu erdulden hat, psychisch schlecht und er zeigt sich als Gegner des als sinnlos empfundenen Krieges (vgl. S. 387). Am Romanende begegnet er für einen kurzen Augenblick Veit Kolbe, der ihm seine Briefe an Nanni zurückbringt. Kolbe trifft auf einen jungen Menschen, dem „alles so egal wie noch nie" (S. 392) ist und der realistischerweise nicht mehr daran glaubt, dass der Krieg noch zu gewinnen ist (vgl. S. 398). Der Panzergrenadier Kurt Ritler lässt in den letzten Kriegstagen sein Leben. Wie der Herausgeber informiert, stirbt der junge, ursprünglich hoffnungsvolle Mann am 2. Mai 1945 an den Folgen einer Armverletzung, die er bei einem Fliegerangriff erleidet. Insgesamt fungiert Kurt Ritlers Stimme als die eines unschuldigen Opfers, das Veit Kolbe, der Protagonist des Romans, keinesfalls ist. So meint der Autor selbst: „Das hätte mich nicht interessiert, das muss ich ganz ehrlich sagen, über einen Jugendlichen als Protagonisten zu schreiben. Die Jugendlichen sind immer nur Opfer und nicht verantwortlich. Und da wäre mir die Fragestellung zu wenig."[1]

■ *Charakterisieren Sie Lore Neff. Womit beschäftigt sich Margots Mutter? Welches sind die Themen, um die ihre Gedanken kreisen?*

In dieser realistischen Sicht auf die Welt und die nahe Zukunft ähnelt seine Figur der Mutter Margots, **Lore Neff**, die im Gegensatz zu ihren beiden Töchtern in der südhessischen Heimatstadt Darmstadt geblieben ist und dort den unaufhörlichen Bombenangriffen der Alliierten ausgesetzt ist. Traurige Berühmtheit erreichte der Luftangriff auf die Stadt in der Nacht vom 11. auf den 12. September 1944. In der sogenannten „Brandnacht" wurde Darmstadt von Einheiten des Royal-Air-Force-Bombers Command, der 234 Bomben einsetzte, nahezu vollständig und flächendeckend zerstört. Vom kaum glaublichen Ausmaß der Zerstörung und des Todes für Tausende von Menschen berichtet Lore Neff anfangs schockiert, später eher sachlich-trocken (vgl. S. 267 f.). Kaum glaublich sind ihre Schilderungen von den Absurditäten des Kriegsalltags, die sie eher achselzuckend zur Kenntnis nimmt: „Tante Emma und Onkel Georg sind zu siebzehnt in einen Sarg gekommen, lauter Knochen der Hausgemeinschaft." (S. 269) Auch dass die Überlebenden des großen Bombenangriffs vom 11. September 1944 zum Ausgleich absurderweise fünfzig Gramm Bohnenkaffee erhalten, kommentiert sie trocken: „Ich hätte lieber das Glockenspiel zurück und Helen und Helga und Tante Emma und Onkel Georg." (S. 382) Margots Mutter zeigt sich interessiert am Wohlergehen ihrer Tochter im fernen Salzkammergut („Kommst du mit den Windeln aus, Margot?", S. 85) und lässt wie die drei anderen Erzählstimmen des Romans ebenfalls keinen Zweifel daran, dass sie in den Tod bringenden Kampfhandlungen keinen Sinn mehr sieht: „Hoffentlich findet der Krieg bald mal ein Ende." (S. 89) Wie ihrer Tochter Bettine im fernen Berlin erspart Lore Neff ihrer Tochter Margot ebenfalls nicht kritische Worte: So hält sie die schnelle Hochzeit Margots für „keine gute Entscheidung" (S. 89). Sie fühlt sich dabei an ihre eigene, aufgrund der Schweigsamkeit ihres Gatten unglücklich verlaufende Ehe erinnert: „Mich befällt so eine Trostlosigkeit, wenn Ehen enden wie Straßen, die nicht fertig gebaut werden." (S. 380) Insgesamt überwiegt jedoch der mütterlich-liebende Ton einer besorgten Mutter: „Isst du weiterhin Zwiebel? Wenn ja, bleibe dabei, sie sind gesund." (S. 278) Lore Neff stirbt 1961 an einem unzureichend behandelten Diabetes, ihr Mann fällt im Krieg (vgl. S. 477).

■ *Charakterisieren Sie Oskar Meyer. Mit welchen Fragen beschäftigt sich der Wiener Jude?*

Die vierte und letzte Stimme ist die des jüdischen Zahntechnikers **Oskar Meyer** (vgl. 2.1, S. 48 f.). Mit seiner Figur und dem furchtbaren, tödlichen Schicksal seiner Familie erhält der Holocaust, also der systematisch organisierte, rassistisch motivierte Massenmord an den europäischen Juden im Dritten Reich, Einlass in den Roman. Meyers immer verzweifelter

---
[1] www.deutschlandfunkkultur.de/arno-geiger-ueber-seinen-roman-unter-der-drachenwand-jede.1270.de.html?dram:article_id=407604 (23.06.2020)

klingende Briefe an seine Cousine Jeannette in England gehören zu den ergreifendsten Stellen des Romans und sorgen dafür, dass es sich der Leser in der scheinbaren Idylle am Mondsee nicht dauerhaft gemütlich machen kann. In schmerzhafter und zutiefst berührender Weise gibt Oskar Meyer Auskunft über seinen Seelenschmerz und die Folgen seines kaum glaublichen Verlusts: „Die Lebensweise, die jeder Mensch in sich trägt, ist mir genommen. Du drehst dich um und willst etwas sagen, aber da ist niemand. In so belanglosen Augenblicken wird mir bewusst, wie sehr mir Wally [seine Frau, T. S.] fehlt." (S. 261) Die Gerüchte über die massenhaften Vergasungen der Juden hält er fatalerweise nicht für glaubhaft (vgl. S. 254), sodass er die mögliche Flucht nach Afrika ausschlägt und an eine berufliche Zukunft in Europa glaubt. Nachdem er seine Frau und sein Kind verloren hat, nehmen die aus seiner Fehleinschätzung resultierenden „Selbstvorwürfe" (S. 262) zu: „Warum habe ich nicht besser aufgepasst?" (Ebd.) Am Ende gelingen Geiger Sätze, die an poetischer Wucht und emotionaler Kraft ihresgleichen suchen: „Ich war erstaunt über den normalen Fortgang des Lebens außerhalb meiner eigenen Situation. Ich schaute den Vögeln hinterher, die von einem Baum zum anderen flogen. Ich sah, wie die Landschaft sich öffnete, und spürte, wie ich selbst immer kleiner wurde." (S. 414) Der Herausgeber informiert den Leser am Ende des Romans über die Ermordung Oskar Meyers im März 1945 auf dem Weg in das Konzentrationslager Mauthausen. Seine Frau Wally und sein über alles geliebter Sohn Georg werden schon 1944 in Auschwitz ermordet.

■ *Wodurch kann der Leser bzw. die Leserin die unterschiedlichen Erzählstimmen unterscheiden? (Aufgabe 3)*

Wer an wen schreibt, kann der Leser zumeist – eine Ausnahme stellt die Figur Oskar Meyer dar – erschließen. Dies kann an einem konkreten Beispiel im **Unterrichtsgespräch** von einem Team vorgestellt werden. Das könnte z. B. der erste Brief Lore Neffs an ihre Tochter Margot am Mondsee (vgl. S. 85 ff.) oder der Kurt Ritlers an Nanni (vgl. S. 97 ff.) sein. Im ersten Fall sorgen drei Textmarkierungen für die Orientierung des Lesers, der bei genauer Lektüre schon nach wenigen Sätzen weiß, wer hier spricht. Im zweiten sind es sogar vier Hinweise oder Indizien für die Autorschaft Kurts.

■ *Untersuchen Sie die Briefe Lore Neffs bzw. Kurt Ritlers im Hinblick auf deren Autorschaft.*

Baustein 3: Sprache und Erzählen im Roman „Unter der Drachenwand"

So erkennt der Leser/die Leserin den Autor der Briefe: Texthinweise

Erster Brief Lore Neffs an Margot (S. 85 ff.)	Erster Brief Kurts an Nanni (S. 97 ff.)
• Hinweis I: Brief wird aus Darmstadt geschrieben (vgl. S. 85/Z. 1), städt. Alltag in Darmstadt wird beschrieben (vgl. ebd., Z. 9). • Hinweis II: Margot wird direkt befragt (vgl. ebd., Z. 10), die Fragen haben persönlich-mütterlichen Charakter. • Hinweis III: Der Leser/Die Leserin weiß bereits von Veit Kolbe, dass Margots Mutter in Darmstadt lebt (vgl. S. 75/Z. 25 ff.), er nennt Margot immer die „Darmstädterin" (ebd.).	• Hinweis I: Der Schreiber spricht die „liebe Nanni" (S. 97/Z. 4 f.) als Adressatin des Briefs direkt an. • Hinweis II: Der Schreiber gibt sich namentlich als „Kurt" zu erkennen (S. 97/Z. 26). • Hinweis III: Veit Kolbe erfährt vorab von einer Liebesbriefkorrespondenz zwischen Nanni und Kurt (vgl. S. 79/Z. 9 ff.). • Hinweis IV: Nanni erzählt Veit persönlich von ihrem Plan, mit Kurt in die Drachenwand zu steigen (vgl. S. 64/Z. 9 ff.).

⬇

Schreiber und Adressat der Briefe sind bei genauer Lektüre schnell identifizierbar.

Die vier Erzählstimmen Geigers unterscheiden sich auch syntaktisch, im Duktus und in ihrer Bildlichkeit. Steht ausreichend Zeit zur Verfügung, kann an dieser Stelle vertiefend auf die **Sprache der vier Stimmen** eingegangen werden. Dafür ist ein arbeitsteiliges Vorgehen sinnvoll. Je ein Teil der Lerngruppe beschäftigt sich in der **Kleingruppe** mit der Sprache Veit Kolbes, Lore Neffs, Kurt Ritlers sowie Oskar Meyers.

> ■ *Wie sprechen Geigers Erzählstimmen? Wodurch unterscheiden sie sich? Untersuchen Sie arbeitsteilig eine der vier Stimmen, indem Sie einprägsame, für die Figur typische und inhaltlich bedeutsame Sätze identifizieren und vorstellen. Mögliche Textstellen für Ihre Untersuchung könnten sein: Veit Kolbe: S. 7–21, Lore Neff: S. 85–96, Kurt Ritler: S. 97–110, Oskar Meyer: S. 111–128.*

Die Ergebnisse werden in der anschließenden **Präsentations- und Auswertungsphase** vorgestellt und funktional ausgewertet. Die Lehrkraft moderiert diese Phase und kann – vor allem wenn die Ergebnisse inhaltlich nicht ausreichend sind – mithilfe der folgenden Sachinformationen die Schülerergebnisse erweitern, indem sie einzelne der im Folgenden vorgestellten Textbeispiele im Plenum lesen und einer sprachlichen Analyse unterziehen lässt. Insbesondere die in der Folge unterstrichenen sprachlichen Äußerungen eignen sich idealerweise für eine beispielhafte Typologisierung der jeweiligen Figur.

Die Sprache **Lore Neffs**, der Mutter Margots, ist von Wiederholung, Einfachheit und Verknappung geprägt. Trocken und ohne jede Form von Selbstmitleid kommentiert sie die alltäglichen Absurditäten und Entbehrungen, die der Krieg für sie als Bombenopfer zwangsläufig mit sich bringt: „Mit Schuhcreme ist es aus. Gibt keine mehr." (S. 272) Mütterlich anrührend ist ihre angesichts des erlebten Schreckens fast absurd anmutende rhetorische Frage: „Isst du weiterhin Zwiebeln? Wenn ja, bleibe dabei. Sie sind gesund." (S. 278) Derb und frisch fällt auch ihr Wochenrückblick im dritten Brief aus: „[...] ich hatte einen Sonntag wie Arsch und Zwirn." (S. 373) Von entwaffnender Offenheit und mit der Zunge auf dem rechten Fleck zeigt sie sich angesichts des durchschaubaren Versuchs, die zivile Bevölkerung Darmstadts für den großen Angriff vom 11. September 1944 mit rar gewordenem Kaffee zu „belohnen": „Fünfzig Gramm Bohnenkaffee, damit alle, die noch leben, in ihrem Eifer nicht erlahmen. Ich hätte lieber das Glockenspiel zurück und Helen und Helga und Tante Emma und Onkel Georg." (S. 382)

Liebevoll-einfach, anschaulich und zärtlich schreibt **Kurt Ritler** an seine Cousine Annemarie „Nanni" Schaller. Er macht schon in seinem ersten Brief deutlich, dass er die Komplexität und Undurchschaubarkeit des Lebens im Krieg nicht akzeptieren kann: „Mich ärgert, dass die Welt so eckig ist." (S. 98) Pubertär-humorvoll zeigt er sich angesichts der bedrückenden Situation, dass seine erste große Liebe von deren Eltern aus Wien ins ferne Salzkammergut verfrachtet wurde: „Viele, viele Grüße an meine schwarzindische Nanni! Einen Handkuss an die Vizekönigin von Schwarzindien, die Frau Fachlehrerin Bildstein [...]." (S. 101) Doch der kindlich-glückliche, von Naivität und Euphorie strotzende Ton wird schnell abgelöst von einem überraschend reifem Sarkasmus angesichts der politischen Lage: „Weißt du, dass auch Frauen zwischen vierzehn und zwanzig eine einheitliche Haarlänge vorgeschrieben ist? Erlass der Reichsjugendführung an alle Innungen der Friseure. Solange die geniale deutsche Reichsregierung solche Ideen hat, ist Deutschland nicht verloren." (S. 102) Nach der Information, dass Nanni aus dem Mädchenlager Schwarzindien verschwunden ist, ändert sich die Tonlage der Briefe Kurts, er wird trauriger und sehnsuchtsvoller: „[...] man muss von Indien träumen, um Amerika zu finden." (S. 235) Die Sprache Kurts wird härter, vorwurfsvoller und realistischer: „Ich versteh die ganze Geschichte nicht. Ich versteh nicht, was ihr von Nanni und mir wollt." (S. 244) Sein dritter und letzter Brief an Ferdl schwelgt in Erinnerungen an die wunderbare Zeit, die er mit Nanni verbringen durfte. Zugleich macht er sich in aller Offenheit Luft über die Abläufe in der Kaserne, wo er im Schnelldurchlauf zum Soldaten ausgebildet werden soll: „Und die lassen uns was anschauen! Exerzieren! Schnauze in den Dreck." (S. 387) Am Ende scheint der junge Mann in allem zu „kapitulieren" (S. 389), an ein eigenverantwortliches, zukünftiges Leben kann er in dieser Gesellschaft nicht mehr glauben: „Das sind die Träume des Rekruten Kurt Ritler, ausgemaltes Glück, das sich nicht leben lässt." (S. 390)

Die Sprache **Oskar Meyers** nimmt im Vergleich zu der Kurt Ritlers und Lore Neffs eine Sonderstellung ein. Der jüdische Zahntechniker aus Wien zeichnet sich durch eine hohe Reflexionsfähigkeit und Formulierungskunst aus, die in längeren hypotaktischen Abschnitten ihren sprachlichen Ausdruck findet. Ein ausgeprägter Metaphernreichtum veranschaulicht in oftmals erschütternder Weise, wie sehr Meyer selbst erstaunt ist, was mit ihm und seiner Familie angesichts der sich verschärfenden Jagd auf Juden gerade geschieht: „Ganze Existenzen, ganze Leben werden einfach weggeschaufelt, weil irgendwer findet, sie sind im Weg." (S. 124) Zahlreiche Antithesen verdeutlichen, dass Oskar Meyer darüber zerbricht, die tief empfundene Liebe zu Frau und Kindern nicht adäquat leben zu können: „Wie rasch das Leben vergeht und wie langsam der Krieg." (S. 248) Von Härte zu sich selbst und mit Einsicht in den vermutlichen kommenden eigenen Tod zeigt er sich bei einem Blick in ein spiegelndes Schaufenster. Anklagend-wiederholend formuliert der vom Leben enttäuschte Mann: „Ein heimatloser Flüchtling, ein heimat- und staatenloser Mensch, unter falschem Namen, mit falschen Papieren, mit falschem Blut, in der falschen Zeit, im falschen Leben, in der falschen Welt." (S. 256) Auf für den Leser schmerzhafte Weise entzieht Geiger der Sprache dieser Briefe die Hoffnung, „bis nur noch ein stumpfes Grau übrigbleibt"[1]. Von ergreifender, zu Tränen rühren-

---

[1] https://taz.de/Arno-Geigers-Unter-der-Drachenwand/!5490099/ (23.06.2020)

der Intensität und Wahrhaftigkeit zeigt sich Oskar Meyer in seinen letzten Worten vor seiner Ermordung durch brutale Nazischergen, mit denen er sich vom Leben und seinen Lieben verabschiedet: „Alles Gute, meine Lieben! Ich bin jetzt in der Nähe von Hainburg. Ich trage dein Halstuch, Wally, auch wenn die anderen spotten. Grad zieht Nebel über die Donau. Viel Glück, Bernili, Georgili! Danke für alles! Gott segne euch! Küsse! Küsse, meine Lieben!" (S. 418)

Es ist vor allem die eindringliche und beklemmende Sprache **Veit Kolbes**, die den Leser in seinen Bann zieht. Der Tagebuchautor Kolbe formuliert – so Iris Radisch – „gekonnt neusachlich und unprätentiös, als habe er in Wien ein Schreibseminar an der Schule für Dichtung besucht. In makellos entschlackter und nur hauchdünn mit einer Prise zeittypischer Umstandskrämerei überzuckerter Prosa berichtet er von seiner Verwundung an der Front"[1]. Kolbe ist ein scharfer, öfter sogar ironischer, sehr häufig auch selbstkritischer Beobachter des Zeitgeschehens. Die Naivität Kurt Ritlers oder Margots Mutter geht ihm nach fünf lebensgefährlichen Jahren an der Kriegsfront völlig ab. Lakonisch kommentiert er sein eigenes Überleben auf Kosten eines Kameraden: <u>„So ist auch alles Glück auf die Umstände bezogen. Mein Beifahrer war von der Granate, die mich verletzt hatte, getötet worden. Ich bedauerte seinen Tod, empfand, wenn ich daran dachte, aber auch Erleichterung. Das Unglück der anderen macht das eigene Davonkommen besonders gut sichtbar."</u> (S. 15) Es ist diese subjektive Art des Erzählens, schonungslos gegenüber sich selbst, glaubhaft vor dem Leser, die eine authentisch-eindringliche Stimmung vermittelt. Geiger gelingt es, einen ganz normalen Wehrmachtssoldaten kritisch über den Krieg, sein Leben und seine Taten reflektieren zu lassen, ohne den Täter zum Opfer werden zu lassen. Der Überlebende prangert die Sinnlosigkeit und Unmenschlichkeit des Krieges immer wieder an, am Ende wirkt er wie ein überzeugter Pazifist, der den Finger in die Wunde der Unbelehrbaren legt, dazu zählen sein eigener Vater, aber auch die Quartierfrau Trude Dohm und ihr fanatischer Ehemann: „Doch aufhören? Das wäre total gegen den Stil des Hauses gewesen." (S. 289) Die Anhänger des deutschen Faschismus dürften sich nicht wundern, wenn sich jetzt das Blatt gegen sie wende: „Ja, so ist es, wenn man gegen den Wind spuckt." (S. 292) Kolbes ausgeprägte Fähigkeit zum ironisch-sarkastischen Kommentar, der sich selbst nicht schont, hält Judith von Sternburg sogar für eine kleine Schwäche des Romans, denn anders als die anderen, gut voneinander „zu unterscheidenden Stimmen wirkt er manchmal etwas zu klug, aber nie zu gebildet. Seine Sprache, seine Beobachtungsgabe scheint dann doch die eines Schriftstellers und weniger die eines jungen ausgelaugten Soldaten, der Angst vor Verblödung hat"[2]. Dennoch hält sie Geigers Protagonisten für authentisch: „Man glaubt dennoch jedes Wort, weil das Kluge, das Genaue so klug und genau ist, dass die Künstlichkeit zurücktritt."[3]

Insgesamt wird im Blick auf alle vier Erzählstimmen des Romans deutlich, dass die Sprache des Autors v. a. deshalb so wirkungsvoll und intensiv ist, weil sie auf mäandernde Sätze verzichtet und auf den Punkt formuliert ist. Präzise, sachlich und genau werden Tatsachen, Personen, deren Gefühlswelten, innere und äußere Landschaften beschrieben. Vor allem Veit Kolbe notiert seine Beobachtungen minutiös. „Er tut es in einem naiven Ton, dessen raffinierte Modulationen man aber leicht übersehen kann. Geiger nützt den semantischen Spielraum zwischen Ahnung und Wissen, um alles zu vermeiden, was allzu pädagogisch werden könnte. Die großen Metaphern werden kleingerechnet, und es bleiben die vielen kleinen Bilder, aus denen der Roman besteht."[4]

---

[1] www.zeit.de/2018/03/unter-der-drachenwand-arno-geiger (23.06.2020)
[2] www.fr.de/kultur/literatur/muss-sich-damals-angefuehlt-haben-11038671.html (23.06.2020)
[3] Ebd.
[4] www.nzz.ch/feuilleton/von-der-geschaeftstuechtigkeit-der-firma-blut-und-boden-ld.1344758 (23.06.20)

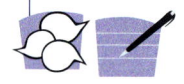

Baustein 3: Sprache und Erzählen im Roman „Unter der Drachenwand"

> *In welcher Beziehung stehen die Figuren zueinander? Treffen sie sich sogar? Was eint sie? (Aufgabe 4)*

Die einzelnen Erzählstränge werden von Geiger zu einer Art Beziehungsnetz verknüpft, dessen Logik sich dem Leser erst nach und nach entfaltet. Sowohl Veit (vgl. S. 20) als auch Oskar Meyer (vgl. S. 113) wohnten in derselben Straße in Wien, sie waren – offenbar ohne sich persönlich zu kennen – Nachbarn in der Possingergasse. Und auch Kurt und Nanni lebten zu Friedenszeiten in unmittelbarer Nachbarschaft und tauschten früh am Morgen verliebte „Klopfzeichen" (S. 104) aus. Was der Leser zu Beginn noch beiläufig überliest, wird im weiteren Verlauf mit Bedeutung angefüllt: Am Romanende gelingt es Arno Geiger, seine Figuren mühelos, wenn auch flüchtig zusammenzuführen. In der persönlichen Begegnung Veit Kolbes mit dem jungen Rekruten Kurt Ritler wird dies besonders anschaulich.

Es ist sinnvoll, diese Textstelle gemeinsam mit der Lerngruppe im **Plenum** zu lesen und auszuwerten (vgl. S. 445/Z. 9 – S. 449/Z. 9).

> *Welchen Eindruck macht Kurt Ritler auf Veit Kolbe? Wie reagiert er auf den Zustand des Cousins von Nanni (vgl. S. 445/Z. 9 – S. 449/Z. 9)?*
>
> *Wie verläuft das Gespräch? In welche Phasen lässt es sich gliedern?*

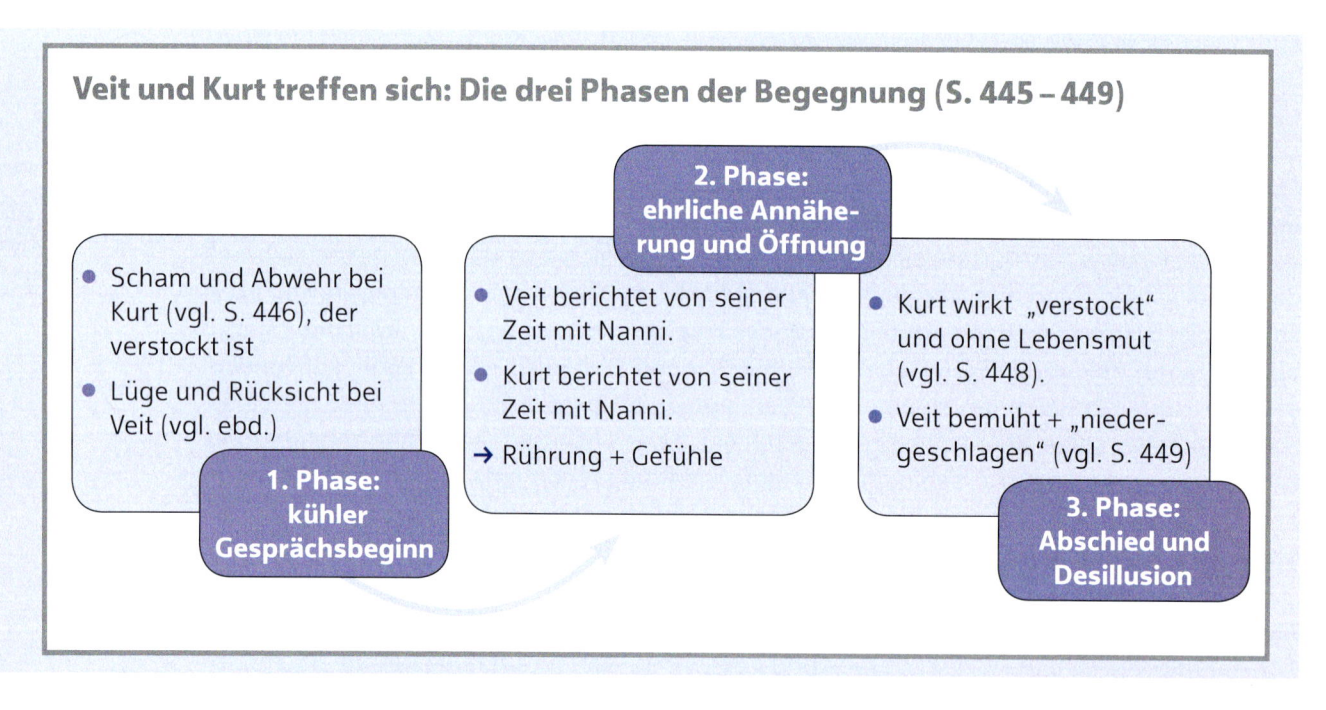

Veit und Kurt treffen sich: Die drei Phasen der Begegnung (S. 445 – 449)

1. Phase: kühler Gesprächsbeginn
- Scham und Abwehr bei Kurt (vgl. S. 446), der verstockt ist
- Lüge und Rücksicht bei Veit (vgl. ebd.)

2. Phase: ehrliche Annäherung und Öffnung
- Veit berichtet von seiner Zeit mit Nanni.
- Kurt berichtet von seiner Zeit mit Nanni.
- → Rührung + Gefühle

3. Phase: Abschied und Desillusion
- Kurt wirkt „verstockt" und ohne Lebensmut (vgl. S. 448).
- Veit bemüht + „niedergeschlagen" (vgl. S. 449)

> *Stellen Sie sich vor, Sie hätten als „unsichtbare Stimme" die Gelegenheit gehabt, während des Gesprächs zwischen Veit und Kurt beiden einige wenige Sätze ins Ohr zu flüstern, um dem Gespräch eine andere, positive Wendung zu geben. Welche Sätze wären das? Erläutern Sie.*

Weniger offensichtlich ist es aller Voraussicht nach für die Schüler, dass es zwischen Veit Kolbe und Oskar Meyer zu einer kurzen, wenn auch wortlosen Begegnung kommt. Diese ist umso bedeutsamer, weil – im Gegensatz zu den Erzählstimmen Kurts und Lore Neffs aus Darmstadt – die Stimme des jüdischen Zahntechnikers über weite Strecken keinen erkennbaren biografischen Zusammenhang mit dem Leben Veit Kolbes besitzt. Nur am Symbol des Halstuchs, welches Oskar als Geschenk für seine Frau Wally besorgt (vgl. S. 262) und dann wegen deren Deportation bei sich behält (vgl. S. 411), erkennt der Leser an den Ausführungen Kolbes, dass es sich bei dem kotverschmierten „Mann in abgerissener Kleidung" nicht um einen „namenlose[n] Sterbliche[n]" (S. 452), sondern um Oskar Meyer handelt, von Nazis misshandelt, zu Zwangsarbeit missbraucht, gequält, gefoltert, am Ende ermordet.

Ebenso wie die kurze Begegnung Veits mit Kurt Ritler kann die Kolbes mit Oskar Meyer im Unterricht gelesen und ausgewertet werden (vgl. S. 451/Z. 10 – S. 454/Z. 13). Je nach zur Verfügung stehenden Zeitressourcen ist es denkbar, die Schüler vor einer gemeinsamen Auswertung in Kleingruppen an der Textstelle arbeiten zu lassen:

> ▪ *Informieren Sie sich über den Verlauf der kurzen Begegnung zwischen Veit Kolbe und Oskar Meyer (vgl. S. 451/Z. 10 – S. 454/Z. 13).*
>
> ▪ *Veit Kolbe trifft hier auf Oskar Meyer. Woran kann man das erkennen? Welche Textindizien können Sie ausmachen?*
>
> ▪ *Wie nimmt Kolbe den jüdischen Häftling wahr?*
>
> ▪ *Welche Folgen hat die kurze Begegnung der beiden für Veit Kolbe? Inwiefern prägt sie sein Denken über den Holocaust?*

Die Ergebnisse des Unterrichtsgesprächs können in einem **Tafelbild** zusammengefasst werden. Aus diesem sollte hervorgehen, dass Kolbe sich angesichts der furchtbaren Verbrechen, denen die jüdische Bevölkerung zum Opfer fällt, seiner persönlichen Verantwortung stellt. Er weicht – anders als zu Beginn seines Jahres im Schutz der Drachenwand – der Schuldfrage nicht mehr aus, sondern akzeptiert, dass er Teil eines menschenverachtenden, verbrecherischen Systems war und ist: „Wer hielt diese Schnur? Ich? Mag sein." (S. 451) „Es war schwer, es sich einzugestehen." (S. 453)

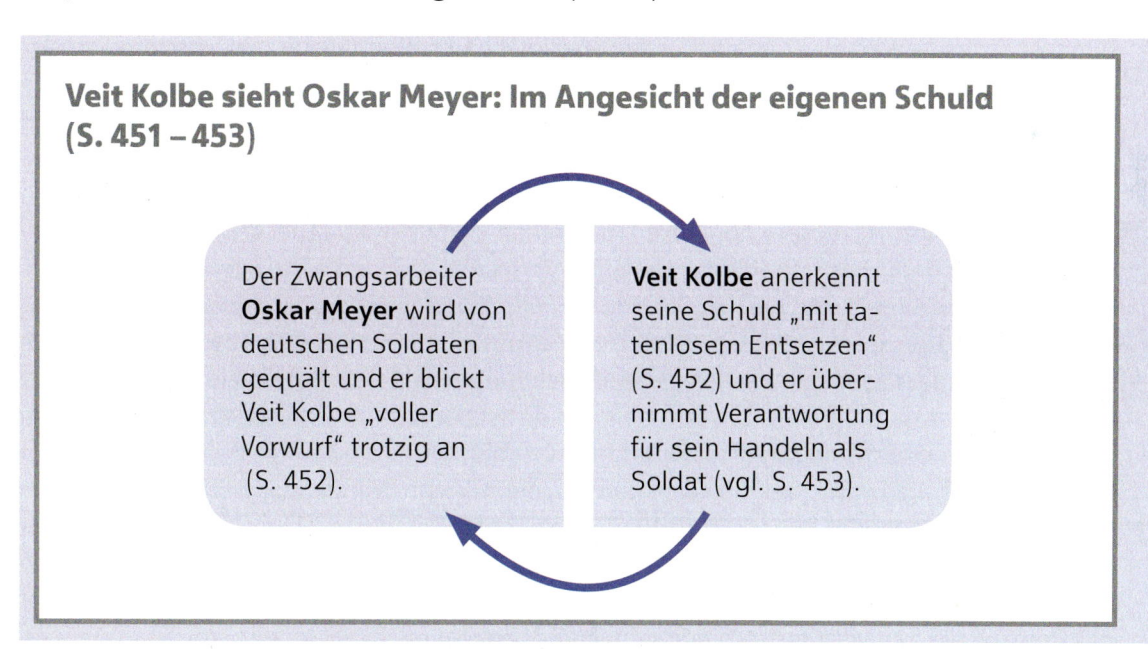

Veit Kolbe sieht Oskar Meyer: Im Angesicht der eigenen Schuld (S. 451 – 453)

Der Zwangsarbeiter **Oskar Meyer** wird von deutschen Soldaten gequält und er blickt Veit Kolbe „voller Vorwurf" trotzig an (S. 452).

Veit Kolbe anerkennt seine Schuld „mit tatenlosem Entsetzen" (S. 452) und er übernimmt Verantwortung für sein Handeln als Soldat (vgl. S. 453).

Die Teilsequenz kann mit einem weiterführenden Schreibauftrag, z. B. in Form einer **Hausaufgabe**, abgeschlossen werden (Aufgabe 5).

> „Wenn ich nur zu einem Fenster hinausblicke, das mag dann schon ein schöner Ausblick sein, aber das Gefühl von Welt als etwas Rundem, das bekomme ich durch diese Gleichzeitigkeit von Perspektiven, von perspektivischen Brechungen."[1]

Erläutern Sie die Aussage Arno Geigers anhand ausgewählter Zitate.

3.2 Was hält den Roman zusammen? – Leitmotive deuten (Gewächshaus / Drachenwand)

Der Roman „Unter der Drachenwand" erzählt v. a. die Coming-of-Age-Geschichte des jungen Wehrmachtssoldaten Veit Kolbe. Seine Tagebuchaufzeichnungen und Briefe nehmen einen Großteil des Romans ein. Zugleich wird die Homogenität des Ich-Erzählers Kolbe dreimal dreifach durchbrochen. Die Erlebnisschilderungen weiterer Kriegsteilnehmer – Margots Mutter aus Darmstadt, Annemarie Schallers Freund Kurti aus Wien sowie der jüdische Zahntechniker Oskar Meyer aus Wien und Budapest – ergänzen die Hauptstimme des Veit Kolbe im Kontext von Hoffnung und Horror. Mit den Berichten dieser drei Figuren korrigiert der Autor die nur auf den ersten Blick heile Welt am Mondsee. Geiger „möchte immer ein dreidimensionales Bild von der Welt bekommen, und der Blick aus nur einem Fenster, den finde ich nicht so spannend wie den Blick aus sehr unterschiedlichen Fenstern. Und dann kommen so perspektivische Brechungen auch, manches relativiert das andere."[2] Durch diesen Blick aus verschiedenen Fenstern holt der Dichter die große grauenhafte Welt in das vermeintliche Idyll unter der Drachenwand, indem er weitere Zeugen des Grauens auftreten lässt, die die menschliche Dimension des Lebens im Krieg nachvollziehbar machen sollen. Alle Erzähl- stimmen versuchen, die unmenschliche Barbarei des Krieges seelisch zu verarbeiten. Die Drachenwand als vom sympathischen Drückeberger Veit Kolbe herbeigesehnte Trennwand zwischen ihm und dem Grauen des Krieges funktioniert also nur noch eingeschränkt. Die Fäden dieser Figuren, welche die Unwissenheit über die Dauer des Krieges bzw. die Aussichtslosigkeit des eigenen Lebens eint, führt Arno Geiger nur locker zusammen. Fixpunkt ist dabei sein junger Protagonist, der sogar dem Holocaust-Opfer Oskar Meyer kurz begegnen wird, allerdings ohne dies zu wissen. In der Regel sind die vier Stimmen dieses Romans gut voneinander zu unterscheiden, nur zu Beginn sorgen sie beim Leser für eine kurze Desorientierung. Wer gerade an wen schreibt, kann der Leser zumeist aus den Aufzeichnungen Veit Kolbes erschließen. Ergänzend bedient sich der routinierte Autor Arno Geiger klassischer erzähltechnischer Werkzeuge, um die verschiedenen Erzählstränge miteinander zu verbinden. Es sind einige Ketten von Motiven wie die der Drachenwand, des Gewächshauses, der dünnen Wände, der Geräusche und Gerüche, der Tiere oder der Erinnerung an das Sterben der Schwester Hilde, die an prägnanten Stellen des Romans immer wieder auftauchen und ihn auf diese subtile Weise thematisch binden. Wer zu Beginn der Lektüre die Zusammenhänge nicht ganz versteht, kann im Verlauf des Romans die motivischen Verbindungen immer besser nachvollziehen.

Die folgende Teilsequenz hat daher das Ziel, den Schülern die von Arno Geiger genutzte **Leitmotiv-Technik** näherzubringen, die dazu dient, die einzelnen Schicksale stilsicher zu verklammern und dem Leser eine kohärente Lektüre zu ermöglichen. Das vielschichtige, mo-

---

[1] Arno Geigers neuer Roman „Unter der Drachenwand", Vanessa Schneider / Iris Buchheim, Bayerischer Rundfunk, München, 10.01.2018, www.br.de/nachrichten/kultur/arno-geigers-neuer-roman-unter-der-drachenwand,QgF7R9k (23.06.2020)

[2] www.deutschlandfunkkultur.de/arno-geiger-ueber-seinen-roman-unter-der-drachenwand-jede.1270.de.html?dram:article_id=407604 (23.06.2020)

saikartige Bild aus dem letzten Kriegsjahr 1944 wird kunstvoll durch mehrere Leitmotive zusammengehalten. Angesichts der Vielzahl von motivischen Verflechtungen ist es notwendig, eine didaktische Reduktion vorzunehmen. Dies kann auf konventionellem Wege geschehen, indem die beiden zentralen Leitmotive des Romans sukzessive mithilfe der Arbeitsblätter 13a/b erarbeitet werden. Vorgeschlagen wird an dieser Stelle jedoch, die Schüler zwei bedeutsame, immer wiederkehrende Leitmotive im Roman „Unter der Drachenwand" in Form eines **Partnerpuzzles** weitgehend selbstständig erarbeiten zu lassen. Dafür wird die Lerngruppe in zwei gleich große Hälften aufgeteilt. Die eine Teilgruppe erhält das **Arbeitsblatt 13a** (S. 126, Webcode SNG-22744-023), die andere das **Arbeitsblatt 13b** (S. 127, Webcode SNG-22744-024). Die Schüler werden von der Lehrkraft über den methodischen Ablauf der Unterrichtsstunde aufgeklärt:

Steckbrief Partnerpuzzle-Methode

Erste Lernphase (Aneignungsphase)	Zweite Lernphase (Vermittlungsphase)	Dritte Lernphase (Verarbeitungsphase)
Die Expertenpaare **AA** und **BB** erarbeiten jeweils ihren Teil des Lernstoffs.	Die Experten **A** und **B** geben in den Puzzlepaaren (**AB, AB**) ihr Expertenwissen weiter.	In den Puzzlepaaren wird die Verarbeitung des vermittelten Wissens angeregt und überwacht.
(Unterstützung durch geeignete Lernstrategien, z.B. Erklären mit Schlüsselbegriffskärtchen)	(Unterstützung durch geeignete Lernstrategien, z.B. Erklären mit Schlüsselbegriffskärtchen)	(Unterstützung durch geeignete Lernstrategien, z.B. Fragenstellen, Sortieraufgabe, Struktur-Lege-Technik)

Anne Huber (Hg.): Kooperatives Lernen – kein Problem, Friedrich Verlag GmbH, Seelze

Ein Teil der Lerngruppe erarbeitet die leitmotivische Funktion des Gewächshauses (AB 13a), der andere die ambivalente Funktion der Drachenwand, die dem Roman seinen Titel gibt (AB 13b). Die Grundidee der aus dem kooperativen Lernen stammenden Methode ist ein möglichst eigenständiges Erarbeiten des Lernstoffs durch vorbereitete Schüler, die auf diese Weise in ihrem eigenen individuellen Lerntempo arbeiten können und so den Sinn kooperativen Zusammenarbeitens selbst erfahren. Das Partnerpuzzle kann also durchaus als eine Form innerer Differenzierung verstanden werden. Es eignet sich an dieser Stelle, weil der Lernstoff gut in zwei annähernd große Teile aufgeteilt und bearbeitet werden kann. Die Lernenden arbeiten zu Beginn in Experten- und dann in Puzzlepaaren, also jeweils in Zweierteams zusammen. Idealerweise bildet man Vierergruppen, innerhalb derer sich zuerst die Expertenpaare und dann die Puzzlepaare bilden. Die Methode ist in **drei Phasen** unterteilbar:

Die erste **Lernphase** („Aneignung") fordert von den Expertenpaaren zunächst die Lektüre ausgewählter Textstellen, die das Arbeitsblatt 13 vorgibt, die aber natürlich um weitere von den Schülern eingebrachte Textstellen ergänzt werden können (Aufgabe 1). Die Expertenpaare erarbeiten sich ihren Lernstoff nun zuerst in Einzelarbeit („Konstruktion": Aufgabe 1), dann zusammen mit ihrem Teampartner („Co-Konstruktion": Aufgabe 2).

- *Untersuchen Sie, welche Bedeutung das Gewächshaus/die Drachenwand für die Figuren des Romans „Unter der Drachenwand" sowie im Gesamtkontext hat. Werten Sie dafür die angegebenen Textstellen aus und notieren Sie Ihre Ergebnisse stichwortartig.*
- *Deuten Sie Ihre Ergebnisse, indem Sie mithilfe des Informationskastens klären, ob und inwiefern es sich beim Gewächshaus/bei der Drachenwand um ein Leitmotiv handelt. Bestimmen Sie dafür auch die Art des Leitmotivs. Erstellen Sie ein anschauliches Schaubild.*

Das **Leitmotiv** ist ein Stilmittel, das in der Epik sehr oft verwendet wird, damit der Eindruck entsteht, dass die einzelnen Textteile zusammengehören. Dies „schaffen" die Leitmotive, da sie immer wiederholt werden und so ein Netz von Beziehungen knüpfen können. Die vier **häufigsten Arten** von Leitmotiven sind:

- wiederkehrende Handlungselemente
- wiederholt verwendete sprachliche Bilder
- sich wiederholende Redewendungen, Gesten etc.
- Dingsymbole (Gegenstände oder Lebewesen, die an bedeutsamer Stelle wiederkehren)

https://literaturhandbuch.de/fachbegriffe-leitmotiv/ (23.06.2020)

In der **zweiten Lernphase** („Vermittlung") werden nun Puzzlepaare gebildet, die aus jeweils einem Experten für jeden Teil des Lernstoffs (AB 13a + AB 13b) bestehen. Wechselseitig vermitteln sich nun die neuen Puzzlepartner ihr Expertenwissen, indem sie sich abwechselnd mithilfe ihrer Aufzeichnungen (Schaubild oder alternativ: Lernkärtchen) ihren Lernstoff vorstellen und anschließend mögliche Fragen beantworten. Die Unterrichtsforschung konnte zeigen, dass nachhaltiges Lernen vor allem in dieser zweiten Phase stattfindet, in welcher die Schüler eine aktive Lehrerrolle („Lernen durch Lehren") zugewiesen bekommen und sich selbst als kompetent und wichtig erleben (Aufgabe 3).[1]

- *Präsentieren Sie einem Mitschüler/einer Mitschülerin Ihre Ergebnisse in einem Kurzvortrag und erläutern Sie diese textnah bzw. mithilfe Ihres Schaubildes.*

Auf diese Vermittlungsphase folgt im Anschluss die **dritte Lernphase** („Verarbeitung"). In ihr soll das neue Wissen gemeinsam verarbeitet werden. Hier sollten jeweils die Experten in den Puzzlepaaren dazu angehalten werden, Verarbeitungsaktivitäten für das vermittelte Wissen anzuregen und diese zu überwachen. Am einfachsten geschieht dies durch Verständnisfragen des Experten. Zudem kann der Versuch unternommen werden, die Ergebnisse aus den beiden Teilschaubildern in ein gemeinsames Schaubild zu übertragen und auf diese Weise zu einer Synthese der Ergebnisse zu kommen (Aufgabe 4).

---

[1] Vgl. Anne A. Huber: Kooperatives Lernen – kein Probleme. Klett: Leipzig 2004, S. 42

> *Entwerfen Sie nun auf der Grundlage Ihrer Teilergebnisse ein Gesamtschaubild, aus dem die Art und Funktion der beiden Leitmotive für den Roman hervorgeht.*

Selbstverständlich ist auch eine **vierte Phase** im Plenum möglich und in den meisten Fällen auch erforderlich. Diese kann dann z. B. der gemeinsamen Sicherung der Ergebnisse dienen, die im Kursheft festgehalten werden sollten. Für ein gemeinsames Auswertungsgespräch im Plenum sind folgende Impulse denkbar:

> *Wozu dienen dem Autor die Leitmotive? Welcher Art sind sie?*
>
> *Wie haben Sie die Methode des Partnerpuzzles empfunden? Worin liegen für Sie die Vorteile dieses Arbeitens, wo die Nachteile?*
>
> *Welche Aspekte bedürfen Ihrer Ansicht nach einer Vertiefung?*

Von besonderer Bedeutung für die Entwicklung Veit Kolbes ist das **Gewächshaus**. Hier lernt er den Bruder der Quartierfrau, Robert Raimund Perttes, kennen, den alle nur den Brasilianer nennen. Der Brasilianer verkörpert das genaue Gegenteil seiner bösartigen und den Nazis ergebenen Schwester. Als überzeugter Pazifist macht er keinen Hehl aus seiner Abneigung gegenüber dem Krieg und der faschistischen Ideologie. Seinen Arbeitstag, aber auch große Teile der Nacht verbringt der bekennende Vegetarier im Gewächshaus, wo er exotische Musik hört und Orchideen anbaut. Er will „zurück zur Natur" (S. 335), weil nur die Natur dem Menschen eine nicht entfremdete Daseinsform garantiere und jeder „halbwegs nüchterne Mensch ein politisches System mit den Augen der Toten betrachten" müsse (S. 296). Veit trifft den Brasilianer zuerst eher zufällig (vgl. S. 67 ff.), doch im Zuge ihrer Annäherung sucht er ihn im Laufe seines Jahres am Mondsee immer häufiger bewusst auf. In zahlreichen Gesprächen mit Veit entpuppt sich der Brasilianer als „umgänglicher Mensch" (S. 132), der die Logik des Krieges im Schutz des Gewächshauses als sinnlos und menschenfeindlich entlarvt. Veit hält sich „gerne hier auf, es roch wohltuend nach feuchtem Humus und den Ausdünstungen der Pflanzen" (S. 133). Der Rückzugsort ermöglicht es den Figuren, ein naturnahes, authentisches, noch nicht selbstentfremdetes Leben zu führen. Dafür sorgt erst der Krieg, der den Menschen seiner Bestimmung beraubt und ihn auf das Schlachtfeld führt, statt sich an der Schönheit der Natur („Orchideen", ebd.) zu erfreuen oder sie zu bearbeiten („Tomatenpflanzen", S. 134). Das Glashaus ist ein „zerbrechlicher Ort der Wärme und des Kultivierens"[1], so Arno Geiger. Es ist dieser utopische Ort, der es dem regimekritischen Brasilianer ermöglicht, gegenüber dem neuen Mieter seiner Schwester, Veit Kolbe, Klartext zu reden. Kolbe erlebt im Schutze des zerbrechlichen Glashauses eine utopische „Befreiungsfahrt" (S. 136) mit dem Brasilianer. Dieser ahnt bereits, dass er sich mit seiner offenen, antifaschistischen und pazifistischen Grundhaltung noch Ärger einhandeln wird: „Er wisse, wer im fünften Kriegsjahr Orchideen anbaue, sei der unbewusste Feind all derer, die darüber nachdächten, was außer Blut noch zum Boden passe." (S. 136) Das Gewächshaus zeichnet sich durch eine symbolische Ambivalenz aus: Es verkörpert einerseits die Utopie des Friedens und der Freiheit, weil es ungefilterte Kommunikation über den Krieg und den eigenen Zustand ermöglicht. Im Schutze des Gewächshauses, auf einer Werkzeugkiste sitzend, gestehen sich die beiden Verlorenen – Veit und Margot – erstmals ihre Liebe und werden zu einem „Paar" (S. 198); hier treffen sich Veit, Margot und Lilo nach dem Verschwinden des Brasilianers und gärtnern, essen zu Abend, versorgen den Hund, musizieren. Das Gewächshaus wird zu einem Ort der Liebe, Geborgenheit, des Rückzugs und der Utopie (vgl. S. 186 f.). Hier wird harmloses, aber auch beglückendes Familienleben auf Zeit möglich: „Auf der Wäscheleine des Brasilianers, die zwischen zwei Apfelbäumen gespannt war, wehten die Win-

---

[1] www.dtv.de/_files_media/downloads/lesekreis-material-drachenwand-1235.pdf (23.06.2020)

delfahnen." (S. 180) Im Gewächshaus kann der Mensch noch wahrhaftig Mensch sein und seine natürlichen Anlagen verwirklichen. Beide klappen hier „das Visier hoch" (S. 280) und können – im Schutz des Gewächshauses – ehrlich und menschlich zueinander sein: „Ich glaube, das Private im Menschen, das Bedürfnis nach Schönheit, nach Natürlichkeit ist unzerstörbar."[1] Arno Geiger nutzt also die Symbolik des Gewächshauses, um zu zeigen, dass der „Krieg auch sein Gegenteil besser sichtbar macht: Verletzlichkeit, Wärme, Schönheit. In einem noch nicht gänzlich zerstörten Menschen weckt Krieg [...] den Wunsch, Schönes zu bewahren. Und im Angesicht des Grauens erinnert sich der Mensch an Dinge, für die es wert ist zu leben: gelungene soziale Beziehungen, aber auch die unbeteiligte, sich um den Krieg nicht kümmernde Natur"[2]. All das ermöglicht das gesellschaftsferne und naturnahe Gewächshaus zwei Menschen, „die für einige Zeit ihre Ruhe gefunden hatten, eine Ruhe, die nicht, wie so oft, mit Verlassenheit zu tun hatte, sondern mit Geborgenheit" (S. 205). Seine in ihm „angelegte Fähigkeit, fast zu platzen vor lauter Liebe" (S. 139), kommt an diesem Ort am besten zum Tragen.

Doch schon mit dem Hinaustreten aus dem Gewächshaus ändert sich dieses utopische Glück („Das Gewächshaus schimmerte friedlich im Licht [...].", S. 180) schlagartig. Die Quartierfrau und ihr Mann machen den Mietern das Leben zur Hölle. Die Doppelbödigkeit des Gewächshauses wird auch durch seine Zerbrechlichkeit deutlich. Die Idylle des Friedens, der Freiheit und des harmonisch-alltäglichen Familienlebens ist permanent gefährdet, denn eines Morgens sind „acht Glaselemente am Gewächshaus [...] zerbrochen" (S. 183). Der Schutzraum muss so mehrfach gegenüber Eindringlingen – Schnee, Eis und Schwager – verteidigt werden. Durch die „schmutzigen Scheiben" (S. 214) des Sicherheit und Geborgenheit garantierenden Gewächshauses können dessen Bewohner immer teilhaben an dem, was sie bedroht. Veit muss nur aus dem Gewächshaus rennen, und schon wird er Zeuge der grausam-unmenschlichen Tötung des vom Brasilianer so geliebten Hundes durch Dohm, den Ehemann der Quartierfrau (vgl. S. 214f.). Insgesamt fungiert das Gewächshaus als eine Art **Dingsymbol**, das seinen Bewohnern auch in Zeiten des Krieges „Glück" auf Zeit (S. 279) garantiert. Im Schutze des Gewächshauses realisieren Margot und Veit ihre Liebe und leben ein idylisches kleines Familienleben in „Klein Brasilien" (S. 302), das „sogar den Krieg von einem entfernt" (S. 279).

- *In einem Gewächshaus kann man auch im Winter Obst, Gemüse oder Pflanzen anbauen, die sonst nur im Frühling und Sommer gedeihen. Inwiefern kann man dieses Wissen auch auf die Lebensumstände der Romanfiguren beziehen?*
- *Wozu dient den Figuren des Romans das Gewächshaus? Was tun sie hier bzw. was können sie hier tun, was außerhalb des Gebäudes nicht möglich ist?*
- *Worin besteht seine symbolische Bedeutung?*

---

[1] www.kulturzeitschrift.at/kritiken/literatur/wie-ein-blick-in-die-augen-des-anderen-einen-menschen-oeffnet-unter-der-drachenwand-von-arno-geiger (23.06.2020)
[2] www.dtv.de/_files_media/downloads/lesekreis-material-drachenwand-1235.pdf (23.06.2020)

Leitsymbolik des Gewächshauses im Roman „Unter der Drachenwand"

Ort der Liebe und Geborgenheit
(Veit + Margot)

Ort der Sehnsucht: *„Klein Brasilien"*, (S. 302)

Ort der Kunst (Musik/Lieder)

Ort der Familie und des Alltags
(Veit, Margot, Lilo)

Ort der Produktion statt Destruktion
(Tomatenernte in Kriegszeiten)

Ort der geschützten und gefahrlosen Kommunikation
(Veit + Brasilianer)

Ort des Rückzugs + Widerstands
(Brasilianer + Veit)

Ort der Schönheit und des Kultivierens
(Orchideenzucht)

⬇

Schutz des Gewächshauses als Antithese zum Krieg und als Utopie:

Liebe, Frieden, Freiheit und Selbstverwirklichung

Auch die **Drachenwand** kann als Leitmotiv verstanden werden. Tatsächlich handelt es sich um eine 1176 Meter hohe Felswand in den Bergen des Salzkammergutes. Sie ist damals wie heute aufgrund ihrer touristisch attraktiven Lage am Westufer des Mondsees ein beliebtes Ausflugsziel. Ihre bewaldete südliche Seite weist nur eine geringe Steigung auf, wohingegen sie nach Norden hin nahezu 700 Meter fast senkrecht aufragt und so das ansonsten sehr idyllische Panorama des nördlichen Mondsees dominiert (vgl. S. 32). In dieser geografischen Tatsache liegt auch bereits der symbolische Gehalt der Drachenwand für den Roman verborgen. Einerseits schützt der Fels vor Krieg und Gewalt. Veit Kolbe kann hier abgeschieden vom furchtbaren Frontgeschehen regenerieren. Ihm gefällt der Nebel, der die Drachenwand „hinaufkletterte" (S. 315). Auch überfliegen die alliierten Bomber die beschaulich klingende Ortschaft Mondsee, ohne sie zu bombardieren. Es herrscht „Ruhe" und scheinbare Sicherheit: Mondsee, Drachenwand, Schwarzindien: Zufluchtsorte, die nach Heimweh und Exotik klingen, weit weg vom verwüsteten Planeten Erde, auf dem der Krieg den Menschen terrorisiert: Die Drachenwand fungiert hier als Trennwand. Sie ist eine Mauer zwischen dem, was war und dem, was noch kommen kann. Die steile Felswand fungiert als Metapher und „jene Drachen im Namen könnten Pate stehen für die inneren Dämonen, die sich in den Protagonisten durch den Wahn des Krieges eingenistet"[1] haben.

Doch gleichzeitig gibt es „hin und wieder Überflüge" (S. 78), die auch den Menschen unter der Drachenwand verdeutlichen, dass der Krieg real und „viel näher zum Mondsee" (S. 81) kommt, als man glaubt. Die Trennwand scheint durchlässig und permeabel. Denn neben dem angesprochenen Schutz, welche die Drachenwand bietet, ist dem Dingsymbol zugleich die personifizierte Bedrohung und Überwältigung eingeschrieben: „Der mächtige Felsenschädel der Drachenwand stand grau im Schönwetterdunst." (S. 165) Während Veit im Schutze des Gewächshauses Tomaten abnimmt und Margot im Garten des Brasilianers Räder schlägt, schaut die Drachenwand „schroff herüber" (S. 213), ganz so, als wolle sie die beiden Liebenden daran erinnern, dass ihr Glück nicht von Dauer sein wird. Sie bleibt den Menschen „im Rücken" (S. 354). Selbst am Romanende, das der Leser im Kern als beglückendes „Happy End" erfährt, bleibt die Bedrohung aufrechterhalten: „Die Drachenwand zeichnete sich deutlich ab, ein über die klirrenden Wälder gereckter Schädel, der mit leeren Augen auf die Landschaft herabstierte." (S. 475) Für Andreas Platthaus verweist der mystisch, unwirklich und zeitlich entrückt klingende Romantitel „auf das Drachenmotiv der Zeit, als die Nazis Siegfried den Drachentöter führerhaft völkisch propagierten, und klingt an *Under the Volcano* (1947) von Malcolm Lowry an – auch in dieser großen Parabel geht es um Herrschaft, Unterdrückung, Grausamkeit, Wut und Lethargie." [2]

- *Erläutern Sie, was Sie mit dem Begriff „Drachenwand" verbinden. Erklären Sie die mögliche symbolische Bedeutung dieses Ortes.*

- *Halten Sie den Titel für passend? Begründen Sie. Formulieren Sie eine Alternative und begründen Sie Ihren Vorschlag.*

- *Macht die Romanlektüre eher Angst oder Hoffnung? Geben Sie Ihre Lektüreerfahrungen wieder.*

- *Finden Sie für das Zitat Arno Geigers passende Beispiele: „Wir alle leben unter der Drachenwand – die Drachenwand, das ist das Ungewisse, das Bedrohliche, die Zwangssituation. Wir sind alle viel mehr von äußeren Zwängen bestimmt, als uns das recht sein kann."[3]*

- *Erläutern Sie das weitere Zitat des Autors: „Man gibt ja auch heute ungern zu, dass neunzig Prozent der Bevölkerung mit dem Strom schwimmen und dadurch für den weiteren Gang der Dinge ausschlaggebend und mitverantwortlich sind. Wir wissen, unser Lebensstil ist nicht nachhaltig, wir zerstören unsere Lebensgrundlage. Und obwohl uns vieles unrecht vorkommt, machen wir weiter. So gesehen, der Mensch lebt auch heute unter der Drachenwand."[4]*

---

[1] https://leseschatz.com/2018/01/15/arno-geiger-unter-der-drachenwand/ (23.06.2020)
[2] https://apps.derstandard.de/privacywall/story/2000071475923/arno-geiger-die-notwendigkeit-sich-zu-erinnern (23.06.2020)
[3] www.dtv.de/_files_media/downloads/lesekreis-material-drachenwand-1235.pdf (23.06.2020)
[4] Ebd.

Die ambivalente Symbolik der Drachenwand

Ort des Rückzugs und Schutzes

Veit Kolbe findet unter der Drachenwand eine eher friedlich-harmonische und dörfliche kleine Welt vor, die ihn und den anderen Bewohnern Zuflucht vor den Schrecken und der Bedrängnis des Krieges bietet: „Es herrschte Ruhe [...]." (S. 78)

Der Erzähler nimmt den Fels als mächtig wahr:
- „macht im Süden eine breite Brust" (S. 32)
- „mächtige Felsenschädel der Drachenwand" (S. 165, 354)
- „Schädel, der mit leeren Augen auf die Landschaft herabstierte" (S. 475)

Ort der Bedrohung und Einschüchterung

Für eine **Vertiefung**, z. B. auch in Form einer Facharbeit, können weitere Leitmotive untersucht werden. Eine mögliche **Hausaufgabe**, die arbeitsteilig bearbeitet werden könnte, lautet:

■ *Untersuchen Sie die Textstellen zu einem der folgenden Motive und prüfen Sie, ob und inwiefern man von einem Leitmotiv sprechen kann.*

Motiv/Thema	Textstellen
Sterben Hildes (Schwester)	S. 24f., 83, 137, 219, 222ff., 431f.
Veits eiternde Wunde	S. 14, 43, 74, 131, 147
Gerüche	S. 10, 13f., 34, 40, 49, 141, 217, 237, 292, 337, 350, 372
Geräusche	S. 10, 12, 14, 33ff., 80ff., 87, 93, 104, 132f., 173, 199, 233, 311, 430
Tiere	S. 58, 142, 176, 182, 196, 214, 237, 281, 292, 300, 350, 456

3.3 Was der Leser erfährt – und was nicht: Erzähltechniken untersuchen

Eine wesentliche Besonderheit des Romans „Unter der Drachenwand" besteht darin, dass er den historischen Sicherheitsabstand überwindet, den ein Erzählen aus heutiger Sicht und mit dem heutigen Wissen des 21. Jahrhunderts mit sich brächte. Sein Clou – der Autor lässt alles weg, was die Nachgeborenen heute wissen – zieht den Leser ganz nah an die Figuren, ihre Ängste, Hoffnungen und Ahnungen. Geigers Zeitzeugensimulation verdankt ihre Authentizität und Glaubwürdigkeit insbesondere der erzähltechnischen Besonderheit, dass der Autor auf eine besserwissende Stimme des allwissenden Erzählers konsequent verzichtet. Der Leser muss sich mit dem begnügen, was er aus der jeweils eingeschränkten und subjektiven Perspektive der Figuren erfährt. Dabei handelt es sich um eine bewusste erzähltechnische Entscheidung des Autors: „Ich möchte immer ein dreidimensionales Bild von der Welt bekommen, und der Blick aus nur einem Fenster, den finde ich nicht so spannend wie den Blick aus sehr unterschiedlichen Fenstern. Und dann kommen immer so perspektivische

Brechungen auch, manches relativiert das andere."[1] Diese implizieren, dass der Leser sich aus den Bruchstücken, die er beim Lesen der jeweiligen Brief- und Tagebuchauszüge präsentiert bekommt, ein eigenes Bild von der damaligen Lebenswirklichkeit machen muss, die sich von der „objektiven" Beschreibung in Geschichtsbüchern unterscheiden kann. Der „Wahrheit" kommt er näher, wenn er sich der vom Autor angebotenen Decodierungsarbeit stellt und die Deutungsangebote der Figuren ernst nimmt.

Vor der eigentlichen inhaltlichen Arbeit ist – in Abhängigkeit vom Leistungs- und Wissensstand der Lerngruppe – zum **Einstieg** eine **Wiederholung** der erzähltechnischen Fachtermini denkbar. Dafür erhalten die Schüler das **Zusatzmaterial 1** (S. 159, Webcode SNG-22744-038). Analog zum „Think-Pair-Share"-Dreischritt aus der Methode des kooperativen Lernens kann der Text zuerst in Einzelarbeit („Think"-Phase) gelesen werden.

■ *Lesen Sie den vorliegenden Sachtext und markieren Sie Ihnen zentral erscheinende Aussagen.*

Im zweiten Schritt sollen die Schüler die neuen Informationen verarbeiten, indem sie gemeinsam ein Schaubild erstellen („Pair"-Phase). Dafür können die einzelnen Arbeitsgruppen mit Folien arbeiten, um im Anschluss eine Präsentation mithilfe eines OHPs zu ermöglichen. Alternativ ist auch die Erstellung einer Wandzeitung möglich. Liegt eine Dokumentenkamera vor, kann der Auftrag auch im Kursheft erledigt werden.

■ *Entwickeln Sie ein Schaubild, das die wesentlichen Erzählkategorien übersichtlich veranschaulicht.*

Im dritten Schritt („Share"-Phase) kommt es zur Präsentation der Ergebnisse im Plenum. Unterschiedliche Visualisierungen werden vorgestellt und im Hinblick auf ihre Plausibilität und sachliche Richtigkeit exemplarisch diskutiert.

■ *Welche erzähltechnischen Begrifflichkeiten bedürfen noch der Erläuterung? Was macht Ihnen Schwierigkeiten?*

Mithilfe des **Zusatzmaterials 2** (S.160, Webcode SNG-22744-039) kann im Bedarfsfall eine zutreffende Übersicht durch die Lehrkraft präsentiert werden.

Der Wiederholung der erzähltechnischen Fachbegrifflichkeiten schließt sich die erste **Erarbeitungsphase** an. Die Schüler erhalten dafür das **Arbeitsblatt 14** (S. 128, Webcode SNG-22744-025), dessen Aufgabenstellung vorab im Plenum besprochen werden sollte, um so allen Schülern die notwendige Orientierung zu ermöglichen (Aufgabe 1).

■ *Untersuchen Sie den Erzähleinstieg aus Arno Geigers Roman „Unter der Drachenwand" im Hinblick auf die gewählte Erzählform, das Erzählverhalten, die Erzählperspektive, die Erzählhaltung sowie die Darbietungsformen. Wie wirkt der Romananfang auf Sie?*

Die Aufgabe kann gut in **Kleingruppenarbeit** organisiert werden. Sie besteht darin, den Romananfang erzähltechnisch zu analysieren. Die Erzählsituation zieht den Leser sofort in ihren Bann, da es vom ersten Satz an um Leben und Tod geht; letztlich das zentrale Thema des gesamten Romans wird mit Veit Kolbes erstem dramatischen Satz eingeführt: „Im Himmel, ganz oben, konnte ich einige ziehende Wolken erkennen, und da begriff ich, ich hatte über-

---

[1] www.deutschlandfunkkultur.de/arno-geiger-ueber-seinen-roman-unter-der-drachenwand-jede.1270.de.html?dram:article_id=407604 (23.06.2020)

lebt." (S. 7) Im Idealfall wird der Romananfang gemeinsam gelesen und im Anschluss die Wirkung des Auszugs auf die Leser erfragt. Auf diese Weise wird die Notwendigkeit, die erzähltechnische Machart des Textes zu durchdringen, deutlich und die Aufgabe motiviert.

In der **Auswertungsphase** stellen einzelne Gruppen ihre Teilergebnisse vor. Diese sollten immer konkret am Textauszug belegt werden.

Erzählform	☐ Er-/Sie-Form ☒ Ich-Form
Erzählperspektive	☒ Innensicht ☒ Außensicht
Erzählverhalten	☐ auktorial ☒ personal ☐ neutral
Erzählhaltung	☐ affirmativ ☐ ablehnend ☐ skeptisch ☒ euphorisch ☐ neutral ☐ kritisch
Darbietungsformen	☒ Erzählerbericht ☐ direkte Rede ☐ indirekte Rede ☒ innerer Monolog

Mit Blick auf die Erzählform handelt es sich um eine klassische **Ich-Erzählung**: Der Erzähler tritt schon mit dem ersten Satz selbst in Erscheinung, spricht von sich und verwendet das Personalpronomen der 1. Person Singular. Erzählperspektivisch liegen beide Formen vor. Von der **Außensicht** spricht man, wenn der Erzähler sich auf das beschränkt, was er von außen wahrnehmen kann: „Unter meinem rechten Schlüsselbein lief das Blut in leuchtenden Bächen heraus, ich schaute hin, das Herz ist eine leistungsfähige Pumpe, und es wälzte mein Blut jetzt nicht mehr in meinem Körper im Kreis, sondern pumpte es aus mir heraus, bum, bum." (Z. 6 ff.) Sieht der Erzähler in die Innenwelt der Figur hinein und beschreibt er die Wahrnehmungen, Gefühle und Gedanken, dann erzählt er aus der **Innensicht**: „Das unbeschreibliche, mit nichts zu vergleichende Gefühl, das man empfindet, wenn man überlebt hat. Als Kind der Gedanke: Wenn ich groß bin. Heute der Gedanke: Wenn ich es überlebe./Was kann es Besseres geben, als am Leben zu bleiben?" (Z. 12 ff.) Da allein die Sicht des Ich-Erzählers zum Geschehen mitgeteilt wird, liegt ein **personales Erzählverhalten** vor, sodass der Leser das Geschehen sowie die Wahrnehmungen, Gedanken und Emotionen der Figuren scheinbar unmittelbar aus dessen Sicht erlebt. Der Begriff der Erzählhaltung beschreibt, wie der Erzähler dem von ihm erzählten Geschehen oder anderen von ihm dargestellten Figuren gegenübersteht. In diesem Fall geht es darum, wie der Ich-Erzähler Veit Kolbe seine aktuelle Situation einschätzt. Da er dem Tode nach eigener Wahrnehmung noch einmal von der Schippe gesprungen ist und er dies als positiv einschätzt, kann man die **Erzählhaltung** als positiv, wenn nicht sogar **euphorisch** kennzeichnen: „Das unbeschreibliche, mit nichts zu vergleichende Gefühl, das man empfindet, wenn man überlebt hat." (Z. 12 f.) Als Darbietungsform nutzt Geiger sowohl den **Erzählerbericht** als auch den **inneren Monolog**. Im ersten Fall beschreibt, berichtet oder kommentiert der Ich-Erzähler das Geschehen, und diese Passagen sind auch als Äußerungen des Ich-Erzählers erkennbar: „So hatte mich der Krieg auch diesmal zur Seite geschleudert." (Z. 4) Im zweiten Fall wird durch den Einsatz des inneren Monologs der Eindruck großer Unmittelbarkeit erweckt. Ohne Anführungszeichen wird er in der 1. Person Singular Präsens im Indikativ angeboten. Auf diese Wiese gibt er unmittelbar die Überlegungen der Figur wieder: „Was kann es Besseres geben, als am Leben zu bleiben?" (Z. 14 f.)

Insgesamt liegt eine ausgesprochen **subjektive Form des Erzählens** vor, die den Eindruck großer Unmittelbarkeit, Präsenz und Nähe zum Geschehen ermöglicht. So meint Arno Geiger selbst: „Ich wollte den Roman ja nicht retrospektiv erzählen, aus Sicht von heute, sondern ich wollte in die Figuren hineingehen, so als Kosmonaut des Innenraums […], und habe mich dazu entschieden, dieses unmittelbare Erzählen den Figuren zuzuspielen, dass sie das erzählen, im Moment, wie es ihnen geht, wie sie das erleben."[1] Für das Schreiben Arno Geigers

---

[1] www.deutschlandfunkkultur.de/arno-geiger-ueber-seinen-roman-unter-der-drachenwand-jede.1270.de.html?dram:article_id=407604 (23.06.2020)

gilt daher Dirk Knipphals Einschätzung: „Einmal ist von der harten ‚Kriegshaut' die Rede, die Veit Kolbe erst verlieren muss. Arno Geiger schreibt ohne eine solche Kriegshaut. Manchmal stockt einem beim Lesen auch der Atem, so nah kommt man beim Lesen an die Figuren."[1] Der historische Sicherheitsabstand, über den der Leser des 21. Jahrhunderts bei seiner Lektüre über menschliche Schicksale im Zweiten Weltkrieg gewöhnlich verfügt, wird durch Geigers Form des Erzählens minimiert.

Um diese Einsicht geht es im folgenden, weiterführenden Schreibauftrag, der auch als nachbereitende **Hausaufgabe** eingesetzt werden kann (Aufgabe 2).

> ■ *„Die Erzähltechnik im Roman sorgt dafür, dass der Leser bzw. die Leserin den Figuren emotional sehr nah kommt und vom Erzählten besonders gefesselt wird." Nehmen Sie auf Grundlage Ihrer Ergebnisse aus Aufgabe 1 begründet Stellung und erläutern Sie die Aussage.*

☐ Ich stimme zu.	☐ Ich lerne die These ab.	☐ Ich stimme nur teilweise zu.

Als sinnvolle **Vertiefung** kann die **Erzählhaltung** der Figuren stärker in den Blick genommen werden. Diese v. a. ist insbesondere dafür verantwortlich, dass der Leser Geigers Figuren insgesamt als „supersympathische schreibende Antifa-Truppe"[2] wahrnimmt. Es sind die meist zurückgenommene Emotionalität und die besondere Bescheidenheit der Figuren, die dafür sorgen, dass der Leser mit dem Schicksal der Figuren am Mondsee, in Wien, Darmstadt und Budapest mitempfindet, ja mitfiebert. Zurecht bescheinigt Paul Jandl dem Autor ein ausgeprägtes „Talent, menschliche Eigenschaften in abstrakte Größen zu verwandeln. So bringt er sich in eine empathische Distanz zu den Figuren, in der die Guten ganz unverdächtig gut sind, aber die Schlechten auch nicht ganz schlecht aussehen. Die Quartierfrau seines neuen Romans ist ein umtriebiges Monster des Missmuts und der Bosheit, was allerdings ihren Mann, den Lackierer und Nazikarrieristen, nicht darin hindern muss, ihr in Liebe verfallen zu sein"[3]. Noch ganz am Ende des Romans ist dem Herausgeber im Nachwort wichtig, der Quartierfrau Trude Dohm eine „erst in den letzten Lebenswochen diagnostiziert[e] Syphilis" (S. 478) zuzuschreiben, ein weiteres Indiz dafür, dass selbst sie auch als Opfer der Verhältnisse und des Krieges gesehen werden kann. Die Analyse der Erzählhaltung kann daher den Schülern deutlich machen, wieso ihre Sympathien so eindeutig und klar verteilt sind. Deutlich werden sollte die Fähigkeit Geigers, seinen Figuren dadurch besonders nahezukommen, dass er sie – insbesondere seinen Protagonisten – als zum Mitgefühl fähige Figuren entwirft. Scheck charakterisiert Geiger daher als sog. „Empathiemonster"[4] und meint damit einen Autor, der mit seinen Figuren mitleidet und mitfiebert. So ist Veit Kolbe immer ein zum Mitgefühl fähiger Mensch, der bei seiner Ankunft in Mondsee das dörfliche Geschehen noch etwas distanziert betrachtet, sich dann aber zunehmend in die Belange seiner Mitmenschen einmischt. In Kolbe reift die Erkenntnis, dass er für die falsche Sache gekämpft hat, was ihn sogar dazu bringt, den eigenen Onkel zu erschießen, um seinen neuen antifaschistisch eingestellten Freund, den Brasilianer, vor drohender Verhaftung und Bestrafung zu beschützen. Geiger erzielt seine erzählerische Wucht und gewinnt seine Leser, indem er es schafft, einen Wehrmachtssoldaten kritisch über den Krieg, sein Leben und seine Taten reflektieren zu lassen. Seine Kunst besteht darin, dass es ihm gelingt, den Leser dazu zu bringen, etwas mit den Augen anderer Personen zu sehen, „es sich zu eigen zu machen und zu beschreiben, als würde er in ihrer Haut stecken"[5]. Als Dichter steht Geiger nicht über seinen

---

[1] https://taz.de/Arno-Geigers-Unter-der-Drachenwand/!5490099/ (23.06.2020)
[2] www.zeit.de/2018/03/unter-der-drachenwand-arno-geiger (23.06.2020)
[3] www.nzz.ch/feuilleton/von-der-geschaeftstuechtigkeit-der-firma-blut-und-boden-ld.1344758 (23.06.2020)
[4] www.stuttgarter-schriftstellerhaus.de/mit-aeusserster-sorgfalt-recherchiert-und-dann-erfunden-arno-geiger-im-stuttgarter-stadtarchiv/ (23.06.2020)
[5] Fritz Hass: Laudatio, a. a. O., S. 5

Figuren, sondern „neben ihnen". Seine Figuren will er „nicht vorführen, als wären sie meine Patienten", vielmehr geht es ihm um ein „Sicheinleben in eine fremde Menschenhaut"[1]. So wird der Roman „Unter der Drachenwand" zu einem polyfonen, vielschichtigen „Sprachkunstwerk, in dem der Autor sich die Figuren zu eigen macht, sie adoptiert, verinnerlicht, sie nach ihrer Fasson reden oder schreiben lässt. Nie steht er ‚als Richter' über, sondern als ‚Stellvertreter' neben ihnen. Selbst die gehässigen Nazis bekommen eine halbwegs menschliche Stimme, denn über allem schwebt die Frage des Autors: ‚Wie hätte ich mich damals verhalten?'"[2]

Zu **Beginn** kann auf die individuellen Lektüreerfahrungen der Schüler Bezug genommen werden:

- *Wie haben Sie die Lektüre des Romans empfunden? Haben Sie mit Veit Kolbe und den ihm nahestehenden Menschen mitempfunden?*
- *Woran liegt es, dass die meisten von uns die Figuren des Romans mögen? Welche erzählerischen Aspekte könnten hierfür von Relevanz sein?*
- *Auf welche Weise haben Sie selbst das Romanende empfunden? Welche Wirkung haben die zusätzlichen Informationen des „Herausgebers" bei Ihnen hervorgerufen? Begründen Sie Ihre Einschätzung.*

Im Anschluss erhalten die Schüler das **Arbeitsblatt 15** (S. 129, Webcode SNG-22744-026). Es empfiehlt sich, gemeinsam die Informationen zur Erzählhaltung sowie die Aufgabenstellungen vorab zu besprechen und denkbare Unklarheiten auf diese Weise zu beseitigen. Die zentrale Aufgabe 1 steht im Mittelpunkt der nun folgenden **Erarbeitungsphase**, die in Partner- oder Kleingruppenarbeit organisiert werden kann. Die Schüler sollten vorab von der Lehrkraft dazu aufgefordert werden, die auf dem Arbeitsblatt angegebenen Textbeispiele im Roman selbst nachzuschlagen, um sie auf diese Weise zu kontextualisieren. Nur so wird im Einzelfall klar, von wem die jeweilige Aussage stammt und in welchem Zusammenhang sie warum getätigt wird (Aufgabe 1).

- *Bestimmen Sie die Erzählhaltung für die folgenden Beispiele, indem Sie Ihre Einschätzung in der rechten Spalte notieren. Erläutern Sie im Anschluss Ihre Ergebnisse.*

In der **Präsentations- und Auswertungsphase** im Plenum steht insbesondere die Erzählhaltung Veit Kolbes im Zentrum. An seiner Einstellung zum Krieg (abwertend, kritisch und schonungslos-realistisch, vgl. S. 53), zu sich selbst (kritisch, verzweifelt und so gut wie niemals selbstmitleidig, vgl. S. 42, 226) und zu seinen Mitmenschen (anerkennend, gegenüber Margot zärtlich, mitfühlend und liebevoll, vgl. S. 59, 474) lässt sich die These von Arno Geiger als „Empathiemonster"[3] besonders gut aufzeigen. Veit Kolbe macht sogar explizit deutlich, dass Empathie und Barmherzigkeit für ihn im Verlauf des Krieges zu wesentlichen Werten geworden sind: „Mitgefühl ist im System nicht vorgesehen" (S. 166). Tiefe Empathie empfindet der Leser auch mit dem Holocaust-Opfer Oskar Meyer (vgl. S. 124), dessen persönliches Schicksal in der völligen Desillusionierung des jüdischen Zahntechnikers deutlich wird. Auf der Flucht, von Frau und Kindern getrennt, wird seine Lage immer aussichtsloser, bis er schließlich völlig allein ist und sich vom Leben verabschiedet (vgl. S. 414).

---

[1] Fritz Haas: Laudatio, a. a. O., S. 6
[2] Ebd., S. 12.
[3] Ebd.

Baustein 3: Sprache und Erzählen im Roman „Unter der Drachenwand"

Textbeispiel aus dem Roman „Unter der Drachenwand"	Erzählhaltung
„Ich, der ich leben darf, weiß damit nichts anzufangen. Wie unzufrieden Hilde mit mir wäre. Aber wie soll ich es ändern? Wie soll ich *mich* ändern?" (S. 25)	selbstkritisch und mitfühlend
„Wie weit die Verzerrung des eigenen Wesens schon vorangeschritten ist, merkt man erst, wenn man wieder unter normale Menschen kommt." (S. 42)	selbstkritisch und anerkennend
„Bei mir ist alles Krieg. Ich muss mir das abgewöhnen." (S. 53)	kriegs- und selbstkritisch
„Was ich ihr gegenüber nicht erwähnte, war, dass sie manchmal weinte mit einer sanften, rauen Stimme." (S. 59)	empathisch-mitfühlend, rücksichtsvoll, fast zart
„Das gute Ansehen des Krieges beruht auf Irrtum." (S. 81)	kriegskritisch
„Mich ärgert es, dass die Welt so eckig ist." (S. 98)	verzweifelt
„Ganze Existenzen, ganze Leben werden einfach weggeschaufelt, weil irgendwer findet, sie sind im Weg." (S. 124)	anklagend, sarkastisch
„Ich war mir sicher, dass ich auf eine reife Art Liebe empfinden würde für die Welt." (S. 139)	liebevoll-zärtlich, gleichzeitig enttäuscht
„Mitgefühl ist im System nicht vorgesehen." (S. 166)	kriegs- und systemkritisch
„Ich sagte, es wäre das schönste Leben, wenn nicht überall Dämpfer aufgesetzt wären, hier in Form der Quartierfrau." (S. 171)	bedauernd-sehnsüchtig, kritisch
„Ich sah, wie die Landschaft sich öffnete, und spürte, wie ich selbst immer kleiner wurde." (S. 414)	ohnmächtig, hilflos, erstaunt
„Ich bin ein ausgesaugter Knochen." (S. 226)	desillusioniert, erschöpft
„In allem muss ich kapitulieren, es ist sehr traurig." (S. 389)	enttäuscht, voller Trauer
„Margot [...] war herzlich, ein wunderbarer, warmer Mensch. Ich bedankte mich für jede gemeinsame Minute." (S. 474)	liebevoll, zärtlich, gerührt, mit dem Leben versöhnt

alle Zitate: Arno Geiger: Unter der Drachenwand. dtv: München 2019, Originalausgabe © 2018 Carl Hanser Verlag GmbH & Co. KG, München

■ *Der Literaturkritiker Denis Scheck hält Arno Geiger für ein „Empathiemonster"[1], das seine Figuren liebe. Erläutern Sie die Aussage unter Einbezug Ihrer Ergebnisse aus Aufgabe 1. (Aufgabe 2)*

■ *Ist es moralisch integer, seinen Lesern und Leserinnen einen Wehrmachtssoldaten emotional so nahezubringen, wie Arno Geiger das tut? Warum fiebert der Leser bzw. die Leserin so mit Veit Kolbe mit? (Aufgabe 3)*

■ *Stellen Sie sich vor, Sie könnten einen ganzen Tag mit Veit Kolbe verbringen. Was würden Sie an diesem Tag mit ihm unternehmen? Wohin würden Sie gehen und über welche damaligen und heutigen Themen würden Sie sprechen? Schreiben, sprechen und spielen Sie diesen Dialog.*

3.4 Die Sprache Arno Geigers

In seiner Laudatio auf Arno Geigers literarisches Gesamtwerk zur Verleihung des Joseph-Breitbach-Preises 2018 beschreibt Franz Haas die Entwicklung der Sprache im Gesamtwerk des Autors. Sei es dem jungen Geiger anfangs noch um ein „hochtouriges Erzählen mit Kas-

---
[1] www.stuttgarter-schriftstellerhaus.de/mit-aeusserster-sorgfalt-recherchiert-und-dann-erfunden-arno-geiger-im-stuttgarter-stadtarchiv/ (23.06.2020)

kaden von Sprachspielen" gegangen, habe diese „Formverspieltheit" im Laufe der Jahre gravierend abgenommen und sich bis heute verflüchtigt[1]. Mit „stiller Beharrlichkeit und Kunstverstand" habe Geiger an seinem Stil als Autor gearbeitet, um heute „entspannt in einer schlichten und doch eleganten Alltagssprache zu schreiben". Geiger folge dem Sprichwort „Lerne die Zauberei, aber benutze sie nicht".[2] Statt der Suche nach der großen Metapher habe der Autor auch nach eigener Auskunft „sprachlich den Gürtel enger geschnallt", die sprachliche Entwicklung des Werks Arno Geigers sei von einer spürbaren und bewussten „Reduktion des erzählerischen Specks zugunsten der inhaltlichen Raffinesse" geprägt: „[I]mmer unsichtbarer wurden die Tricks des Sprachmagiers, immer bezaubernder die Schmucklosigkeit der Texte"[3]. Das Bemühen um eine „verständliche, ungeschraubte Sprache" zielt auch nach Selbstauskunft des österreichischen Dichters darauf, „sich das Schreiben so schwer wie möglich zu machen, ohne dass man es merkt". Das Ziel, in einer „hintersinnig einfach raffinierten Sprache"[4] zu schreiben, ist auch im Roman „Unter der Drachenwand" spürbar: „Bald ein ganzes Jahr trieb ich mich in Mondsee herum, indessen der Krieg kein Ende nahm. Der Jahrestag meiner Verwundung war verstrichen, und ich wunderte mich selbst, dass es mir gelungen war, mir den Krieg so lange vom Leib zu halten. Als ich Ende November aus Wien eine Beorderung bekam, durfte ich mich nicht beklagen, jedenfalls nicht laut, denn in Wahrheit war es mir bisher vergönnt gewesen, einen unauffälligen Mittelweg zu gehen, der lag, sagen wir, zwischen dem allergrößten Glück mancher und dem härtesten Schicksal vieler." (S. 356) Geigers Protagonist spricht hier einerseits in einer formellen („Beorderung"), andererseits in einer altertümlichen („indessen") Sprache zu sich selbst und zum Leser, die Einschübe („sagen wir") geben der Äußerung etwas Beiläufiges, scheinbar spontan Dahergesagtes, trotzdem hat sie existenziell-philosophisches Gewicht („zwischen [...] Glück und [...] Schicksal [...]"). Kolbe spricht ohne jede staatstragende, wichtigtuerische Attitüde zu sich selbst; er zieht ein positives Fazit über seine einjährige Auszeit vom Krieg; es sind die Gedanken eines desillusionierten jungen Wehrmachtssoldaten, der die Atempause unter der Drachenwand dazu nutzt, sein eigenes bisheriges Leben einer kritischen Prüfung zu unterziehen. Für Haas entsteht auf diese Weise ein „erzählerisches Mirakel aus Leichtigkeit und Tiefsinn"[5]. Insgesamt kann Kolbes Erzählen als zurückgenommen, an manchen Stellen fast zaghaft, nahezu immer jedoch empathisch und mitfühlend charakterisiert werden. Geigers Protagonisten gelingt es, komplizierte Sachverhalte in häufig einfachen und verständlichen Worten, in entschlackter Prosa auszudrücken. Das verleiht ihm seine Warmherzigkeit, Glaubwürdigkeit, Authentizität und Größe. „Der Autor muss sprachlich nie forcieren. Gerade die schlichten, oft absichtslos poetischen Worte, mit denen Veit, Nanni, Oskar und die anderen von frommen Wünschen und vom täglichen Entsetzen sprechen, übertrumpfen jedes Pathos."[6] Für den NZZ-Rezensenten Paul Jandl zeichnet sich die Sprachen Arno Geigers dadurch aus, dass sie in der Lage ist, die großen Metaphern kleinzurechnen, „es bleiben die vielen kleinen Bilder, aus denen der Roman besteht"[7]. Geiger nutze den „semantischen Spielraum zwischen Ahnung und Wissen, um alles zu vermeiden, was allzu pädagogisch sein könnte"[8].

---

[1] Fritz Haas: Laudatio, a. a. O., S. 7
[2] Ebd., S. 6.
[3] Ebd., S. 8.
[4] Ebd.
[5] Ebd., S. 11.
[6] www.general-anzeiger-bonn.de/news/kultur-und-medien/ueberregional/arno-geigers-gelingt-ein-klemmender-kriegsroman_aid-43611543 (23.06.2020)
[7] www.nzz.ch/feuilleton/von-der-geschaeftstuechtigkeit-der-firma-blut-und-boden-ld.1344758 (23.06.2020)
[8] Ebd.

Baustein 3: Sprache und Erzählen im Roman „Unter der Drachenwand"

Die folgende Sequenz setzt es sich zum Ziel, den Schülern einen Einblick in die Sprachkunst Arno Geigers zu ermöglichen. Mithilfe des **Arbeitsblatts 16** (S. 131, Webcode SNG-22744-027) werden zum **Einstieg** die Lektüreerfahrungen im Hinblick auf den sprachlich-stilistischen Aspekt abgefragt:

■ *Welche Sätze des Romans sind Ihnen in Erinnerung geblieben? Warum ist das so? (Aufgabe 1)*

Das Arbeitsblatt führt ausgewählte, sprachlich bedeutsame und variantenreiche Formulierungen auf, die für Geigers Stil exemplarisch sind. Im Idealfall schlagen die Schüler die jeweilige Textstelle nach und lesen die ausgewählte Formulierung im Zusammenhang. Diese Kontextualisierung hilft in vielen Fällen, die Besonderheit der sprachlichen Äußerung zu erkennen und den jeweiligen Sprecher eindeutig zu identifizieren. Dies ist für die wichtige dritte Spalte der Tabelle des Arbeitsblatts 16 von zentraler Bedeutung, in der es um die Wirkung bzw. Funktion geht, welche die Äußerung für den jeweiligen Sprecher hat. Beispielsweise wird die emotionale Betroffenheit und biografische Tragik der Personifikation („ich bin bestürzt, dass mich das Leben so in die Ecke tritt", S. 261) nur dann deutlich, wenn die Schüler sie dem jüdischen Zahntechniker Oskar Meyer zuzuordnen in der Lage sind, der – stellvertretend für Millionen unschuldiger jüdischer Opfer – völlig unverschuldet seine über alles geliebte Familie verliert und am Ende sein eigenes Leben. „So gehören die Briefe, die der jüdische Zahntechniker Oskar Meyer auf seiner Flucht schreibt, zu den Glanzstücken dieses Buches. Von Frau und Sohn wird er getrennt. Immer auswegloser wird seine Lage. Ganz allein ist er schließlich. Und es ist ein Kunstwerk für sich, wie Arno Geiger der Sprache dieser Briefe allmählich die Hoffnung entzieht, bis nur noch ein stumpfes Grau übrig bleibt."[1]

■ *Analysieren Sie die Sprache Arno Geigers mithilfe der Tabelle. (Aufgabe 2)*

Formulierung	sprachlich-rhetor. Mittel	Aussage/Funktion/Wirkung

In Abhängigkeit von den zur Verfügung stehenden Zeitressourcen können die auf dem Arbeitsblatt 16 tabellarisch vorgeschlagenen Aussagen von den Schülern in **Kleingruppen** in Gänze erarbeitet werden. Alternativ können die Zitate in Anbetracht ihrer Menge auch aufgeteilt werden und es kann arbeitsteilig vorgegangen werden, z. B. indem der eine Teil des Kurses sich die Tabelle von oben erarbeitet, während der andere unten beginnt. Im Fall eines solchen arbeitsteiligen Vorgehens kann vor der Besprechung im Plenum im Sinne eines kooperativen Arbeitens eine Partnerarbeitsphase („Partnerpuzzle") eingeschoben werden. In dieser wird jeder Schüler zum Experten für die von ihm erarbeiteten sprachlichen Aussagen, die er seinem Mitschüler vorstellt und funktional erläutert.

■ *Stellen Sie einem Mitschüler/einer Mitschülerin Ihre Teilergebnisse vor. Schlagen Sie dafür gemeinsam die jeweilige Textstelle nach und lesen Sie einige Zeilen vor und nach dem Zitat.*

Im Anschluss gilt es, die Einzelergebnisse zusammenzuführen. Auf der Grundlage dieser Deutungshypothese werden dann im Anschluss in der **Präsentations- und Auswertungsphase** die Ergebnisse vorgestellt und diskutiert (Aufgabe 3). Ein Lösungsvorschlag zum Arbeitsblatt 16 (Webcode SNG-22744-028) findet sich auf S. 131.

---
[1] https://taz.de/Arno-Geigers-Unter-der-Drachenwand/!5490099/ (23.06.2020)

Baustein 3: Sprache und Erzählen im Roman „Unter der Drachenwand"

■ *Deuten Sie Ihre Untersuchungsergebnisse aus Aufgabe 2. Die Sprache Arno Geigers ist ... (Aufgabe 3)*

| ☒ authentisch | ☐ pathetisch-laut | ☒ nüchtern-sachlich | ☒ beklemmend | ☒ anschaulich |

In der Auswertungsphase ist es sinnvoll, einige der Zitate gemeinsam in ihren Kontext einzubetten, dafür werden die Textstellen nachgeschlagen und im Plenum vorgelesen. Es ist nicht erforderlich, in der Chronologie der Zitate, welche die Tabelle vorgibt, vorzugehen. Vielmehr sollten die Zitate von den Schülern bzw. den Teams vorgeschlagen werden. Für Oberstufenschüler ist es in aller Regel mit terminologischen Schwierigkeiten verbunden, sprachliche Äußerungen fachlich eigenständig und zutreffend zu beschreiben. Ein ergiebiges Unterrichtsgespräch sollte sich daher an den Begrifflichkeiten orientieren, die Aufgabe 3 vorgibt. Die Einschätzungen der Schüler sollten dabei konkret auf einzelne sprachliche Äußerungen bezogen und im Anschluss festgehalten werden.

Beispiel für die ...	Textstelle	Aussage/Funktion/Wirkung
beklemmende Sprache Oskar Meyers durch eine Personifikation	„ich bin bestürzt, dass mich das Leben so in die Ecke tritt" (S. 261)	Verdeutlichung des unbegreiflichen Verbrechens an Oskar Meyers Familie
nüchtern-sachliche Sprache Veits durch eine rhetor. Frage	„Was kann es Besseres geben, als am Leben zu bleiben?" (S. 8)	Hoffnung auf ein besseres Meyer-scheres Leben in der Zukunft
authentische Sprache durch eine militärisch-technische Metapher	„Ein Abrüsten hatten sie mir verweigert." (S. 18)	Betonung des Zwangs zum totalen Krieg
anschauliche Sprache des Brasilianers durch eine Metapher	„Firma für Blut und Boden" (S. 136)	sarkastischer Hinweis auf Unmenschlichkeit der Nationalsozialisten und Hitlers

Als eine denkbare inhaltliche und formale **Vertiefung** im Plenum kann die Sprache Arno Geigers mit der anderer Autoren, deren Texte im Unterricht behandelt wurden, verglichen werden.

■ *Vergleichen Sie die Sprache der Figuren Arno Geigers mit der anderer Figuren aus Texten, die Sie bereits gelesen haben, z. B. Kleists „Die Marquise von O...", E. T. A. Hoffmanns Erzählung „Der Sandmann" oder Franz Kafkas „Die Verwandlung". Benennen Sie Gemeinsamkeiten und Unterschiede.*

Als schriftliche **Vertiefung** zum Ausgang der Unterrichtsstunde oder als **nachbereitende Hausaufgabe** kann die vierte und letzte Aufgabe des Arbeitsblatts 16 herangezogen werden:

■ *Erläutern Sie die folgende Aussage anhand ausgewählter Zitate in Ihrem Kursheft (Aufgabe 4).*

> „Der Autor muss sprachlich nie forcieren. Gerade die schlichten, oft absichtslos poetischen Worte, mit denen Veit, Nanni, Oskar und die anderen von frommen Wünschen und vom täglichen Entsetzen sprechen, übertrumpfen jedes Pathos."[1]

---

[1] Buchkritik zu „Unter der Drachenwand": Arno Geigers gelingt ein klemmender Kriegsroman [sic], General-Anzeiger, 10.01.2018, www.general-anzeiger-bonn.de/news/kultur-und-medien/ueberregional/arno-geigers-gelingt-ein-klemmender-kriegsroman_aid-43611543 (23.06.2020)

Im Anschluss kann bei Bedarf die Funktion der diagonal gesetzten Schrägstriche bzw. Abkürzungen in den Blick genommen werden (vgl. **Arbeitsblatt 17**, S. 132, Webcode SNG-32744-029). Insbesondere der Schrägstrich ist eine formale Novität im Roman „Unter der Drachenwand", der – durchschnittlich mehr als einmal pro Seite – mitten im Absatz ein Zeichen setzt. Mancher Rezensent fühlt sich mit Andreas Platthaus an den experimentierfreudigen Arno Schmidt erinnert, der in seinem literarischen Werk auf „die narrativen Möglichkeiten typografischer Effekte" setzte.[1] Es ist insgesamt nicht zu erkennen, dass dem Schrägstrich eine inhaltliche Funktion zukommt, vielmehr signalisiert er eher ein kurzes Innehalten, eine Pause im Leseprozess. Dem Schrägstrich kommt eine Strukturierungsfunktion zu und er erinnert ein wenig an den Verfremdungseffekt. Der Autor selbst begreift den von ihm angewandten Schrägstrich mit „einem Gedicht, es ist mehr als ein Punkt und weniger als ein Absatz. Ich wollte ein zusätzliches formales Gestaltungselement, an das man sich ja nach zwei, drei Seiten [...] rasch gewöhnt hat. Irgendwie auch in dem Wunsch [...], dass ich so diese ganz konventionelle Romanform wenigstens in einem Detail breche, um zu signalisieren, für mich ist das mehr als einfach nur ein Roman"[2]. So wirken die ungezählten Schrägstriche im Ganzen wie „kleine Störelemente", „eine runde, abgeschlossene Episode wird hier nicht erzählt"[3].

Gleiches gilt für Geigers Entscheidung, die Namen „Führer" oder „Hitler" nicht in den Mund zu nehmen. Für einen Roman, der im Dritten Reich spielt, ein außergewöhnlicher Anspruch. Stattdessen liest man nur von dem „F." oder auch von „H.". Es ist offensichtlich, dass Arno Geiger die Sprache der Nationalsozialisten meiden will: „Ich wollte nicht, dass diese Wörter meinen Roman verpesten, ich wollte sie nicht drinnen haben. Aber gleichzeitig bin ich ein sehr sprachbewusster Autor und weiß, dass diese Wörter heute etwas anderes bedeuten, als sie damals bedeutet haben. Also heute sind das verurteilte Wörter, während man sie damals ganz selbstverständlich verwendet hat. [...] So versuche ich sprachlich, den Dingen wieder ihren Gehalt zu geben. Deshalb weiche ich bestimmten Wörtern auch bewusst aus. Aber der Hauptgrund ist, dass ich diese Wörter nicht in meinem Roman drin haben wollte. Das ist schlechte Sprache. Ich bin Hölderlin-Preisträger, also muss man als Schriftsteller eine Sprache finden, die angemessen ist. Das ist ein heute geschriebener, von mir geschriebener Roman. Ich brauche keine Landsersprache, und trotzdem ist der Roman authentisch."[4]

Die Schüler erhalten zu **Beginn** das Arbeitsblatt 17 (S. 132). In Abhängigkeit von den zur Verfügung stehenden Zeitressourcen ist es denkbar, die beiden Untersuchungsaspekte des Arbeitsblattes aufzuteilen. So kann die eine Hälfte der Lerngruppe den Blick auf die formale Besonderheit des Schrägstriches richten. Die ersten beiden Aufgaben des Arbeitsblattes lassen sich hierfür gut in **Kleingruppen** bearbeiten:

- *Bereiten Sie in Kleingruppen den mündlichen Vortrag von einer der folgenden Textstellen vor. Diskutieren Sie gemeinsam, wie Sie die Schrägstriche wirkungsvoll in Ihr Vorlesen integrieren könnten (A: S. 30/Z. 8 – S. 31/Z. 6; B: S. 37/Z. 25 – S. 38/Z. 29; C: S. 52/Z. 7 – S. 53/Z. 21).*

- *Bestimmen Sie im Anschluss an Ihr Vorlesen mögliche Funktionen des Schrägstrichs für den Autor. Begründen Sie Ihre Wahlentscheidung anhand Ihrer Vorleseerfahrung.*

---

[1] www.faz.net/aktuell/feuilleton/buecher/rezensionen/belletristik/arno-geigers-meisterlicher-roman-unter-der-drachenwand-15381048.html (23.06.2020)
[2] www.deutschlandfunkkultur.de/arno-geiger-ueber-seinen-roman-unter-der-drachenwand-jede.1270.de.html?dram:article_id=407604 (23.06.2020)
[3] www.profil.at/kultur/arno-geiger-unter-drachenwand-8615616 (23.06.2020)
[4] www.ardmediathek.de/ard/player/Y3JpZDovL21kci5kZS9iZWl0cmFnL2Ntcy9mZmNjNjg5NS03YmQ1LTRlZGQtOTFhOC05ZmI5Yjc3ZmNhOGM/ (23.06.2020)

Baustein 3: Sprache und Erzählen im Roman „Unter der Drachenwand"

Der Schrägstrich ...				
☐ rhythmisiert.	☐ verlangsamt.	☐ ist unnötig.	☐ dynamisiert.	☐ bricht die Konvention.

Der zweite Teil der Lerngruppe kann dann zeitsparend und ebenfalls in Kleingruppen organisiert an den von Geiger genutzten Abkürzungen arbeiten (Aufgaben 3 – 5).

■ *Die Worte „Führer" und „Hitler" tauchen im Roman nur als Abkürzungen auf. An keiner Stelle werden sie ausgeschrieben (vgl. S. 15/Z. 11 – 14, S. 26/Z. 17, S. 135/Z. 19 – 23, S. 345/Z. 13 – 29). Lesen Sie die angegebenen Textstellen und formulieren Sie eine Deutungshypothese.*

■ *„Ich wollte nicht, dass diese Wörter meinen Roman verpesten, ich wollte sie nicht drinnen haben. Aber gleichzeitig bin ich ein sehr sprachbewusster Autor und weiß, dass diese Wörter heute etwas anderes bedeuten, als sie damals bedeutet haben. Also heute sind das verurteilte Wörter, während man sie damals ganz selbstverständlich verwendet hat. […] So versuche ich sprachlich, den Dingen wieder ihren Gehalt zu geben. Deshalb weiche ich bestimmten Wörtern auch bewusst aus. Aber der Hauptgrund ist, dass ich diese Wörter nicht in meinem Roman drin haben wollte. Das ist schlechte Sprache. Ich bin Hölderlin-Preisträger, also muss man als Schriftsteller eine Sprache finden, die angemessen ist […]."[1] Erläutern Sie die Aussage des Autors und diskutieren Sie ihre Schlüssigkeit.*

■ *Ein Schüler sagt: „Ich finde es feige, dass der Autor auf die Worte ‚Führer' und ‚Hitler' verzichtet. So haben die Menschen damals nun mal gesprochen." Erörtern Sie das Für und Wider dieser Aussage.*

Nach Beendigung der **Erarbeitung** werden die Teilergebnisse in einer **Auswertungsphase** im Plenum vorgestellt und diskutiert. Steht ausreichend Arbeitszeit zur Verfügung, kann vor dieser gemeinsamen Auswertung im Plenum eine arbeitsteilige Partner- oder Kleingruppenarbeit eingeschoben werden. In ihr stellen sich die Schüler ihre unterschiedlichen Ergebnisse vorab in Form eines Kurzreferats vor. Dann erst beginnt in diesem Fall die Auswertungsphase. Dafür startet die Sequenz abschließende Phase mit der **Lesung** der angegebenen Textstellen. Durch seine persönliche und intime Sprache eignet sich der Roman „Unter der Drachenwand" sehr gut für das Vorlesen. Im Idealfall wird eine der angegebenen Textstellen zuerst unter Verzicht auf sämtliche Schrägstriche mündlich vorgetragen, im zweiten Versuch werden die Schrägstriche bei der Lesung funktional berücksichtigt. Im Vergleich beider Fassungen kann die rhetorische Funktion des Schrägstrichs erfasst werden.

■ *Was ist Ihnen bei der Lesung aufgefallen? Wie haben beide Versionen auf Sie gewirkt?*

■ *Halten Sie Geigers Schrägstriche für funktional und durchdacht oder eher für eine unbedeutende Marotte?*

---

[1] www.ardmediathek.de/ard/player/Y3JpZDovL21kci5kZS9iZWl0cmFnL2Ntcy9mZmZmNjg5NS03YmQ1LTRlZGQtOTFhOC05ZmI5Yjc3ZmNhOGM/ (23.06.2020)

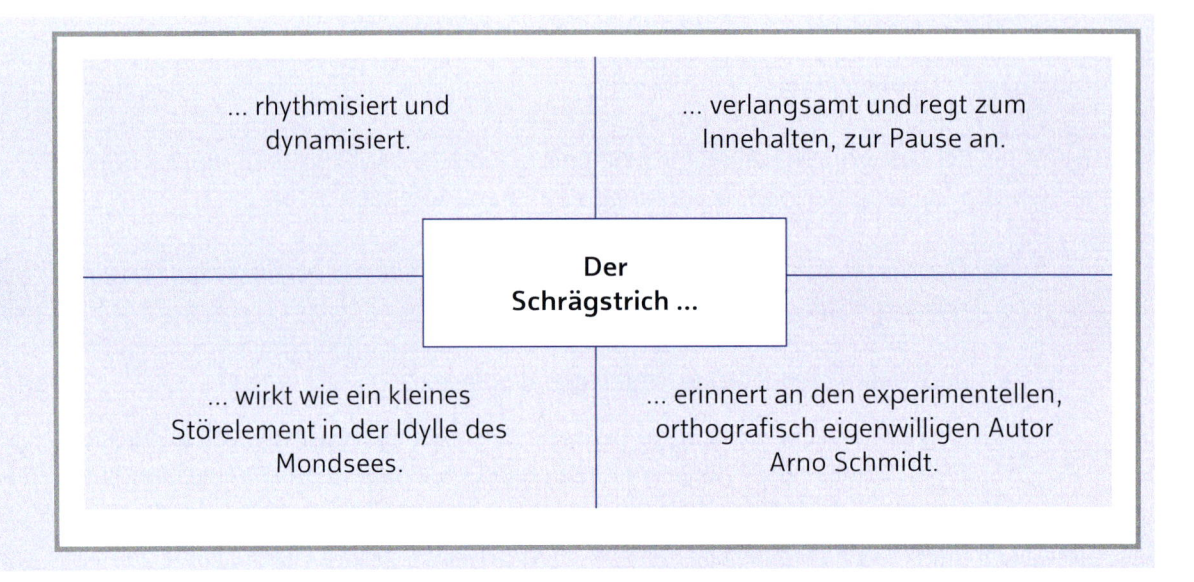

Baustein 3: Sprache und Erzählen im Roman „Unter der Drachenwand"

```
                    ... rhythmisiert und              ... verlangsamt und regt zum
                       dynamisiert.                   Innehalten, zur Pause an.

                                        Der
                                    Schrägstrich ...

                    ... wirkt wie ein kleines         ... erinnert an den experimentellen,
                    Störelement in der Idylle des     orthografisch eigenwilligen Autor
                          Mondsees.                           Arno Schmidt.
```

■ Führen Sie selbst heute Abend Tagebuch. Notieren Sie Ihre Gedanken und Ideen zu den Geschehnissen des Tages bzw. den Hoffnungen und Erwartungen für den morgigen Tag. Bauen Sie dabei sinnvolle Schrägstriche in Ihren Text ein.

3.5 Zur Rolle des Tagebuchschreibens und Erzählens – Was Veit Kolbe heilt

„Unter der Drachenwand" ist ein Antikriegsroman, ein Liebesroman und auch ein Gesellschaftsroman. Er ist zugleich aber auch ein Roman über das Schreiben. Denn die Erzählstimmen, die Arno Geiger in seinem Text zu Wort kommen lässt, äußern sich zumeist in Form von Briefen oder Tagebuchbucheinträgen. Neben den dominierenden Aufzeichnungen des jungen Wehrmachtssoldaten sind es die zugleich hart- und warmherzigen Briefe der Mutter Margots aus dem zerbombten südhessischen Darmstadt und die von einer intensiven, aber verbotenen Liebe zeugenden Briefe des verzweifelten Kurt Ritler aus Wien an seine landverschickte Freundin Nanni Schaller. Die immer mut- und hoffnungsloser werdenden Briefe des Zahntechnikers Oskar Meyer sind erschütterndes Zeugnis jüdischer Fluchten vor dem erbarmungslosen Naziterror. Immer ist es das Schreiben, mit dessen Hilfe sich die ganz unterschiedlichen Menschen ihrer selbst vergewissern und sich das vergangene Geschehen in Erinnerung rufen, um es einordnen und bewerten zu können. Das Schreiben selbst lässt die Figuren zur Ruhe kommen, es dient als Medium der Selbstvergewisserung und Selbstkundgabe, auch, indem es ermöglicht, in die Zukunft zu blicken, zu planen, zu verwerfen, in jedem Fall zu hoffen. Schreiben als Moment der Verlangsamung, des Innehaltens und der Reflexion ist für Arno Geiger nicht nur ein Kennzeichen guter Autorschaft, sondern ein allgemeinmenschliches Merkmal gelingenden Lebens: „Erfahrungen müssen reflektiert und verarbeitet werden. Oft fehlt das Innehalten, das nötig ist, um Erfahrung umzuwandeln in Lebenserfahrung. [...] Erzählen hat nicht Ergebnisse zum Gegenstand, sondern Ereignisse. Ich schreibe nicht über Zustände, sondern über Vorgänge, innere und äußere, darauf vertrauend, dass das Erzählen ein besseres Verständnis dieser Vorgänge ermöglicht."[1] Dieser Idealvorstellung entspricht Geigers Protagonist Veit Kolbe nahezu in Gänze: In Mondsee unter der Drachenwand angekommen, schläft er anfangs zwölf Stunden in der Nacht, den Tag nutzt er vorwiegend zum Briefeschreiben und zur Arbeit an seinem Tagebuch. So wirkt er zu Beginn noch wie ein Fremdkörper im

[1] Arno Geiger: Dankrede, a. a. O., S. 20f.

Dorf, der zwar da ist, am dörflichen Leben aber kaum teilhat, weil er sich auf das Beobachten und Nachdenken beschränkt. Dieses Sichherausziehen kann aber als Voraussetzung für seine kommende Heilung angesehen werden. Neben Margot und ihrer Liebe ist es vor allem die Selbstreflexion und das Nachdenken über das bisherige Leben, das Kolbe im Kampf gegen sein posttraumatisches Belastungssyndrom, das sich in regelmäßigen Angstattacken zeigt, hilft. Wenn die Bilder auf ihn einstürzen und er seinen zitternden Körper nicht mehr kontrollieren kann, er bewegungsunfähig wird und unter Schweißausbrüchen leidet, wirkt er wie ein hilf- und planloses Lebewesen, das akzeptieren muss, was mit ihm geschieht. Es ist das sich im Schreiben seinen Weg suchende Denken des zunehmend autonomer werdenden Menschen, das ihm einen Ausweg aus seinem Dilemma zeigt, das ihn ermutigt, inneren Widerstand zu leisten und auf ein Ende des unmenschlichen Krieges zu hoffen. Für Kolbe ist das „Schreiben [...] eine besondere Art, Angst zu haben [...]." Erzählend füllt er die „Leerstellen [s]iner Existenz"[1] und bekommt sie so mit Sinn gefüllt, so Meike Fessmann.

Zum **Einstieg** erhalten die Schüler das **Arbeitsblatt 18** (S. 133, Webcode SNG-22744-030) und äußern sich zur Abbildung, die einen schreibenden Wehrmachtssoldaten zeigt. Die Schüler können auch bei Bedarf auf eigene Erfahrungen mit dem Tagebuchschreiben zu sprechen kommen.

> ■ *Erläutern Sie den Vorgang. Bis heute liegen der Geschichtswissenschaft unzählige Briefe deutscher Soldaten aus dem Feld nach Hause vor. Wie ist das zu erklären?*
>
> ■ *Schreiben Sie selbst Tagebuch oder haben es einmal getan? Welche Erfahrungen haben Sie dabei gemacht? Welche Vor- und Nachteile bringt es mit sich?*

Im Anschluss folgt der Transfer auf den Roman und seinen Protagonisten (Aufgabe 1):

> ■ *Alles, was der Leser/die Leserin über die Figuren des Romans „Unter der Drachenwand" erfährt, bekommt er/sie in Form von Briefen und Tagebucheinträgen vermittelt. Auch Veit Kolbe ist ein eifriger Schreiber. Welche der folgenden Gründe für das Führen eines Tagebuchs treffen Ihrer Meinung nach auf Arno Geigers Protagonisten zu? Begründen Sie.*

Tagebuchschreiben ...			
☐ entschleunigt.	☐ hellt die Stimmung auf.	☐ hilft bei Krisenbewältigung.	☐ fördert Empathie.
☐ intensiviert.	☐ löst Denkblockaden.	☐ verbessert Sozialkompetenz.	☐ verschafft Klarheit.

Die Schüler äußern ihre spontanen Einschätzungen und begründen sie im Idealfall an einer Textstelle, die ihnen noch in Erinnerung geblieben ist. Im Anschluss leitet die Lehrkraft zur **Erarbeitungsphase** über, die eine systematischere Beschäftigung mit der Rolle bzw. Funktion des Schreibens und Erzählens für Veit Kolbe erfordert. Im Idealfall schlagen die Schüler die angegebenen Textstellen nach und werden so in die Lage versetzt, das jeweilige Zitat in seinen Erzählkontext einzubetten und die persönliche Entwicklung Veit Kolbes (vgl. 2.2) in den Blick zu nehmen (Aufgabe 2):

> ■ *Überprüfen Sie Ihre Einschätzungen anhand der folgenden Zitate textnah. Welche Folgen hat das Schreiben für Veit Kolbe im Verlauf seines Jahres am Mondsee?*

---
[1] www.sueddeutsche.de/kultur/arno-geiger-drachenwand-buchkritik-1.3817997 (23.06.2020)

> „Und fast ein jeder versuchte, seine Geschichte loszuwerden. Vielleicht, wenn man die eigene Geschichte erzählt, findet sie eine Fortsetzung." (S. 10/Z. 29 ff.)
>
> „Dann setzte ich mich neben den Ofen, damit mir die Tinte nicht einfror, und schrieb." (S. 41/Z. 1 ff.)
>
> „Dabei schrieb ich in letzter Zeit so viel wie noch nie in meinem Leben, es war ja egal, was ich mit meiner Zeit anfing, es ging alles vom Krieg ab." (S. 73/Z. 23 ff.)
>
> „Ich lag im Bett bis zum Vormittag und schrieb." (S. 129/Z. 7 ff.)
>
> „Wenn ich Tagebuch schrieb, brauchte ich nichts als eine Tasse schwarzen Kaffee und hatte nie das Bedürfnis, von dem kleinen Tisch aufzustehen und eine Kleinigkeit zu essen. Ich schrieb und schrieb, und zwischendurch nahm ich einen Schluck Kaffee." (S. 167/Z. 19 ff.)
>
> „Es ist immer noch hell genug zum Schreiben." (S. 330/Z. 1)
>
> „Ich bin immer noch in dieser Scheune, meine Lage zum Schreiben kannst du dir vorstellen, auf dem Boden liegend, etwas Heu unter dem Arm, so ungefähr." (S. 396/Z. 7 ff.)
>
> „Margot sagte, sie habe sich wochenlang gefragt: Was macht er immer da drüben? Was ist das für ein Mensch, der immer nur an Papier und Tintenduft denkt?" (S. 472/Z. 14 ff.)
>
> alle Zitate: Arno Geiger: Unter der Drachenwand. dtv: München 2019, Originalausgabe © 2018 Carl Hanser Verlag GmbH & Co. KG, München

In der gemeinsamen **Auswertungsphase** im Anschluss sollte deutlich werden, dass – bei allen Rückschlägen durch Angstattacken, die für Veit anfangs nur durch die Einnahme der Wehrmachtsdroge Pervitin zu kontrollieren sind – die Entwicklung Kolbes im Laufe des Jahres 1944 eine langsame, aber stetige Besserung aufweist. Dafür können die folgend aufgeführten Textstellen im Plenum gelesen und in den Entwicklungsprozess Kolbes von einem hilflosen Rad im Getriebe des Krieges zu einem reiferen, nachdenklichen und erwachsenen Antimilitaristen, für den der totale Krieg der „totale Betrug" (S. 345) ist, eingeordnet werden.

Tagebuch schreiben ...	
entschleunigt.	Veit entkommt der Bombenhölle an der Front (vgl. S. 49).
hellt die Stimmung auf.	Er entwickelt „Selbstbewusstsein" (vgl. S. 200).
hilft bei Krisenbewältigung.	Er will „seine Geschichte loswerden" (S. 10 f.).
fördert Empathie und verbessert Sozialkompetenz.	Nach dem Schreiben redet er häufig mit Margot und dem Brasilianer im Gewächshaus oder er spielt mit Lilo.
intensiviert.	Er summt vor Glück ununterbrochen (vgl. S. 468).
löst Denkblockaden.	Er will „mit dem [...] Scheiß nichts mehr zu tun haben" (S. 313).
verschafft Klarheit.	Er hält das Ansehen des Krieges für einen „Irrtum" (S. 81).

⬇

Schreiben ermöglicht Selbstbefragung und -vergewisserung und führt zur Entwicklung von Selbstbewusstsein und -vertrauen.

Baustein 3: Sprache und Erzählen im Roman „Unter der Drachenwand"

Das Romanende zeigt keinen vollständig geheilten und genesenen Protagonisten, aber einen selbstbewussten, verantwortungsvollen, realistischen und lebenshungrigen jungen Menschen, der in seiner Angst „nicht allein" (S. 468) ist und der auch in gefährlichen Situationen gut gelaunt und ununterbrochen summt (vgl. S. 469). Der Veit Kolbe des Romanschlusses hat Autonomie und Freiheit zurückgewonnen, er besitzt „endlich ein eigenes Leben" (S. 469). Zu dieser Entwicklung hat das Tagebuchschreiben seinen wichtigen Anteil geleistet, ebenso wirksam sind hier die vielen und tiefen abendlichen Gespräche mit dem Brasilianer und mit Margot im Gewächshaus. Das Schreiben und das Erzählen hat für Kolbe, dem kein Psychoanalytiker zur Verfügung steht, therapeutischen Charakter. Indem er akribisch wiederholt und aufzeichnet, was ihm in den letzten fünf Kriegsjahren widerfahren ist, vergewissert er sich seines Lebens. Seine tagebuchartigen Selbstreflexionen führen nicht zu völliger Heilung, aber in jedem Fall zu einer neuen Selbstverortung und Einschätzung der eigenen Situation: „Wie weit die Verzerrung des eigenen Wesens schon vorangeschritten ist, merkt man erst, wenn man wieder unter normale Menschen kommt." (S. 42) Kolbe reflektiert, dass bei ihm „alles Krieg" ist und er sich das „abgewöhnen" muss (S. 53). Im Nachdenken und Schreiben wird der junge Soldat zum Pazifisten: „Das gute Ansehen des Krieges beruht auf Irrtum." (S. 81) In der Erinnerung, die das Schreiben erzwingt, wird Kolbe die „Schönheit des Lebens" und die „Sinnlosigkeit des Krieges" bewusst, denn „was war der Krieg anderes als ein leerer Raum, in den schönes Leben hineinverschwand?" (S. 327). Das Nachdenken und Nachschreiben im Akt des Tagebuchführens macht aus Kolbe einen Widerstand formulierenden Pazifisten: „Ist es wirklich der Krieg, wozu ich bestimmt bin? War ich nicht eigentlich zu etwas anderem bestimmt?" (S. 439) Aus dem Menschen, der „immer nur an Papier und Tintenduft denkt" (S. 472) und der versucht, „seine Geschichte loszuwerden" (S. 10f.), ist ein selbstbewusster, sein Glück einfordernder junger Mann geworden, der weiß, „wenn man die eigene Geschichte erzählt, findet sie eine Fortsetzung" (S. 11). Das Schreiben, das langsame Nachdenken über das Vergangene und das folgende Zu-Papier-Bringen der Gedanken macht im Laufe eines Jahres aus einem Menschen, der anfangs „nicht zu Bewusstsein" kommt und „das Erlebte nicht fassen" (S. 21) kann, einen hoffenden jungen Menschen, der in seiner Angst „nicht mehr allein" (S. 468) ist und der selbstbewusst darauf besteht, „endlich ein eigenes Leben" (S. 469) zu besitzen. Mit Jörg Magenau wird „das Schreiben zur zivilisatorischen Kraft, stark genug, um auch die Traumata zu bearbeiten. Und auch die Liebe ist ein Geschehen, das erst im Erzählen und in der Reflexion mit aller Kraft wirklich wird"[1].

In einem Interview mit der Journalistin Andrea Gerk, die die lebensstabilisierende und heilende Funktion des Erzählens betont und die Veit Kolbe für einen Schriftsteller hält, bestätigt Arno Geiger selbst diese Einschätzung, dass die Stärke des (Tagebuch-)Schreibens in der Verlangsamung liegt: „Also beim Schreiben denke ich über die Welt nach, über mich selber, wo stehe ich, was ist mir widerfahren. Der Krieg hat eine unglaublich mobile Gesellschaft erzeugt, also alle Familien waren auseinandergerissen, und damals war das auch eine ganz normale Form der Kommunikation, das Schreiben. Und es hat so was Momenthaftes. Ich wollte den Roman ja nicht retrospektiv erzählen, aus Sicht von heute, sondern ich wollte in die Figuren hineingehen, so als Kosmonaut des Innenraums […], und habe mich dazu entschieden, dieses unmittelbare Erzählen den Figuren zuzuspielen, dass sie das erzählen, im Moment, wie es ihnen geht, wie sie das erleben."[2]

> *Welche Bedeutung hat die Erkenntnis, dass das Nachdenken und Schreiben, dass Selbstreflexion und Innehalten positive Auswirkungen auf den Einzelnen/ die Einzelne haben, für uns heute?*

---

[1] www.deutschlandfunkkultur.de/arno-geiger-unter-der-drachenwand-fronturlaub-am-mondsee.950.de.html?dram:article_id=407667 (23.06.2020)

[2] www.deutschlandfunkkultur.de/arno-geiger-ueber-seinen-roman-unter-der-drachenwand-jede.1270.de.html?dram:article_id=407604 (23.06.2020)

> ■ *Wir leben heute in einer überwiegend medial vermittelten Wirklichkeit. Fernsehen, Internet und soziale Medien wie WhatsApp, Facebook und Instagram beeinflussen unsere Wahrnehmung der Welt, aber auch unsere Selbstwahrnehmung. Wie beurteilen Sie diese Entwicklung vor dem Hintergrund der Erfahrungen Veit Kolbes?*
>
> ■ *Sollten junge Menschen Tagebuch schreiben? Warum ist das sinnvoll? Begründen Sie Ihre Einschätzung.*
>
> ■ *Junge Menschen schreiben heute nicht weniger, aber anders. Ihre Texte sind kürzer und diskontinuierlicher. Kann das Verfassen von Textnachrichten oder das Versenden von Emojis bei sozialen Netzwerken ein adäquater Ersatz für das Tagebuchschreiben sein? Erläutern Sie Ihre Einschätzung.*

Die dritte und letzte Aufgabe des Arbeitsblattes 18 kann im Unterricht als vertiefender Impuls, aber auch gut als nachbereitender Schreibauftrag, z. B. als **Hausaufgabe**, eingesetzt werden. Für diesen produktionsorientierten Schreibauftrag können sich die Schüler die Zitate über die Funktion des Schreibens für Veit Kolbe zunutze machen und in ihren eigenen Text integrieren. Alternativ können die Schüler auch in Partnerarbeit Interviews mit Veit Kolbe ausarbeiten, in denen dieser zu der Bedeutung des Tagebuchschreibens Auskunft gibt.

> ■ *„Schreiben ist eine besondere Art, Angst zu haben. Erzählend fülle ich die Leerstellen meiner Existenz."[1] Erläutern Sie aus der Sicht Veit Kolbes das Zitat Arno Geigers anhand seiner eigenen Biografie und seines Jahres am Mondsee.*
>
> ■ *Erarbeiten Sie in Partnerarbeit ein Interview mit Veit Kolbe. Darin soll der Soldat Auskunft über die Bedeutung des Tagebuchschreibens für sein Leben geben. Schreiben und spielen Sie das Gespräch.*

3.6 Ein moderner Gegenwartsroman als Beitrag zur Vergangenheitsbewältigung

„Unter der Drachenwand" ist ein 2018 veröffentlichter Roman. Insofern ist er Teil der aktuellen Gegenwartsliteratur. Dabei rückt das Erzählsujet weit zurück in die Vergangenheit. Mit seinem Helden Veit Kolbe, der 1944 die letzten grauenvollen Monate des Zweiten Weltkriegs schonungslos für sich und für die Tätergeneration beschreibt, stellt der Roman keine Ausnahme dar. In der aktuellen Gegenwartsliteratur ist der Zweite Weltkrieg das Thema der Stunde. Neben Arno Geigers von der Kritik gefeiertem Antikriegsroman sorgen auch Ralf Rothmann („Im Frühling sterben") oder Ursula Krechel („Geisterbahn") für Aufsehen. Norbert Scheuer erzählt in seinem Roman „Winterbienen" von einem während der Nazizeit um sein Überleben kämpfenden Gymnasiallehrer, der als Epileptiker unter den Nationalsozialisten leidet und der dennoch nicht davon abläßt, jüdische Mitbürger vor dem sicheren Tod zu bewahren. Auch Saša Stanišić' Roman „Herkunft", 2019 mit dem Deutschen Buchpreis ausgezeichnet, erzählt von den Folgen des Krieges, in diesem Fall dem Zerfall Jugoslawiens, für den nach Deutschland flüchtenden Menschen und seiner schwierigen Ankunft in dem reichen Land, in dem zu dieser Zeit die Asylbewerberheime in Brand gesetzt werden. Arno Geigers Roman stellt im Hinblick auf sein Thema also gegenwärtig keine Ausnahme dar. Es ist ein moderner Roman des 21. Jahrhunderts, der sich moderner erzählerischer Mittel bedient, um den Beharrungswillen des Individuums zu beschreiben, das sich vom offensichtlichen

---
[1] www.sueddeutsche.de/kultur/arno-geiger-drachenwand-buchkritik-1.3817997 (23.06.2020)

Untergang der nazideutschen Gesellschaft nicht beeindrucken lässt, sondern im Gegenteil seine Wiederauferstehung zelebriert. Wie Saša Stanišić in seinem Roman „Herkunft" beeindruckt auch Arno Geiger durch die poetische Fähigkeit, Hoffnung und Horror, Zuflucht und Heimatlosigkeit, überfließendes Glück und tiefe Traurigkeit als sich ergänzende Facetten des Lebens zu beschreiben. Am Ende setzt sich die Liebesgeschichte des Romans gegen die Tristesse des Antikriegsromans durch: Sein Protagonist Veit Kolbe wird durch die bedingungslose Liebe der jungen, ebenfalls kriegsversehrten Darmstädterin Margot geheilt, er verlässt Mondsee als veränderter, neuer Mensch mit einem neuen Blick auf die lange Zeit unverstandene, hermetische Welt, die er jetzt zu begreifen versteht.

In dieser Teilsequenz sollen die modernen erzählerischen Mittel in den Blick gerückt werden, mit deren Hilfe Geiger sein vielschichtiges Gesellschaftspanorama mittels eines Stimmenchors entwirft. Geiger verzichtet – typisch für modernes Erzählen – auf einen die absolute Übersicht behaltenden, souverän über seine Geschichte und die Figuren verfügenden Erzähler. Ebenfalls kennzeichnend für moderne Erzählformen nimmt er auch weniger das äußere Geschehen in Kolbes Rückzugsjahr am Mondsee im Salzkammergut in den Blick. Äußerlich geschieht tatsächlich sehr wenig in der ländlichen, scheinbar kriegsfernen Idylle, der Alltag dort scheint von Monotonie und Gleichklang geprägt. Vielmehr werden die inneren, seelischen Probleme der Protagonisten thematisiert: Kolbe muss sein in fünf Jahren an der Front erlittenes Kriegstrauma heilen, und er merkt alsbald, dass ihm dafür die Nazidroge Pervitin – heute spricht man von Crystal Meth – keinen dauerhaften Ausweg bietet. Margots Mutter in Darmstadt versucht, ihren Alltag in der zerbombten südhessischen Stadt mit den grausamen Absurditäten des Krieges in Balance zu bringen, was in der Regel misslingt und zu einer veränderten Wirklichkeitsdarstellung und -wahrnehmung beiträgt. Kurt Ritler scheitert daran, den Versuch der Gesellschaft, seine große Liebe zu Nanni zu verhindern, in Einklang mit seinem Leben als Jungsoldat zu bringen. Das Innenleben all dieser Figuren, die eher als reduzierte Antihelden oder Außenseiter denn als aktive, das Geschehen beeinflussende Helden zu begreifen sind, lässt sich leichter über das personale Erzählverhalten und die Darstellung der subjektiven Innensicht transportieren; der Leser kann die Denk- und Wahrnehmungsweisen Kolbes, Meyers oder Ritlers so stärker, intensiver und vor allem glaubwürdiger miterleben, als dies durch die Wahl eines bloßen Erzählerberichts möglich wäre. Geigers Erzählen schränkt die Perspektive ein, indem er gerade mehrere Erzählstimmen zu Wort kommen lässt. Als Autor verbirgt er sich so hinter dem Rücken seiner unterschiedlichen Figuren, die den gesellschaftlichen Umbruch – die Kriegszeit – als Krisensituation begreifen, in der sie angesichts der Entfremdung des Menschen von seiner Umwelt, aber auch von sich selbst, zu einem neuen Bewusstsein gelangen können. So meint Arno Geiger selbst: „Bei einem Roman, wenn er vorliegt, handelt es sich um etwas Tatsächliches, etwas Existierendes. Das hat schon etwas Erstaunliches. Und jetzt, da es den Roman gibt, gibt es auch Veit Kolbe und Margot Neff, den Brasilianer und Oskar Meyer. Sie existieren, wie man ja auch Anna Karenina die Existenz nicht gut absprechen kann. [...] Ein Roman soll den Lesern die Möglichkeit bieten, neue Perspektiven auf die Welt auszuprobieren. Ich probiere beim Schreiben Perspektiven aus und biete sie den Lesern probehalber an. Zu versuchen, die Welt mit den Augen der anderen zu sehen, ist nicht nur ein subtiles menschliches Vergnügen, sondern auch eine moralische Pflicht – weil es das beste Mittel gegen jede Art von Radikalität und Fundamentalismus ist. Fundamentalisten weigern sich, die Welt mit den Augen der anderen zu betrachten."[1]

Für die Erarbeitung der Modernität des geigerschen Erzählens wird ein **Lerntempoduett**[2] vorgeschlagen. Die kooperative Lernmethode ermöglicht ein individuelles, an den fachlichen Notwendigkeiten des einzelnen Schülers ausgerichtetes Vorgehen. Die Schüler können auf-

---

[1] www.dtv.de/_files_media/downloads/lesekreis-material-drachenwand-1235.pdf (23.06.2020)
[2] Vgl. Anne A. Huber: Kooperatives Lernen – Kein Problem. Leipzig 2004, S. 57 ff.

grund längerer Einzelarbeitsphasen selbstbestimmend in ihrer eigenen Lerngeschwindigkeit arbeiten. Das Erleben eigener Kompetenzen und Fähigkeiten erhöht dabei, ähnlich wie das wechselseitige Lernen und Lehren, die Arbeitsmotivation und das Interesse am Lernprozess. Im Literaturunterricht bietet sich das Lerntempoduett an, wenn sich das Thema in zwei gleich große, ähnlich strukturierte Teile untergliedern lässt. Eine solche Aufteilung der Lerninhalte ist an dieser Stelle möglich und wird durch eine entsprechende Anlage der **Arbeitsblätter 19a** und **19b** (S. 134 – 135, Webcodes SNG-22744-031 – SNG-22744-032) ermöglicht, die auch das methodische Vorgehen für die Schüler knapp skizzieren. Dieser Ablauf sollte im **Einstieg** gemeinsam im Plenum besprochen werden. Der Lerngruppe sollte deutlich gemacht werden, dass im Mittelpunkt der Sequenz die häufig unterschätzte Arbeitsform der Einzelarbeit steht.

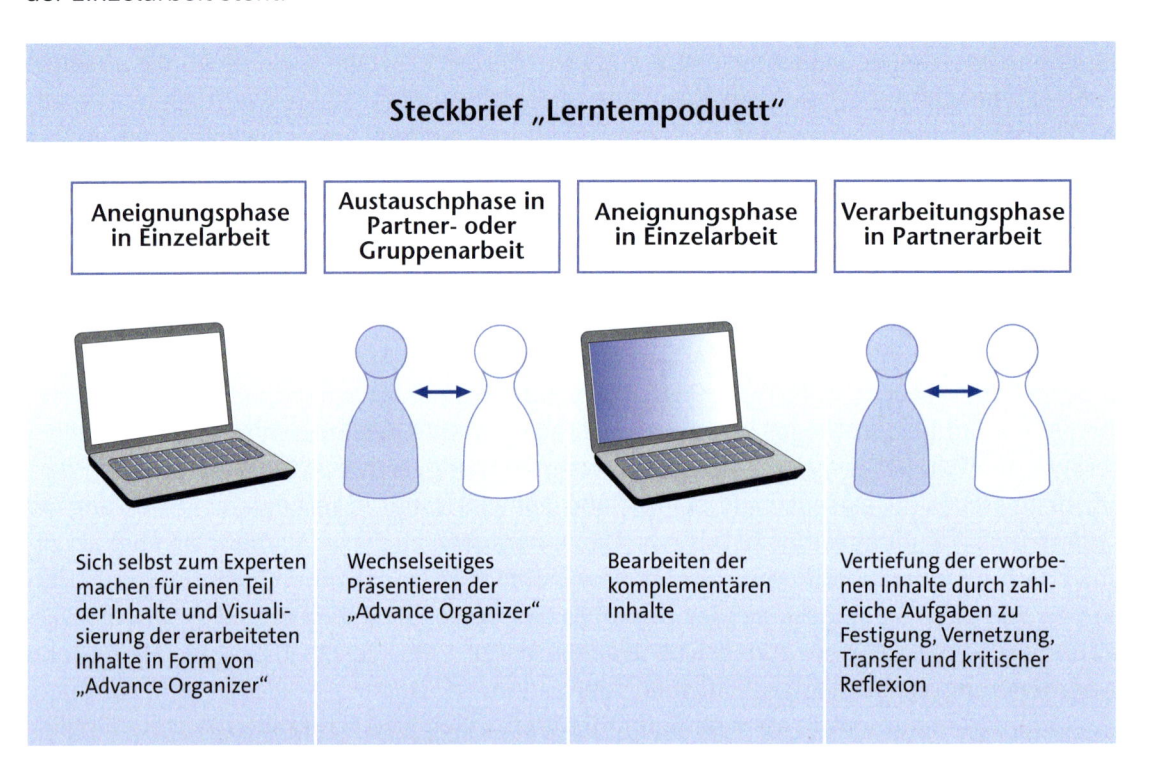

Steckbrief „Lerntempoduett"

Aneignungsphase in Einzelarbeit	Austauschphase in Partner- oder Gruppenarbeit	Aneignungsphase in Einzelarbeit	Verarbeitungsphase in Partnerarbeit
Sich selbst zum Experten machen für einen Teil der Inhalte und Visualisierung der erarbeiteten Inhalte in Form von „Advance Organizer"	Wechselseitiges Präsentieren der „Advance Organizer"	Bearbeiten der komplementären Inhalte	Vertiefung der erworbenen Inhalte durch zahlreiche Aufgaben zu Festigung, Vernetzung, Transfer und kritischer Reflexion

In der ersten sogenannten **Aneignungsphase** erarbeiten die Schüler in Einzelarbeit den ihnen zugeteilten Lerninhalt und versetzen sich auf diese Weise in einen Expertenstatus. In diesem Fall erarbeitet die eine Hälfte der Lerngruppe die Aufgaben 1 und 2 des Arbeitsblattes 19a, die andere Hälfte widmet sich dem entsprechenden Arbeitsblatt 19b. Ist die Lerngruppe nicht in zwei gleich große Hälften teilbar, kann einfach ein Lerntempoterzett gebildet werden. Der Ablauf der Unterrichtsstunde lässt sich zeitsparender gestalten, wenn die Arbeit der ersten Phase in eine vorbereitende Hausaufgabe integriert wird. Jeder Schüler kann nun in seiner eigenen Lerngeschwindigkeit arbeiten.

■ *Lesen Sie den Sachtext und markieren Sie zentrale Aussagen über die Merkmale modernen Erzählens.*

■ *Schreiben Sie diese Merkmale heraus und überprüfen Sie, ob und inwiefern diese Merkmale durch Arno Geigers Roman „Unter der Drachenwand" erfüllt werden.*

Merkmal modernen Erzählens	„Unter der Drachenwand"

Wer die ersten beiden Aufgaben beendet hat, wartet an einem vereinbarten Treffpunkt, z. B. an einer Tür oder einem bestimmten Fenster, bis ein Mitschüler mit dem jeweils anderen, korrespondierenden Arbeitsblatt ebenfalls fertig ist. In der sich nun anschließenden **Vermittlungsphase** informieren sich die zwei gleich schnell Lernenden mit den Texten 19a und 19b jeweils über die von ihnen bearbeiteten Aufgaben (Aufgabe 3 des Arbeitsblattes 19a/b). Dies geschieht im Idealfall in einem separaten Raum.

> ■ *Stellen Sie Ihre Ergebnisse einem Lernpartner/einer Lernpartnerin in Form eines Kurzreferats vor.*

Da sich jeder Schüler in der folgenden Einzelarbeitsphase mit dem ihm fremden Text beschäftigen wird, genügt in dieser Austausch- und Vermittlungsphase eine orientierende, nicht zu tief gehende Präsentation, die die Aufgabe hat, auf die konkrete, detailliertere Textarbeit im Anschluss vorzubereiten und das eigene, in Einzelarbeit erworbene Wissen zu verbalisieren und dadurch zu festigen. Die Präsentation sollte daher in der Regel nicht länger als zwei bis drei Minuten in Anspruch nehmen. Die Lehr-Lern-Forschung hat die praktische Wirksamkeit dieses „Advance-Organizer"-Prinzips als vorbereitende Strukturierungshilfe, bei der sich die Schüler mit fremden Konstrukten auseinandersetzen müssen, nachgewiesen.

In der dritten **Aneignungsphase** wiederholt sich die Einzelarbeit aus der ersten Phase, nur dass nun das bisher fremde Arbeitsblatt 19a oder 19b bearbeitet werden muss.

> ■ *Bearbeiten Sie nun in erneuter Einzelarbeit die ersten beiden Aufgaben des von Ihnen noch nicht gelesenen Arbeitsblatts. Dabei ist es nun von Vorteil, wenn Sie durch das Kurzreferat Ihres Mitschülers bzw. Ihrer Mitschülerin bereits wissen, worum es im Groben geht.*

Die Bearbeitung der Aufgaben des zweiten Arbeitsblattes nimmt häufig etwas weniger Zeit in Anspruch, da die Zielorientierung der Aufgabe bereits durch die erste gemeinsame Austauschphase und Vorbereitung sichergestellt wurde. Sind alle Inhalte angeeignet, wird erneut signalisiert, dass die Arbeit getan ist. Je nach Arbeitstempo bilden sich nun in der letzten, abschließenden **Vertiefungsphase** Gruppierungen, die mit einer (oder mehreren) anspruchsvollen, den Transfer einfordernden Aufgabe das Gelernte verfestigen, vernetzen und vertiefen. Diese Aufgabe kann schon vor Beginn der Arbeitsphase von der Lehrkraft an der Tafel notiert werden:

> ■ *Entwickeln Sie gemeinsam ein Schaubild, das die Ergebnisse Ihrer Arbeit anschaulich zusammenfasst.*

Merkmal modernen Erzählens	„Unter der Drachenwand"
Undeutlichkeit und Unverständlichkeit des Lebens als Erzählziel (19a)	Veit kommt anfangs „nicht zu Bewusstsein und konnte das Erlebte nicht fassen" (S. 21).
Einschränkung der Perspektive auf die Erfahrungen und Erlebnisse eines oder mehrerer Individuen (19a)	Geigers Roman wird von keinem allwissenden Erzähler, sondern von Veit, Lore Neff, Kurt Ritler und Oskar Meyer erzählt.
Erfindung des Antihelden und des Understatements (19a)	Veit Kolbe ist kein klassischer Held, sondern ein gemischter Charakter, ein No-Name.

Baustein 3: Sprache und Erzählen im Roman „Unter der Drachenwand"

Merkmal modernen Erzählens	„Unter der Drachenwand"
„Transzendentale Obdachlosigkeit" als Motiv des Erzählens (19b)	Veit Kolbe ist desillusioniert + allein, er glaubt weder an Gott noch an Ideologien.
Wechsel von Erzählstil und -haltung (19b)	Die Erzählsituation Kolbes ist eine andere als die Oskar Meyers, die Erzählhaltung unterscheidet sich bei Lore Neff und Kurt Ritler.
innerer Monolog als zentrales Kennzeichen modernen Erzählens (19b)	Alle vier Erzählstimmen melden sich in Form von Briefen oder Tagebucheinträgen zu Wort.
verschafft Klarheit	Er hält das Ansehen des Krieges für einen „Irrtum" (S. 81).

⬇

Komplexität der modernen Welt fordert erzähltechnische
Subjektivierung und Perspektivenreichtum
(Polyfonie, Vielstimmigkeit, Dissonanz).

Das Lerntempoduett kann mit einem **Abschlussplenum** enden. Hier können noch offene Fragen beantwortet und ausgewählte Schaubilder präsentiert werden, die Phase sollte jedoch kurz und transferorientiert ausgerichtet sein. Folgende Fragen sind für die Schlussphase denkbar:

- *Inwiefern wird Arno Geigers Erzählweise der „Undeutlichkeit und der Unverständlichkeit des Lebens", wie es im ersten Text heißt, gerecht?*
- *Was versteht der Protagonist Veit Kolbe anfangs nicht und auf welche erzähltechnische Weise wird dieses Unverständnis transportiert?*
- *Im zweiten Text ist von der „Fragmentarisierung des Wirklichen" die Rede. Inwiefern kann man davon im Hinblick auf die verschiedenen Stimmen des Romans „Unter der Drachenwand" sprechen?*
- *Warum kann man bei Arno Geiger tatsächlich nicht mehr von einem allwissenden, allgegenwärtigen, allumfassenden und allmächtigen Autor sprechen? Was macht seine Art des Erzählens modern?*
- *„Ich glaube, dass ich am ehesten ein dreidimensionales Bild von der Welt bekomme, wenn ich sie von verschiedenen Standpunkten aus betrachte. Ich halte das für eine moralische Pflicht."[1] Erläutern Sie anhand des Zitats von Arno Geiger, inwiefern man von der erzählerischen Moralität des Romans „Unter der Drachenwand" sprechen kann.*

Notizen

---

[1] www.fixpoetry.com/feuilleton/kritik/arno-geiger/unter-der-drachenwand (15.05.2020)

Ein Roman – viele Stimmen: Multiperspektivität

1. *Eine formale Besonderheit des Romans „Unter der Drachenwand" besteht darin, dass es nicht nur einen Erzähler gibt, sondern gleich vier. Identifizieren Sie diese vier Erzählstimmen namentlich. Notieren Sie die Textabschnitte, die zu einem bestimmten Erzähler gehören, und errechnen Sie am Ende den prozentualen Anteil, der allen Erzählstimmen mit Blick auf den ganzen Roman zukommt. Zeichnen Sie Ihr Ergebnis in das Tortendiagramm.*

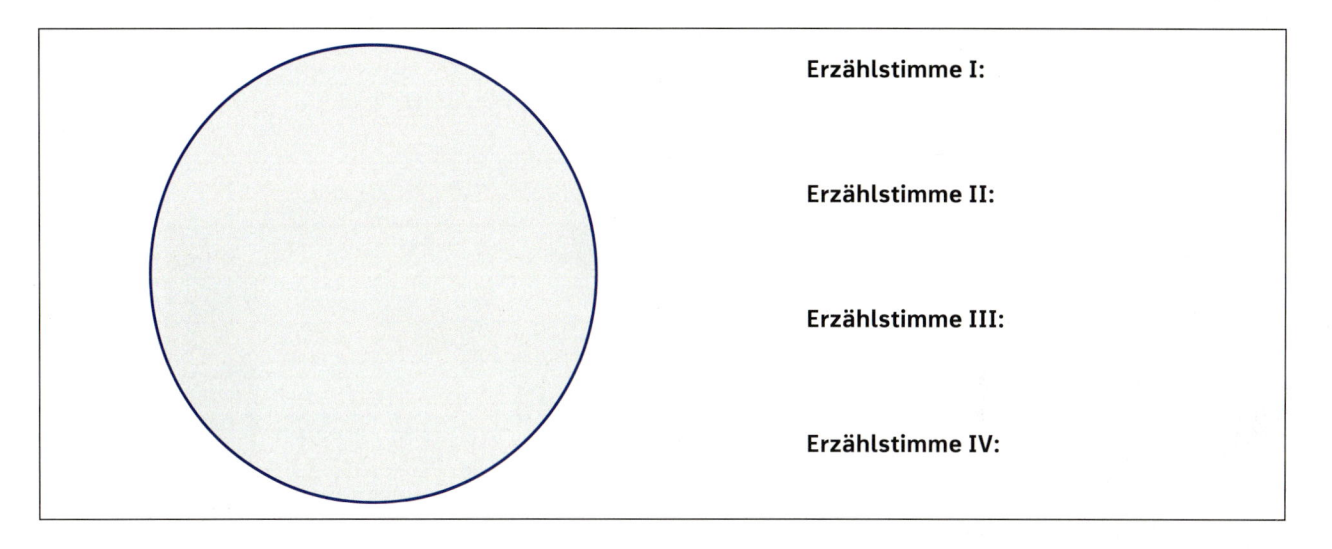

Erzählstimme I:

Erzählstimme II:

Erzählstimme III:

Erzählstimme IV:

2. *Erarbeiten Sie aus Ihrer Romankenntnis sowie ggf. anhand folgender Textstellen, worüber die einzelnen Stimmen informieren bzw. was im Zentrum ihrer Information steht (A: S. 7 – 21, B: S. 85 – 96, C: S. 97 – 110, D: S. 111 – 128).*

_____

_____

_____

_____

_____

3. *Wodurch kann der Leser bzw. die Leserin die unterschiedlichen Erzählstimmen unterscheiden?*

4. *In welcher Beziehung stehen die Figuren zueinander? Treffen sie sich sogar? Was eint sie?*

> „Wenn ich nur zu einem Fenster hinausblicke, das mag dann schon ein schöner Ausblick sein, aber das Gefühl von Welt als etwas Rundem, das bekomme ich durch diese Gleichzeitigkeit von Perspektiven, von perspektivischen Brechungen."
>
> Arno Geigers neuer Roman „Unter der Drachenwand", Vanessa Schneider/Iris Buchheim, Bayerischer Rundfunk, München, 10.01.2018, www.br.de/nachrichten/kultur/arno-geigers-neuer-roman-unter-der-drachenwand,QgF7R9k (23.06.2020)

5. *Erläutern Sie die Aussage Arno Geigers anhand ausgewählter Zitate.*

Leitmotive deuten (I) – Das Gewächshaus

AB 1

1. Untersuchen Sie, welche Bedeutung das **Gewächshaus** für die Figuren des Romans „Unter der Drachenwand" sowie im Gesamtkontext hat. Werten Sie dafür die angegebenen Textstellen aus und notieren Sie Ihre Ergebnisse stichwortartig.

Textstellen: S. 68–71, 133, 180f., 183, 186, 193, 198f., 213f., 279, 283, 302

2. Deuten Sie Ihre Ergebnisse, indem Sie mithilfe des Informationskastens klären, ob und inwiefern es sich beim Gewächshaus um ein Leitmotiv handelt. Bestimmen Sie dafür auch die Art des Leitmotivs. Erstellen Sie ein anschauliches Schaubild.

Das **Leitmotiv** ist ein Stilmittel, das in der Epik sehr oft verwendet wird, damit der Eindruck entsteht, dass die einzelnen Textteile zusammengehören. Dies „schaffen" die Leitmotive, da sie immer wieder wiederholt werden und so ein Netz von Beziehungen knüpfen können. Die vier **häufigsten Arten** von Leitmotiven sind:

- wiederkehrende Handlungselemente
- wiederholt verwendete sprachliche Bilder
- sich wiederholende Redewendungen, Gesten etc.
- Dingsymbole (Gegenstände oder Lebewesen, die an bedeutsamer Stelle wiederkehren)

https://literaturhandbuch.de/fachbegriffe-leitmotiv/ (23.06.2020)

3. Präsentieren Sie einem Mitschüler/einer Mitschülerin Ihre Ergebnisse in einem Kurzvortrag und erläutern Sie diese textnah bzw. mithilfe Ihres Schaubildes.

4. Entwerfen Sie nun auf der Grundlage Ihrer Teilergebnisse ein Gesamtschaubild, aus dem die Art und Funktion der beiden Leitmotive für den Roman hervorgeht.

BS 3

Leitmotive deuten (II) – Die Drachenwand

AB 13b

1. Untersuchen Sie, welche Bedeutung die **Drachenwand** für die Figuren des Romans „Unter der Drachenwand" sowie im Gesamtkontext hat. Werten Sie dafür die angegebenen Textstellen aus und notieren Sie Ihre Ergebnisse stichwortartig.

Textstellen: S. 32, 78, 81, 165, 213, 315, 317f., 354, 475f.

2. Deuten Sie Ihre Ergebnisse, indem Sie mithilfe des Informationskastens klären, ob und inwiefern es sich bei der Drachenwand um ein Leitmotiv handelt. Bestimmen Sie dafür auch die Art des Leitmotivs. Erstellen Sie ein anschauliches Schaubild.

Das **Leitmotiv** ist ein Stilmittel, das in der Epik sehr oft verwendet wird, damit der Eindruck entsteht, dass die einzelnen Textteile zusammengehören. Dies „schaffen" die Leitmotive, da sie immer wieder wiederholt werden und so ein Netz von Beziehungen knüpfen können. Die vier **häufigsten Arten** von Leitmotiven sind:

- wiederkehrende Handlungselemente
- wiederholt verwendete sprachliche Bilder
- sich wiederholende Redewendungen, Gesten etc.
- Dingsymbole (Gegenstände oder Lebewesen, die an bedeutsamer Stelle wiederkehren)

https://literaturhandbuch.de/fachbegriffe-leitmotiv/ (23.06.2020)

3. Präsentieren Sie einem Mitschüler/einer Mitschülerin Ihre Ergebnisse in einem Kurzvortrag und erläutern Sie diese textnah bzw. mithilfe Ihres Schaubildes.

4. Entwerfen Sie nun auf der Grundlage Ihrer Teilergebnisse ein Gesamtschaubild, aus dem die Art und Funktion der beiden Leitmotive für den Roman hervorgeht.

„Unter der Drachenwand" – Die Erzähltechnik untersuchen

1. *Untersuchen Sie den Erzähleinstieg aus Arno Geigers Roman „Unter der Drachenwand" im Hinblick auf die gewählte Erzählform, das Erzählverhalten, die Erzählperspektive, die Erzählhaltung sowie die Darbietungsformen. Wie wirkt der Romananfang auf Sie?*

Im Himmel, ganz oben, konnte ich einige ziehende Wolken erkennen, und da begriff ich, ich hatte überlebt./ Später stellte ich fest, dass ich doppelt sah. Alle Knochen taten mir weh. Am nächsten Tag Rippfellreizung, zum Glück gut überstanden. Doch auf dem rechten Auge sah ich weiterhin doppelt, und der Geruchssinn war weg. So hatte mich der Krieg auch diesmal nur zur Seite geschleudert. Im ersten Moment war mir gewesen, als wür-
5 de ich von dem Krachen verschluckt und von der ohnehin alles verschluckenden Steppe und den ohnehin alles verschluckenden Flüssen, an diesem groben Knie des Dnjepr. Unter meinem rechten Schlüsselbein lief das Blut in leuchtenden Bächen heraus, ich schaute hin, das Herz ist eine leistungsfähige Pumpe, und es wälzte mein Blut jetzt nicht mehr in meinem Körper im Kreis, sondern pumpte es aus mir heraus, bum, bum. In Todesangst rannte ich zum Sanitätsoffizier, der die Wunde tamponierte und mich notdürftig verband. Ich schaute zu, in
10 staunendem Glück, dass ich noch atmete./Ein Granatsplitter hatte die rechte Wange verletzt, äußerlich wenig zu sehen, ein weiterer Splitter steckte im rechten Oberschenkel, schmerzhaft, ein dritter Splitter hatte unter dem Schlüsselbein ein größeres Gefäß verletzt, Hemd, Rock und Hose waren blutgetränkt. Das unbeschreibliche, mit nichts zu vergleichende Gefühl, dass man empfindet, wenn man überlebt hat. Als Kind der Gedanke: Wenn ich groß bin. Heute der Gedanke: Wenn ich es überlebe./Was kann es Besseres geben, als am Leben zu
15 bleiben?

Arno Geiger: Unter der Drachenwand. dtv: München 2019, S. 7f., Originalausgabe © 2018 Carl Hanser Verlag GmbH & Co. KG, München

Erzählform	☐ Er-/Sie-Form ☐ Ich-Form
Erzählperspektive	☐ Innensicht ☐ Außensicht
Erzählverhalten	☐ auktorial ☐ personal ☐ neutral
Erzählhaltung	☐ affirmativ ☐ ablehnend ☐ skeptisch ☐ euphorisch ☐ neutral ☐ kritisch
Darbietungsformen	☐ Erzählerbericht ☐ direkte Rede ☐ indirekte Rede ☐ innerer Monolog

2. *„Die Erzähltechnik im Roman sorgt dafür, dass der Leser bzw. die Leserin den Figuren emotional sehr nah kommt und vom Erzählten besonders gefesselt wird." Nehmen Sie auf Grundlage Ihrer Ergebnisse aus Aufgabe 1 begründet Stellung und erläutern Sie die Aussage.*

☐ Ich stimme zu.	☐ Ich lehne die These ab.	☐ Ich stimme nur teilweise zu.

Begründung: _____

Zwischen Liebe und Erstaunen – Die Erzählhaltung analysieren

Mit dem Begriff der **Erzählhaltung** bezeichnet man die Einstellung des Erzählers zum von ihm erzählten Geschehen und den von ihm beschriebenen Figuren. Insbesondere einzelnen Figuren und deren Handlungen kann der Erzähler affirmativ, also zustimmend-bejahend, aber auch kritisch-ablehnend gegenüberstehen. Er kann distanziert, sarkastisch oder wütend, aber auch ironisch und humorvoll, voller persönlicher Anteilnahme und Ergriffenheit erzählen. Es kommt auch vor, dass der Erzähler das Geschehen und die Figuren nur beschreibt, aber keine Bewertung vornimmt, sondern diese dem Leser/der Leserin überlässt. Man spricht dann von einer neutralen Erzählhaltung. Grundsätzlich lenkt die Erzählhaltung die Einstellung des Lesers/der Leserin zum Geschehen und den literarischen Figuren.

Arno Geiger

1. Bestimmen Sie die Erzählhaltung für die folgenden Beispiele, indem Sie Ihre Einschätzung in der rechten Spalte notieren. Erläutern Sie im Anschluss Ihre Ergebnisse.

Textbeispiel aus dem Roman „Unter der Drachenwand"	Erzählhaltung
„Ich, der ich leben darf, weiß damit nichts anzufangen. Wie unzufrieden Hilde mit mir wäre. Aber wie soll ich es ändern? Wie soll ich *mich* ändern?" (S. 25)	
„Wie weit die Verzerrung des eigenen Wesens schon vorangeschritten ist, merkt man erst, wenn man wieder unter normale Menschen kommt." (S. 42)	
„Bei mir ist alles Krieg. Ich muss mir das abgewöhnen." (S. 53)	
„Was ich ihr gegenüber nicht erwähnte, war, dass sie manchmal weinte mit einer sanften, rauen Stimme." (S. 59)	
„Das gute Ansehen des Krieges beruht auf Irrtum." (S. 81)	
„Mich ärgert es, dass die Welt so eckig ist." (S. 98)	
„Ganze Existenzen, ganze Leben werden einfach weggeschaufelt, weil irgendwer findet, sie sind im Weg." (S. 124)	
„Ich war mir sicher, dass ich auf eine reife Art Liebe empfinden würde für die Welt." (S. 139)	
„Mitgefühl ist im System nicht vorgesehen." (S. 166)	
„Ich sagte, es wäre das schönste Leben, wenn nicht überall Dämpfer aufgesetzt wären, hier in Form der Quartierfrau." (S. 171)	
„Ich sah, wie die Landschaft sich öffnete, und spürte, wie ich selbst immer kleiner wurde." (S. 414)	
„Ich bin ein ausgesaugter Knochen." (S. 226)	
„In allem muss ich kapitulieren, es ist sehr traurig." (S. 389)	
„Margot […] war herzlich, ein wunderbarer, warmer Mensch. Ich bedankte mich für jede gemeinsame Minute." (S. 474)	

alle Zitate: Arno Geiger: Unter der Drachenwand. dtv: München 2019, Originalausgabe © 2018 Carl Hanser Verlag GmbH & Co. KG, München

2. Der Literaturkritiker Denis Scheck hält Arno Geiger für ein „Empathiemonster"[1], das seine Figuren liebe. Erläutern Sie die Aussage unter Einbezug Ihrer Ergebnisse aus Aufgabe 1.

3. Ist es moralisch integer, seinen Lesern und Leserinnen einen Wehrmachtssoldaten emotional so nahezubringen, wie Arno Geiger das tut? Warum fiebert der Leser bzw. die Leserin so mit Veit Kolbe mit?

---

[1] www.stuttgarter-schriftstellerhaus.de/mit-aeusserster-sorgfalt-recherchiert-und-dann-erfunden-arno-geiger-im-stuttgarter-stadtarchiv/ (23.06.2020)

Die Sprache im Roman untersuchen

1. Welche Sätze des Romans sind Ihnen in Erinnerung geblieben? Warum ist das so?
2. Analysieren Sie die Sprache Arno Geigers mithilfe der Tabelle.

Formulierung	sprachlich-rhetor. Mittel	Aussage/Funktion/Wirkung
„Was kann es Besseres geben, als am Leben zu bleiben?" (S. 8)		
„Ein Abrüsten hatten sie mir verweigert." (S. 18)		
„ein abgenagtes Stück Herz" (S. 23)		
„Unter dem Schnee schläft die Schwester." (S. 27)		
„fühlte mich wie das gefrorene Laub vom Vorjahr" (S. 45)		
„kein Dung, kein Drahtzaun, keine Dachpappe, alles fehlt" (S. 86)		
„ganze Leben werden einfach weggeschaufelt" (S. 124)		
„Ich pfeif auf dieses dreckige Leben, ich pfeif auf diese dreckige Stadt." (S. 124)		
„Firma für Blut und Boden" (S. 136)		
„ich war verdrahtet mit der Tödlichkeit des Moments" (S. 139)		
„Der Ort duckte sich jämmerlich" (S. 171)		
„Auf der Wäscheleine [...] wehten die Windelfahnen." (S. 193)		
„Und dann, tock, tock, tock, setzte ein kurzer Regenschauer ein." (S. 198)		
„ich bin bestürzt, dass mich das Leben so in die Ecke tritt" (S. 261)		
„Der Himmel dröhnte, die Erde dröhnte, die Luft im Keller dröhnte." (S. 164)		
„Dann schwamm sie aus den Tränen heraus." (S. 291)		
„Nie fortmüssen von hier!" (S. 473)		

alle Zitate: Arno Geiger: Unter der Drachenwand. dtv: München 2019, Originalausgabe © 2018 Carl Hanser Verlag GmbH & Co. KG, München

3. Deuten Sie Ihre Untersuchungsergebnisse aus Aufgabe 2. Die Sprache Arno Geigers ist ...

| ☐ authentisch. | ☐ pathetisch-laut. | ☐ nüchtern-sachlich. | ☐ beklemmend. | ☐ anschaulich. |

4. Erläutern Sie die folgende Aussage anhand ausgewählter Zitate in Ihrem Kursheft.

> „Der Autor muss sprachlich nie forcieren. Gerade die schlichten, oft absichtslos poetischen Worte, mit denen Veit, Nanni, Oskar und die anderen von frommen Wünschen und vom täglichen Entsetzen sprechen, übertrumpfen jedes Pathos."
>
> www.general-anzeiger-bonn.de/news/kultur-und-medien/ueberregional/arno-geigers-gelingt-ein-klemmender-kriegsroman_aid-43611543 (23.06.2020)

Die Sprache im Roman untersuchen (Lösung)

Formulierung	sprachl.-rhetor. Mittel	Aussage/Funktion/Wirkung
„Was kann es Besseres geben, als am Leben zu bleiben?" (S. 8)	rhetorische Frage	Veits Hoffnung auf ein besseres, friedliches Leben
„Ein Abrüsten hatten sie mir verweigert." (S. 18)	Metapher	Betonung des Zwangs zum totalen Krieg
„ein abgenagtes Stück Herz" (S. 23)	Metapher	Zustand der inneren Kälte
„Unter dem Schnee schläft die Schwester." (S. 27)	Euphemismus	Trauer um zu frühen Tod Hildes
„fühlte mich wie das gefrorene Laub vom Vorjahr" (S. 45)	Vergleich	Ausdruck fehlender Lebensenergie und Todesnähe
„kein Dung, kein Drahtzaun, keine Dachpappe, alles fehlt" (S. 86)	Alliteration	Betonung der durch den Krieg ausgelösten Situation des Mangels
„ganze Leben werden einfach weggeschaufelt" (S. 124)	Metapher	Betonung der Unerbittlichkeit und Gnadenlosigkeit des Krieges
„Ich pfeif auf dieses dreckige Leben, ich pfeif auf diese dreckige Stadt." (S. 124)	Anapher	Ausdruck der Desillusionierung und Hoffnungslosigkeit Wallys
„Firma für Blut und Boden" (S. 136)	Euphemismus/ Metapher	sarkastischer Hinweis auf Unmenschlichkeit der Nazis
„ich war verdrahtet mit der Tödlichkeit des Moments" (S. 139)	Metapher	subjektive Beschreibung des posttraumatischen Belastungssyndroms Veits
„Der Ort duckte sich jämmerlich" (S. 171)	Personifikation	Beschreibung Mondsees im Regen
„Auf der Wäscheleine [...] wehten die Windelfahnen." (S. 193)	Alliteration	Wunsch Veits nach Alltag und Familienleben mit Margot und Lilo
„Und dann, tock, tock, tock, setzte ein kurzer Regenschauer ein." (S. 198)	Onomatopoesie (Lautmalerei)	Veranschaulichung der akustischen Wirkung des Regens
„ich bin bestürzt, dass mich das Leben so in die Ecke tritt" (S. 261)	Personifikation	Verdeutlichung des unbegreiflichen Verbrechens an Oskars Familie
„Der Himmel dröhnte, die Erde dröhnte, die Luft im Keller dröhnte." (S. 164)	Akkumulation	Eindruck von Totalität des Luftangriffs auf Darmstadt
„Dann schwamm sie aus den Tränen heraus." (S. 291)	Metapher	Betonung der Eigenständigkeit und des Mutes Margots
„Nie fortmüssen von hier!" (S. 473)	Ellipse	Hoffnung Veit Kolbes

alle Zitate: Arno Geiger: Unter der Drachenwand. dtv: München 2019, Originalausgabe © 2018 Carl Hanser Verlag GmbH & Co. KG, München

Der Schrägstrich und die Abkürzungen „H." und „F."

Corn, Heribert

Im Roman „Unter der Drachenwand" finden sich einige formale Besonderheiten, z. B. ungewöhnliche Schrägstriche [/] und Abkürzungen [„H." + „F."]. Was hat es damit auf sich?

1. Bereiten Sie in Kleingruppen den mündlichen Vortrag von einer der folgenden Textstellen vor. Diskutieren Sie gemeinsam, wie Sie die Schrägstriche wirkungsvoll in Ihr Vorlesen integrieren könnten (A: S. 30/Z. 8 – S. 31/Z. 6; B: S. 37/Z. 25 – S. 38/Z. 29; C: S. 52/Z. 7 – S. 53/Z. 21).

2. Bestimmen Sie im Anschluss an Ihr Vorlesen mögliche Funktionen des Schrägstrichs für den Autor. Begründen Sie Ihre Wahlentscheidung anhand Ihrer Vorleseerfahrung.

Der Schrägstrich …				
☐ rhythmisiert.	☐ verlangsamt.	☐ ist unnötig.	☐ dynamisiert.	☐ bricht die Konvention.

3. Die Worte „Führer" und „Hitler" tauchen im Roman nur als Abkürzungen auf. An keiner Stelle werden sie ausgeschrieben (vgl. S. 15/Z. 11 – 14, S. 26/Z. 17, S. 135/Z. 19 – 23, S. 345/Z. 13 – 29). Lesen Sie die angegebenen Textstellen und formulieren Sie eine Deutungshypothese.

4. „Ich wollte nicht, dass diese Wörter meinen Roman verpesten, ich wollte sie nicht drinnen haben. Aber gleichzeitig bin ich ein sehr sprachbewusster Autor und weiß, dass diese Wörter heute etwas anderes bedeuten, als sie damals bedeutet haben. Also heute sind das verurteilte Wörter, während man sie damals ganz selbstverständlich verwendet hat. […] So versuche ich sprachlich, den Dingen wieder ihren Gehalt zu geben. Deshalb weiche ich bestimmten Wörtern auch bewusst aus. Aber der Hauptgrund ist, dass ich diese Wörter nicht in meinem Roman drin haben wollte. Das ist schlechte Sprache. Ich bin Hölderlin-Preisträger, also muss man als Schriftsteller eine Sprache finden, die angemessen ist […]."[1] Erläutern Sie die Aussage des Autors und diskutieren Sie ihre Schlüssigkeit.

5. Ein Schüler sagt: „Ich finde es feige, dass der Autor auf die Worte ‚Führer' und ‚Hitler' verzichtet. So haben die Menschen damals nun mal gesprochen." Erörtern Sie das Für und Wider dieser Aussage.

---

[1] www.ardmediathek.de/ard/player/Y3JpZDovL21kci5kZS9iZWl0cmFnL2Ntcy9mZmNjNjg5NS03YmQ1LTRlZGQtOTFhOC05Zm-I5Yjc3ZmNhOGM/ (23.06.2020)

Zur Funktion des Tagebuchs – Wie Erzählen rettet

1. Alles, was der Leser/die Leserin über die Figuren des Romans „Unter der Drachenwand" erfährt, bekommt er/sie in Form von Briefen und Tagebucheinträgen vermittelt. Auch Veit Kolbe ist ein eifriger Schreiber. Welche der folgenden Gründe für das Führen eines Tagebuchs treffen Ihrer Meinung nach auf Arno Geigers Protagonisten zu? Begründen Sie.

Tagebuchschreiben ...			
☐ entschleunigt.	☐ hellt die Stimmung auf.	☐ hilft bei Krisenbewältigung.	☐ fördert Empathie.
☐ intensiviert.	☐ löst Denkblockaden.	☐ verbessert Sozialkompetenz.	☐ verschafft Klarheit.

2. Überprüfen Sie Ihre Einschätzungen anhand der folgenden Zitate textnah. Welche Folgen hat das Schreiben für Veit Kolbe im Verlauf seines Jahres am Mondsee?

> „Und fast ein jeder versuchte, seine Geschichte loszuwerden. Vielleicht, wenn man die eigene Geschichte erzählt, findet sie eine Fortsetzung." (S. 10/Z. 29 ff.)
> „Dann setzte ich mich neben den Ofen, damit mir die Tinte nicht einfror, und schrieb." (S. 41/Z. 1 ff.)
> „Dabei schrieb ich in letzter Zeit so viel wie noch nie in meinem Leben, es war ja egal, was ich mit meiner Zeit anfing, es ging alles vom Krieg ab." (S. 73/Z. 23 ff.)
> „Ich lag im Bett bis zum Vormittag und schrieb." (S. 129/Z. 7 ff.)
> „Wenn ich Tagebuch schrieb, brauchte ich nichts als eine Tasse schwarzen Kaffee und hatte nie das Bedürfnis, von dem kleinen Tisch aufzustehen und eine Kleinigkeit zu essen. Ich schrieb und schrieb, und zwischendurch nahm ich einen Schluck Kaffee." (S. 167/Z. 19 ff.)
> „Es ist immer noch hell genug zum Schreiben." (S. 330/Z. 1)
> „Ich bin immer noch in dieser Scheune, meine Lage zum Schreiben kannst du dir vorstellen, auf dem Boden liegend, etwas Heu unter dem Arm, so ungefähr." (S. 396/Z. 7 ff.)
> „Margot sagte, sie habe sich wochenlang gefragt: Was macht er immer da drüben? Was ist das für ein Mensch, der immer nur an Papier und Tintenduft denkt?" (S. 472/Z. 14 ff.)
>
> Arno Geiger: Unter der Drachenwand. dtv: München 2019, Originalausgabe © 2018 Carl Hanser Verlag GmbH & Co. KG, München

3. „Schreiben ist eine besondere Art, Angst zu haben. Erzählend fülle ich die Leerstellen meiner Existenz."[1] Erläutern Sie aus der Sicht Veit Kolbes das Zitat Arno Geigers anhand seiner eigenen Biografie und seines Jahres am Mondsee.

---
[1] www.sueddeutsche.de/kultur/arno-geiger-drachenwand-buchkritik-1.3817997 (23.06.2020)

Marcel Reich-Ranicki: Anbruch der Gegenwart (1971)

Balzac, Tolstoi und Fontane verwandelten das Leben in deutliche und übersichtliche epische Landschaften. Proust, Kafka und Joyce, André Gide, Virginia Woolf und Faulkner hielten es hingegen für ihre
5 künstlerische Pflicht, epische Landschaften zu entwerfen, die der Undeutlichkeit und der Unverständlichkeit des Lebens gerecht werden sollten. Die einen bewiesen, dass sich alles darstellen und daher auch deuten lässt. Die anderen zeigten, dass sich vieles
10 nicht darstellen und kaum ahnen lässt. Die einen lösten Gleichungen auf, die anderen demonstrierten, dass die Gleichungen nicht aufgehen.

Dem Erzähler unseres Jahrhunderts musste somit die souveräne Manier des allwissenden und allgegen-
15 wärtigen, des allumfassenden und allmächtigen Autors fragwürdig und verdächtig, wenn nicht gar lächerlich und verlogen erscheinen. In der Omnipräsenz und der Omnipotenz[1], die seine klassischen Vorgänger für ihre selbstverständlichen Privilegien und
20 Pflichten erachteten, sah er nicht mehr als eine veraltete, etwas rührende Konvention und eine nicht mehr erträgliche Fiktion. Daher verzichtete er freiwillig auf eine Macht, die, wie er meinte, auf einem leichtsinnigen und naiven Trugschluss beruhte: Er schränkte
25 die Perspektive ein – meist auf die Erfahrungen und Erlebnisse eines einzigen Individuums. Er bezog alles auf eine Gestalt oder schilderte bloß das, was von ihr wahrgenommen werden könnte. Und er hütete sich, sie das menschliche Dasein begreifen und die Zusammenhänge durchschauen zu lassen. So verbarg sich
30 der Autor hinter dem Rücken seines Helden oder seines Ich-Erzählers, was übrigens in vielen Fällen dasselbe bedeutete. [...]

Er entsprach der Einsicht der Epiker in die Grenzen ihrer Möglichkeiten, er ergab sich aus der Erkenntnis,
35 dass viele Wege der Kunst des neunzehnten Jahrhunderts nicht mehr begehbar waren und dass zu den Zielen nur noch Umwege führen konnten. Gewiss, immer schon liebte es die Literatur, das Exemplarische mithilfe des Extremen sichtbar zu machen und
40 das Zentrale im Exzentrischen zu suchen. Doch nie hatte die Vorliebe für das Indirekte so gute Gründe gehabt, nie war sie so radikal gewesen. Die Schriftsteller wandten sich dem Surrealen zu. Aber um der Realität willen. Sie verfremdeten das Leben. Um es zu
45 vergegenwärtigen. Sie verschwiegen Gefühle. Um Gefühle zu provozieren. Sie erfanden den Anti-Helden und das Understatement. Um dem Heroischen und dem Pathos gerecht zu werden. Sie zeigten das Absurde. Um die Vernunft herauszufordern. Sie lie-
50 ßen den Wahnsinn ausbrechen. Um den Sinn erkenntlich zu machen. So wurde die Negation zum entscheidenden Faktor der Kunst, der Literatur.

Marcel-Reich-Ranicki: Anbruch der Gegenwart. Deutsche Geschichten von 1900–1918, München: Piper Verlag 1992

---
[1] Omnipräsenz: (göttliche) Allgegenwart, (göttliche) Allmacht

1. Lesen Sie den Sachtext und markieren Sie zentrale Aussagen über die Merkmale modernen Erzählens.

2. Schreiben Sie diese Merkmale heraus und überprüfen Sie, ob und inwiefern diese Merkmale durch Arno Geigers Roman „Unter der Drachenwand" erfüllt werden.

Merkmal modernen Erzählens	„Unter der Drachenwand"

3. Stellen Sie Ihre Ergebnisse einem Lernpartner/einer Lernpartnerin in Form eines Kurzreferats vor.

Der Roman im 20. Jahrhundert

Die Erzählweisen des modernen Romans lassen sich aus der *„transzendentalen Obdachlosigkeit"* (Georg Lukács 1885 – 1976) erklären. Die bedeutet: Dem Einzelnen ist die Welt, in der er lebt, fremd geworden und er ist sich selbst und den anderen in ihr fremd geworden. Alle traditionelle Ordnung und Sinngebung des Daseins ist fragwürdig, zweifelhaft geworden. Die fundamentale Entfremdung schafft Probleme des Erzählens. Denn eine Geschichte erzählen heißt zunächst nichts anderes, als etwas, was geschehen ist, so zu erzählen, dass es im Nachhinein verständlich wird, Sinn für sich selbst und andere macht. Erzählen ist grob gesagt der Versuch, das Wirkliche, das einen tendenziell immer überrumpelt, im Nachhinein zu bewältigen, indem man es in einen Sinn- und Verständnishorizont einbettet. Wo der zerbrochen ist, etablieren sich moderne Erzähltechniken:

– **Wechsel der Erzählperspektiven:** Die Romanhandlung wird nur noch aus fragmentarischen Perspektiven der Einzelnen geschildert, wobei im Extrem kein Abbild einer pluralistischen Welt erzeugt wird, sondern die totale Fragmentarisierung[1] des Wirklichen. In diesem Fall lassen sich die subjektiven Einzelausschnitte des Geschehens nicht mehr wie ein Puzzle zu einem Gesamtbild zusammensetzen. Vielmehr spiegeln sie, dass es eine allen gemeinsame (d. h. allgemeine) Welt/Wirklichkeit und ein verbindliches Werte- und Normensystem als Verständigungsbasis nicht mehr gibt. Auf harmlose Weise bediente sich bereits der traditionelle Briefroman dieser multiperspektivischen Erzählweise, die zugleich vertiefte psychologische Einblicke erlaubt. [...]

– **Wechsel von Erzählstil und -haltung:** Nicht mehr eine Erzählhaltung wird als dominante durchgehalten, stattdessen ein ständiger Wechsel der Erzählsituation und -haltung vollzogen. In dem Roman der Moderne, im *Ulysses* von James Joyce (1922), findet ein solcher Wechsel von Kapitel zu Kapitel statt: Joyce erzählt ebenso virtuos aus der objektiven Außensicht (Er-Form) wie aus den verschiedenen Innenperspektiven seiner drei Helden mit ihren inneren Monologen.

– **Der innere Monolog:** Diese Ende des 19. Jahrhunderts entwickelte Erzähltechnik verzichtet auf den souveränen, das erzählte Geschehen steuernden/deutenden Erzähler. Stattdessen gibt sie (scheinbar) unvermittelt in der ersten Person Präsens all das wieder, was die Figuren denken, fühlen, träumen, erinnern und assoziieren. So erlaubt der innere Monolog tiefe Einblicke in die geistigen und seelischen (Ab-)Gründe des Romanpersonals. Alfred Döblin wendet diese Erzähltechnik z. B. in „Berlin Alexanderplatz" an, Thomas Mann in „Lotte in Weimar", Arthur Schnitzler in „Fräulein Else", Uwe Johnson in „Mutmaßungen über Jakob". Als innerer Monolog wird auch die extreme Darstellung innerer Vorgänge dargestellt, der sogenannte Bewusstseinsstrom, *„Stream of Consciousness"*. Das ist die extrem ungeordnete Abfolge von tendenziell unterbewussten wie unbewussten und bewussten inneren Vorgängen, die unvermittelte wie irritierende Einblicke in die Abgründe der Seele geben. Prominentestes Beispiel des „Stream of Consciousness" ist der große Monolog der Molly Bloom am Ende des „Ulysses" von James Joyce (1922).

Bayerischer Rundfunk, München, 03.01.2013, www.br.de/telekolleg/faecher/deutsch/literatur/03-literatur-fakten-100.html (02.02.2020)

[1] Aufspaltung, Zergliederung in Einzelteile

---

1. Lesen Sie den Sachtext und markieren Sie zentrale Aussagen über die Merkmale modernen Erzählens.

2. Schreiben Sie diese Merkmale heraus und überprüfen Sie, ob und inwiefern diese Merkmale durch Arno Geigers Roman „Unter der Drachenwand" erfüllt werden.

Merkmal modernen Erzählens	„Unter der Drachenwand"

3. Stellen Sie Ihre Ergebnisse einem Lernpartner/einer Lernpartnerin in Form eines Kurzreferats vor.

Baustein 4

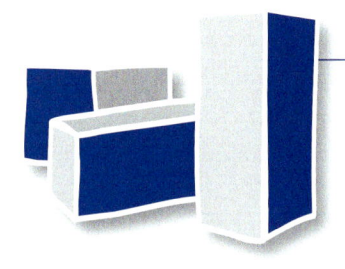

Wertung – Ist „Unter der Drachenwand" ein guter Roman?

Die Frage nach der literarischen Qualität von epischen, lyrischen und dramatischen Texten spielt in zahlreichen Kontexten des Deutschunterrichts eine besondere Rolle und findet sich sowohl in vielen Lehrplänen und Richtlinien der Länder als auch in Aufgabenstellungen des (Zentral-)Abiturs wieder. Sie steht häufig am Ende einer Unterrichtseinheit. Dabei zeigt sich das Problem der Wertung von literarischen Texten im Unterrichtsalltag häufig darin, dass den Schülern sinnvolle Beurteilungskriterien fehlen und einer solchen eingeforderten Einschätzung oftmals nur subjektiver Charakter zugesprochen werden kann. Dem einen gefällt Geigers Roman aufgrund seines Detailreichtums und der Schilderung des ganz normalen Alltags ganz normaler Menschen in der Endphase des Zweiten Weltkriegs. Dem anderen fehlt hingegen der notwendige Spannungsaufbau und ein sichtbares, nicht nur innerlich ablaufendes Handlungsgeschehen und er beklagt schlichtweg den Mangel an gewaltsamen Auseinandersetzungen gerade in Zeiten des Krieges. Dabei sollte fachspezifisches wissenschaftspropädeutisches Grundlagenwissen die Schüler durchaus in die Lage versetzen, einen Gegenwartsroman wie Arno Geigers „Unter der Drachenwand" in seiner literarischen Qualität und literarhistorischen Bedeutung zu beurteilen. Mit Blick auf die eingeforderte ästhetische Kompetenz sollen die Schüler im Oberstufenunterricht „Voraussetzungen für eine angemessene ästhetische Rezeption"[1] erlangen. Aus diesem Grund stehen in den folgenden Sequenzen v. a. Fragestellungen der Wertung des Romans im Mittelpunkt, die in den ersten beiden Teilsequenzen (4.1/4.2) auch handlungsorientiert erarbeitet werden. Im weiteren Verlauf stehen eher schreibproduktionsorientierte Methoden wie die Sachtextanalyse oder die ESAU-Methode als Form der Textüberarbeitung im Mittelpunkt (4.3). Am Ende erfolgt eine Einführung in die komplexe Methodik der textgebundenen Erörterung (4.4).

4.1 Literarische Texte bewerten – Ist „Unter der Drachenwand" ein guter Roman?

Die folgende Sequenz hat zum Ziel, Schüler in die Lage zu versetzen, literarisch komplexe und anspruchsvolle Texte wie Arno Geigers Roman „Unter der Drachenwand" kriterienorientiert zu bewerten. Die Aufgabe, die literarische Qualität eines oder mehrerer Texte zu beurteilen, findet sich in nahezu allen Lehrplänen der gymnasialen Oberstufen der Länder. Sie ist auch deshalb interessant, weil sie die Möglichkeit bietet, die professionelle Perspektive der die Unterrichtstexte in aller Regel auswählenden Lehrkräfte mit den persönlichen Urteilen der Schüler zu vergleichen und so mehr über die Kriterien zu erfahren, die unsere Schüler an ebendiese Texte stellen. Dabei orientiert sich der methodische Ablauf der Sequenz in weiten Teilen an dem in diesem Unterrichtsmodell mehrfach praktizierten Dreischritt des „Think-Pair-Share"-Prinzips. In diesem Sinne startet die Sequenz mit einer kurzen **Einzelarbeit** („Think"-Phase):

■ *Was hat Ihnen am Roman „Unter der Drachenwand" gefallen, was eher weniger? Notieren Sie Ihre Eindrücke in einer Tabelle.*

[1] Ministerium für Schule und Weiterbildung NRW (Hg.): Richtlinien und Lehrpläne. Deutsch. Sekundarstufe II. Gymnasium/Gesamtschule. Frechen 1999, S. 6

Was mir gut gefallen hat	Was mir nicht so gut gefallen hat

Im Anschluss an diesen drei- bis fünfminütigen Einstieg wird den Schülern das **Arbeitsblatt 20** (S. 151, Webcode SNG-22738-033) ausgehändigt. Die Schüler sollen nun auf Grundlage ihrer Notationen zu Beginn der Unterrichtsstunde **Partnerinterviews** („Pair"-Phase) führen. Dafür können sie ihren normalen Sitzplatz im Kursraum verlassen und weitere Mitschüler aufsuchen. Die Antworten der Mitschüler werden stichpunktartig notiert. Sie können im Anschluss an die Interviews spezifischen Wertungskriterien, die das Arbeitsblatt anbietet, zugeordnet werden (Aufgabe 1). Auf diese Weise wird aus einem unverbindlichen, lockeren Austausch über die individuellen Leseeindrücke und -erfahrungen ein systematisches, kriteriengelenktes Auswertungsgespräch, das auch im Rahmen einer Vierergruppe organisiert stattfinden und als Einführung in die Wertungstypologie von Literatur verstanden werden kann.

■ *Führen Sie Partnerinterviews in Ihrem Kurs zu der Frage, wie Ihren Mitschülern/Mitschülerinnen der Roman „Unter der Drachenwand" gefallen hat. Notieren Sie die Antworten Ihrer Mitschüler/Mitschülerinnen in Stichworten und ordnen Sie diese den folgenden Wertungskriterien zu. (Aufgabe 1)*

Kriterien zur Wertung von literarischen Texten[1]

Kriterien zur Wertung der Wirkung	Kriterien zur Wertung des Inhalts
Ist der Text interessant, spannend oder langweilig? Welche Gefühle löst er bei dem Leser/der Leserin aus? Woran liegt das? Wirft der Text eine neue Frage auf oder fördert er eine neue Einsicht?	Gibt es interessante Figuren in der Geschichte? Inwiefern ist das so? Gibt es einen Konflikt, der die Handlung vorantreibt? Worin besteht er? Kann man den Text auf die Realität beziehen? Inwiefern?
Kriterien zur Wertung von Relationen	**Kriterien zur Wertung der Form**
Entspricht die erzählte Geschichte dem, was man schon kennt, oder sind Figuren, Konflikt bzw. Verlauf ungewohnt? Inwiefern? Ist das positiv oder negativ? Entspricht die Form des Textes dem, was man bereits kennt, oder gibt es ungewohnte Formen der Darstellung? Welche? Ist dies eher positiv oder negativ zu sehen?	Ist die sprachliche Gestaltung anschaulich oder verwirrend, klar oder unklar? Ist die Geschichte kompliziert oder einfach? Woran lässt sich das festmachen? Ist das positiv oder negativ zu sehen? Ist es offensichtlich, welchen Sinn der Text hat, oder scheint er mehrdeutig zu sein? Woran kann man das festmachen?

Im Mittelpunkt der folgenden **Erarbeitungsphase** steht die systematische Arbeit mit den von den Schülern genannten Argumenten, die im Rahmen einer produktiven Schreibaufgabe verwertet werden können (Aufgabe 2).

■ *In einigen Bundesländern ist der Roman zu einem Pflichtthema für Abiturienten und Abiturientinnen im Fach Deutsch bestimmt worden. Notieren Sie Argumente, die für bzw. gegen diese Entscheidung sprechen, in der Tabelle.*

---
[1] Nach: C. Müller: Ist das Buch gut? In: Praxis Deutsch 241/2013, Friedrich Verlag: Seelze, S. 41–45, hier: S. 45

Baustein 4: Wertung – Ist „Unter der Drachenwand" ein guter Roman?

Sollte der Roman „Unter der Drachenwand" für alle Schüler eine verbindlich zu lesende Unterrichtslektüre im Fach Deutsch sein?	
JA/PRO	NEIN/KONTRA

Die Schüler werten nun gemeinsam ihre Antworten aus der ersten Phase des Unterrichts aus, indem sie in Kleingruppen die Argumente der Pro- bzw. Kontra-Seite zuordnen und weitere, selbst erarbeitete Argumente entwickeln. In Abhängigkeit von der zur Verfügung stehenden Zeit kann diese Aufgabe auch arbeitsteilig organisiert werden, wenn im Anschluss eine Vermittlungsphase („Share") angedacht wird, in welcher die Schüler ihre Teilergebnisse jeweils einem Mitschüler anwaltschaftlich vortragen.

Dies kann gut im sog. Doppelkreis, auch bekannt als Kugellager oder Karussellgespräch, organisiert werden. Dafür setzen sich die Schüler, welche die Pro-Argumente vorbereitet haben, in einen großen Kreis. Ihnen gegenüber werden nun jeweils die Schüler gesetzt, welche die Kontra-Argumente erarbeitet haben.

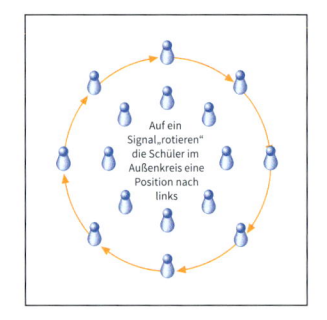

Auf ein (akustisches) Signal der Lehrkraft halten nun alle Schüler des Außenkreises ihren Kurzvortrag, während die Schüler im Innenkreis aktive Zuhörer sind. Nach drei bis fünf Minuten erfolgt der Wechsel. Nun referieren die Schüler im Innenkreis, während die im Außenkreis zuhören. Je nach zur Verfügung stehender Zeit und in Abhängigkeit von der Quantität und Qualität der Schülerbeiträge können nun leicht weitere Durchgänge erfolgen, indem nach Beendigung einer Runde die Schüler des Innen- oder Außenkreises gebeten werden, ihren Platz zu verlassen und um eine Position im Uhrzeigersinn aufzurücken. Jeder Schüler erhält auf diese Weise einen neuen Partner und der Vorgang wiederholt sich. In aller Regel reichen drei Durchgänge aus, um die jeweiligen Kernaussagen zu transportieren. Weitere Runden führen schnell zu ermüdender Redundanz und sind didaktisch auch nicht mehr notwendig. Scheut man den organisatorischen Aufwand des Doppelkreises, stellen die Schüler in einer **Präsentations- und Auswertungsphase** („Share") ihre (Teil-)Ergebnisse vor.

In diesem Rahmen können auch weitere, über die Vorgaben des Schaubildes auf dem Arbeitsblatt 20 hinausgehende Wertungskriterien entwickelt werden, indem die Lehrkraft die Schülerbeiträge im Plenum inhaltlich bündelt und zu einer gemeinsamen Kategorisierung anleitet. Ein mögliches, auf den Roman Geigers sicher zutreffendes und im Idealfall induktiv erarbeitetes Wertungskriterium ist das der **Polyvalenz.** Der sog. Polyvalenzgrad eines Textes ist abhängig von den Leerstellen, die er dem Leser lässt und die verschiedene Deutungen zulassen. So ist Geigers Protagonist Veit Kolbe für die einen ein Held und Widerstandskämpfer, der sogar seinen Onkel tötet, um den Brasilianer vor Verfolgung, Folter und sicherer Ermordung zu schützen. Für die anderen bleibt er ein Kriegsverbrecher und ein Mitläufer, dessen Taten das Elend und Grauen des Zweiten Weltkriegs verlängert haben.

■ *Welche Fragen stellt der Text an seine heutigen Leser und Leserinnen, wenn er dem Leser bzw. der Leserin Kolbe als ganz normalen Soldaten im Zweiten Weltkrieg vorstellt?*

■ *Woran liegt es, dass der Leser bzw. die Leserin ker und Leserinnen diese Fragen erhält? Ist das eine Stärke oder eine Schwäche des Romans „Unter der Drachenwand"?*

Darüber hinaus stellt der Roman Arno Geigers auch spezifische **Grundmuster menschlicher Erfahrungen** vor, die der Leser durch die unterschiedlichen Typen, welchen Veit Kolbe in Mondsee unter der Drachenwand begegnen, kennenlernt. Zu diesen allgemeinmenschlichen und ahistorischen, d. h. überzeitlichen Grunderfahrungen zählen die Liebe, deren Kraft Veit die Rekonvaleszenz ermöglicht, der Tod, dem Veit Kolbe nicht nur an der Front begegnet, sowie die Freundschaft, die ihm vonseiten des Brasilianers geschenkt wird. Als weitere menschliche Grunderfahrungen, die im Unterrichtsgespräch thematisiert werden können, weil sie im Roman „Unter der Drachenwand" eine Rolle spielen, sind die „Geburt" (Veit wird zu einem Ersatzvater), das Schicksal (Nanni Schaller verunglückt), Generationskonflikte (Veit wendet sich von seinen Eltern ab) und Gewalt (Veit erschießt seinen Onkel, um seinen Freund zu retten) zu nennen.

> *Inwiefern gehen uns die Probleme, mit denen sich Veit Kolbe auseinandersetzen muss, auch heute noch an? Inwiefern spiegeln sich in dem Roman Grundmuster menschlicher Erfahrungen, die für jeden Menschen relevant sind?*

Grundmuster menschlicher Erfahrungen im Roman „Unter der Drachenwand"

Liebe	Die Liebe Margots lässt Veit neue Lebenshoffnung schöpfen.
Tod	Der drohende Tod an der Front lässt den Soldaten nie los.
Gewald	Tod des Onkels
„Geburt"	Veit Kolbe wird zum Ersatzvater.
Schicksal	Tod Nanni Schallers
Freundschaft	Für den Brasilianer ist Veit sogar bereit, den Onkel zu erschießen.
Generationenkonflikte	Veit kann die Kriegsverherrlichung und die anhaltende Sympathie seines Vaters für die Nazis nicht ertragen und flieht aus Wien nach Mondsee.

> *Nominieren Sie Veit Kolbe für ein öffentliches Amt. Welches Amt sollte er anstreben und aufgrund welcher Eigenschaften wäre er dafür Ihrer Ansicht nach geeignet?*

„Der Roman Unter der Drachenwand" beinhaltet auch **jugendspezifische Themenfelder** (Sexualität, erste Liebe, Abgrenzung von den Eltern, Freundschaft, Auseinandersetzung mit Autoritäten und die Suche nach dem eigenen Ich), die in diesem Kontext in Auswahl angesprochen und als Auswahlkriterien für den Roman herangezogen werden können.

> *Warum ist der Roman v. a. auch für junge Menschen von Interesse? Welche jugendspezifischen Themenbereiche werden angesprochen?*

> *Welche Einwände lassen sich gegen den Roman als verbindliche Oberstufenlektüre anführen? Auf welche Texte müsste man gegebenenfalls verzichten?*

Die Sequenz kann mit einem weiterführenden Schreibauftrag ihr Ende finden. Die Schüler reagieren in Form eines eigenständig zu verfassenden Leserbriefs auf eine ebenfalls in diesem Medium formulierte These (Aufgabe 3).

Baustein 4: Wertung – Ist „Unter der Drachenwand" ein guter Roman?

■ *„Die heutige Schülergeneration sollte eher klassische Texte, wie z. B. Goethes ‚Die Leiden des jungen Werthers' oder Fontanes ‚Effi Briest', lesen." (Aus einem Leserbrief) Verfassen Sie ein begründetes Antwortschreiben auf diese These.*

Falls erforderlich, kann es sinnvoll sein, vor Beginn der Textproduktion den Aufbau eines Leserbriefs zu wiederholen:

■ *Wie könnte ein solches Antwortschreiben aussehen? Erläutern Sie den möglichen Aufbau eines Leserbriefs.*

Der Aufbau eines Leserbriefs

A Herstellung eines Bezugs: Auf wen oder was antwortet der Leserbrief?
B Formulierung der These: Welche Meinung oder Position wird vertreten?
C Nennung oder Entkräftung eines Gegenarguments („Zwar ist es richtig … aber …")
D Schluss: Folgerung oder Empfehlung („Daher sollte es klar sein, dass …")

An dieser Stelle kann abschließend Sandra Kegels fulminanter Kommentar „Der Klassenzimmer-Club der toten Dichter" (vgl. **Zusatzmaterial 8**, S. 166, Webcode SNG-22744-045) zur Problematik des aktuellen Lesekanons im Literaturunterricht der gymnasialen Oberstufe im Sinne einer weitergehenden inhaltlichen Vertiefung eingesetzt werden, etwa in Form einer weiterführenden **Hausaufgabe**:

■ *Fassen Sie den Inhalt des Sachtextes zusammen, indem Sie jedem Sinnabschnitt eine Teilüberschrift geben.*

■ *Formulieren Sie das Thema, mit dem sich die Autorin auseinandersetzt.*

■ *Memorieren Sie Texte, die Sie in den letzten Jahren in der Schule gelesen haben, und überprüfen Sie anschließend, ob sich anhand Ihrer eigenen Lesebiografie die Kernthese der Autorin verifizieren lässt.*

■ *Arno Geigers Roman „Unter der Drachenwand" erschien 2018 und ist in die verbindliche Leseliste einiger Bundesländer aufgenommen worden. Ist diese Vorgabe richtig? Erörtern Sie.*

4.2 Über Literatur streiten – Debatte

Alternativ zu der v. a. auf den Ideen und Lektüreerfahrungen der Schüler beruhenden Sequenz zur Wertung von Literatur (vgl. 4.1) wird an dieser Stelle ein Ablauf vorgestellt, der den Schülern etwas mehr inhaltliches Material zur Verfügung stellt, um angemessen und auf einem guten Niveau über den Roman „Unter der Drachenwand" streiten zu können. Ein solches Vorgehen eignet sich insbesondere für leistungsheterogene Lerngruppen. Angeboten werden zahlreiche Auszüge aus Rezensionen zum Roman, die von den Schülern aufbereitet und im Rahmen einer Plenumsdebatte („Fishbowl") genutzt werden sollen. Da der Roman Geigers bei seinem Erscheinen von der professionellen Literaturkritik nahezu einhellig positiv, wenn nicht sogar euphorisch begrüßt wurde, bietet das **Arbeitsblatt 21** (S. 154, Webcode

SNG-22744-034) über die authentischen, mit Quellenangaben versehenen Rezensionsauszüge hinaus einige Autorenbeiträge, welche als mögliche Kritikpunkte oder Einwände verstanden bzw. von den Schülern genutzt werden können.

Der **Einstieg** kann methodisch ähnlich wie in 4.1 gestaltet werden. Die Schüler werden zu Beginn nach ihren persönlichen Leseeindrücken befragt:

■ *Was hat Ihnen am Roman „Unter der Drachenwand" gefallen, was eher weniger? Notieren Sie Ihre Eindrücke in einer Tabelle.*

Was mir gut gefallen hat	Was mir nicht so gut gefallen hat

Im Anschluss an diese kurz zu haltende Einzelarbeit können ausgewählte Lektüreeindrücke im **Plenum** vorgestellt werden. An diesen kurzen Austausch schließt sich die für die Sequenz zentrale **Erarbeitungsphase** an. Dafür wird den Schülern das Arbeitsblatt 21 ausgehändigt. Eventuell können die einzelnen Statements zum Roman noch gemeinsam gelesen und mögliche Verständnisfragen geklärt werden. Bei der Bearbeitung der ersten Aufgabe sind die Schüler vonseiten der Lehrkraft darauf hinzuweisen, dass die Kernaussagen vor der geforderten Übertragung in eine Tabelle zu markieren sind. Im Idealfall werden positive und negative Thesen in unterschiedlichen Farben markiert. Den Schülern sollte deutlich gemacht werden, dass die Auszüge aus den Rezensionen stark verkürzt und daher in der Regel bloße Behauptungen darstellen. Es ist die Aufgabe der Schüler, aus diesen bloßen Behauptungen echte Argumente zu machen, indem sie beispielsweise im Roman nach passenden Textstellen suchen, mit denen sie in der anschließenden literarischen Debatte argumentieren können. Die Erarbeitungsphase zielt also im Wesentlichen auf echte Textarbeit und die gezielte Suche nach Belegen. An einigen wenigen Stellen, z. B. bei der ersten These Heide Soltaus, ist die Suche nach Textbelegen nicht möglich bzw. sinnvoll. In diesem Fall machen sich die Schüler gemeinsam auf die Suche nach einer aktualisierenden Erläuterung der vorliegenden Behauptung. Diese kann gut in **Partner- oder Kleingruppenarbeit** organisiert werden (Aufgabe 1).

■ *Überprüfen Sie ausgewählte Behauptungen der Rezensenten zum Roman, indem Sie die folgende Tabelle in Ihr Kursheft übertragen und nach (Text-) Belegen suchen.*

Behauptung des Rezensenten	Erläuterung oder Beleg aus dem Roman

Um in der abschließenden **Präsentationsphase** möglichst vielen Schülern die Möglichkeit zur Meinungsäußerung über den Roman „Unter der Drachenwand" zu geben, bietet sich im Anschluss an die Erarbeitungsphase eine **Fishbowl-Diskussion** als Alternative zur üblichen Plenumsarbeit an. Hier diskutiert eine Gruppe von etwa fünf Schülern vor oder in der Mitte des Kursraums miteinander, während der Rest des Kurses die Diskutierenden so lange beobachtet, bis er selbst aktiv einwirken kann (Aufgabe 2).

■ *Ist „Unter der Drachenwand" ein guter Roman und daher lesenswert? Tauschen Sie sich im Rahmen einer Fishbowl-Diskussion über die literarische Qualität des Antikriegsromans aus. Machen Sie sich dafür eines oder mehrere der gerade erarbeiteten Argumente zu eigen und untermauern Sie diese mithilfe eigenständig ausgewählter Textstellen aus dem Roman.*

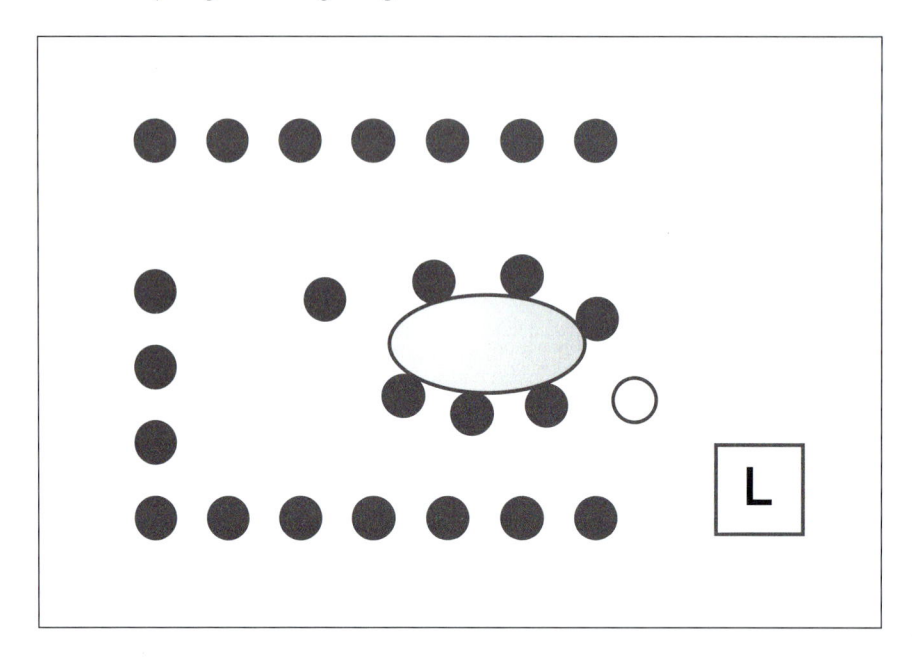

Innerhalb der Diskussionsgruppe bleibt zu Beginn ein Platz unbesetzt. Teilnehmer aus der Beobachtergruppe können dort Platz nehmen und einen neuen Beitrag in die Diskussion einbringen, indem sie etwa auf eine vorherige Äußerung inhaltlich reagieren oder eine Frage bzw. Kritik formulieren wollen. Kommt ein neuer Schüler in die Fishbowl hinein, verlässt derjenige Schüler den Diskussionskreis, der die letzte Aussage getätigt hat, sodass ein neuer Stuhl frei wird. Auf diese Weise können möglichst viele Schüler an der Diskussion teilnehmen, denn jeder einzelne ist sowohl Beobachter als auch Teilnehmer. Je nach Erfahrung und Diskussionsfähigkeit kann die Fishbowl-Diskussion von der Lehrkraft moderiert oder aber auch nur beobachtet werden. In diesem Fall übernimmt ein (leistungsstarker) Schüler die Moderationsrolle.

Die Ergebnisse können in einer weiterführenden Schreibaufgabe, z. B. in Form einer **Hausaufgabe**, verarbeitet werden. Dafür können die Schüler aufgefordert werden, einen Leserbrief zu verfassen (vgl. 4.1, S. 140). Alternativ bietet sich folgender Arbeitsauftrag an:

- *Verfassen Sie für eine Schülerzeitung eine Kurzrezension des Romans „Unter der Drachenwand".*

Bei den mit der Textsorte unerfahrenen Lerngruppen ist eine kurze, gemeinsame Erarbeitung eines Merkmalskatalogs sinnvoll. Da Schüler der Oberstufe in der Regel bereits über Wissen zur Textsorte der Rezension verfügen, beispielsweise über Besprechungen von Filmen in Tageszeitungen oder Online-Empfehlungen von Büchern oder Videospielen in entsprechenden Webportalen, kann dieses Vorwissen über ein **Blitzlicht** oder Brainstorming abgerufen werden:

- *Was versteht man unter einer Rezension? Erläutern Sie den möglichen Aufbau.*

Baustein 4: Wertung – Ist „Unter der Drachenwand" ein guter Roman?

- *Welche Erfahrungen haben Sie bereits mit Rezensionen gemacht?*
- *Welche Funktion hat eine Rezension? Wozu dient sie?*

Die Ergebnisse können als Tafelanschrieb wie folgt gesichert und von den Schülern notiert werden. Diese können dann in der (häuslichen) Schreibphase als Orientierung und Leitfaden dienen.

Die Rezension eines Romans soll …

… den Inhalt des Romans knapp wiedergeben, ohne zu viel zu verraten.
… auf ein gelungenes Buch aufmerksam machen.
… das Thema des Romans benennen, z. B. über das Zitieren einer Kernstelle.
… die Einstellung/Meinung des Autors/der Autorin zum dargestellten Problem beleuchten.
… die sprachlich-formale Machart des Romans analysieren (Figuren, Sprache, Stil …).
… auf mögliche Besonderheiten des Romans eingehen.
… zur Lektüre des Romans raten oder eher abraten.
… die Meinung des Rezensenten begründet deutlich werden lassen.
… öffentlich sein.

⬇

Funktion einer Rezension:
Information und Meinungsbildung

Als abschließender produktiver Schreibauftrag, z. B. in Form einer **Hausaufgabe**, ist folgender Impuls denkbar:

- *Führen Sie aus, warum der Roman „Unter der Drachenwand" in eine Kapsel eingeschlossen und für die Nachwelt in hundert Jahren bewahrt werden sollte.*

- *Wählen Sie ein aktuelles gesellschaftliches Thema wie z. B. die Flüchtlingskrise aus. Formulieren Sie dann eine Rede, die eine der Figuren aus dem Roman „Unter der Drachenwand" heute zu diesem Thema halten würde. Berücksichtigen Sie den Charakter und die Überzeugungen der von Ihnen ausgewählten literarischen Figur.*

4.3 Eine Rezension analysieren: Iris Radisch – Stimmen des Krieges

In dieser Sequenz sollen die Schüler in die formale Analyse eines komplexen, anspruchsvollen und meinungsbildenden Sachtextes eingeführt werden. Die Schüler lernen, eine solche Sachtextanalyse zu einer Rezension des Romans „Unter der Drachenwand" vorzubereiten, schriftlich zu formulieren sowie am Ende kriterienorientiert zu überarbeiten. Unter einer Rezension (lat. recensere = sorgfältig prüfen) versteht man die kritische Betrachtung und Wertung dichterischer und wissenschaftlicher Werke oder von Theater-, Film-, Fernsehaufführungen und Konzerten in Tageszeitungen (Feuilleton) und wissenschaftlichen Fachzeitschriften. An diesem Dreischritt der Planung, Textproduktion und abschließend der Textredaktion orientiert sich daher auch der methodische Ablauf der Sequenz. Am Ende sollen die Schüler in der Lage sein, eigenständig einen meinungsbildenden Sachtext, etwa einen Kommentar oder eine Romanrezension, systematisch zu untersuchen.

Zu **Beginn** erhalten die Schüler das **Arbeitsblatt 22** (S. 153, Webcode SNG-22744-035). Die kognitiv anspruchsvolle und nahezu ungekürzte Rezension der auch aus dem Fernsehen bekannten „Zeit"-Journalistin Iris Radisch sollte nach Möglichkeit gemeinsam im Plenum gelesen werden. Nach der Lektüre eines Sinnabschnittes erfolgt im Idealfall sofort die inhaltliche Verständigung über das Gelesene, dabei sollte zuerst auf die Informationen der Fußnoten zurückgegriffen werden. Unklarheiten über Begrifflichkeiten, aber auch inhaltliche Gedankengänge können vorab geklärt werden, sodass die eigenständige Arbeit der Schüler im Anschluss an die Lektüre ohne größere Zeitverluste beginnen und ablaufen kann. Diese Lektürephase kann in leistungsheterogenen Klassen intensiviert und ertragreicher gestaltet werden, wenn der Text vorab bereits ein erstes Mal in häuslicher Lektüre gelesen und vorbereitet wird. Im Anschluss an die gemeinsame Lektüre und die Klärung von Verständnisfragen erhalten die Schüler die Aufgaben des Arbeitsblattes 22. Die aufgeführten sechs Aufgaben bereiten die schriftliche Analyse der Rezension vor und dienen der Hinführung zu der Textsorte. Im Einzelnen geht es um die Bestimmung der Textsorte (Aufgabe 1), die Formulierung einer Einleitung (Aufgabe 2), eine Inhaltszusammenfassung analog zu den Sinnabschnitten des Sachtextes (Aufgabe 3), die Analyse der Argumentationsstruktur des Textes (Aufgabe 4), die Bestimmung der Intention der Rezension (Aufgabe 5) sowie die Analyse ausgewählter sprachlich-rhetorischer Stilmittel (Aufgabe 6). Die Aufgaben des Arbeitsblatts 22 können gut in **Einzel- oder Partnerarbeit** bearbeitet werden. Für die anschließende, nicht obligatorische, zumeist aber sinnvolle **Präsentation** eignet sich – wenn möglich – der Einsatz einer Dokumentenkamera, da die meisten Aufgaben direkt auf dem Arbeitsblatt selbst bearbeitet werden können.

■ *Bestimmen Sie die **Textsorte** des vorliegenden Sachtextes:*

☐ Glosse	☐ Reportage	☐ Bericht	☒ Rezension	☐ Satire	☐ Filmkritik	☐ Kommentar

■ *Benennen Sie das **Thema** des Sachtextes und formulieren Sie im Anschluss einen Einleitungssatz, der auch die äußeren Textdaten umfasst.*

☐ Vergleich eines alten mit einem neuen Roman	☐ Rezension des neuen Romans von A. Geiger	☐ Leben im Zweiten Weltkrieg	☒ Folgen des Krieges für den Menschen im Roman von A. Geiger

■ *Beschreiben Sie den **Aufbau** des Textes, indem Sie die folgenden Teilüberschriften den Sinnabschnitten textchronologisch chronologisch zuordnen. Verfassen Sie dann eine nach Sinnabschnitten geordnete Inhaltszusammenfassung im Präsens, in eigenen Worten und in indirekter Rede.*

4	Formulierungskunst des Ich-Erzählers Veit Kolbe und Folgen des Krieges für den Menschen
6	Kritik an einseitig positiver Darstellung der Figuren und Ignorieren der Täterperspektive
2	literarisches Kompositionsprinzip des neuen Romans von Arno Geiger
1	Versuch des Einfühlens in vergangene historische Epochen und in das Leben verstorbener Menschen am Beispiel eines Werkes des Dichters Walter Kempowski
5	formale und inhaltliche Unterschiede zwischen den Erzählstimmen des Romans
3	knappe Präsentation der verschiedenen Erzählstimmen des Romans

Radisch beginnt ihre Rezension mit ihrer szenisch inszenierten Leitfrage. Beim Betrachten alter Fotos habe sich wohl schon jeder einmal gefragt, wie die Menschen vergangener Epochen wohl gelebt bzw. was sie wohl empfunden hätten? Sie erwähnt Geigers Roman an dieser Stelle noch mit keinem Wort, sondern erinnert an Walter Kempowskis Versuch, durch seinen Roman „Das Echolot" über eine Art kollektives Tagebuch die Stimmen des Krieges authentisch und glaubwürdig einzufangen, indem Briefe und Tagebücher aus den Vierzigerjahren im Original und vom Dichter unberührt präsentiert werden. Erst nach dieser Einleitung geht Radisch in ihrem zweiten Sinnabschnitt auf den Roman „Unter der Drachenwand" ein, indem sie seine formale Verwandtschaft, aber auch seine Unterschiede zu Kempowskis „Echolot" betont. Im Gegensatz zu Kempowski habe Geiger die schriftlichen Nachlässe der Zeitzeugen massiv nachbearbeitet und in Teilen sogar erfunden, was den Text aber nicht weniger authentisch und glaubwürdiger mache. Im dritten Sinnabschnitt stellt die Rezensentin die verschiedenen Erzählstimmen des Romans in groben Zügen vor, um dann im Anschluss genauer auf den Protagonisten Veit Kolbe einzugehen, dessen Formulierungskunst sie bewundert und beispielhaft belegt. Radisch geht dabei auf die Lebensgier des an Leib und Seele verletzten jungen Wehrmachtssoldaten ein, der aus seinem Schicksal keine große Sache zu machen scheint und gerade durch diese Einfachheit und Klarheit an Eindruck gewinne. Im fünften Sinnabschnitt nimmt Radisch die weiteren Erzählstimmen des Romans in den Blick und macht dadurch deutlich, dass die Vielfalt an unterschiedlichen Tönen zu den wesentlichen Stärken des Textes gehört. Erst am Ende findet die Rezensentin einige wenige kritische Worte. So seien die Figuren des Romans, die sich im Dorf Mondsee unter der Drachenwand des Salzkammergutes einfänden, allesamt sympathische Gestalten, die sich in ihrem Kern als Gegner des Faschismus vorstellten. Auf die Darstellung des Bösen habe Arno Geiger fast völlig verzichtet. Radisch kann über diese für sie kleinere Schwäche des Romans jedoch hinwegsehen, da sie die Kernbotschaft von der Unmenschlichkeit des Krieges davon unberührt sieht.

■ *Bestimmen Sie die **Argumentationsstruktur** des Textes und begründen Sie textnah.*

☐ linear-thetische Argumentationsstruktur: Die Tendenz des Textes ist einseitig.	☒ antithetisch-dialektische Arg.-Struktur: Es werden auch Gegenargumente genannt.

■ *Welche **Intention** (= Absicht) verfolgt die Autorin mit ihrem Text?*

☐ Sie will neutral informieren.	☒ Sie will dem Leser/ der Leserin das Buch empfehlen.	☐ Sie rät von der Lektüre ab.	☐ Sie warnt vor historischen Romanen ohne Zeitbezug.

■ *Benennen Sie die folgenden **sprachlich-rhetorischen Stilmittel** und erläutern Sie anschließend in Ihrem Kursheft deren Wirkungsabsicht.*

Formulierung	sprachliches Mittel
„Was, zum Teufel, haben die Leute, die?!" (Z. 2 ff.)	rhetor.-umgangssprachliche Frage
„das erste und letzte Opfer des Krieges" (Z. 20 f.)	Antithese/Gegensatz
„mit einer Prise überzuckerter Prosa" (Z. 72 f.)	Metapher
„Wunderpille der Wehrmacht" (Z. 111 f.)	Alliteration
„Im liebevollen Auspinseln solcher […] Winzigkeiten" (Z. 137 f.)	Metapher
„safe spaces des Alltäglichen" (Z. 142 f.)	Fremdwort (Englisch)
„Die Bösen, die Mitläufer, die Nazis" (Z. 152 f.)	Akkumulation (Aufzählung)

alle Zitate: Iris Radisch: „Stimmen des Krieges", DIE ZEIT 03/2018

Im Anschluss an die Präsentation der Ergebnisse sind die Schüler in der Lage, den komplexen Sachtext von Iris Radisch schriftlich zu analysieren. Im Vorfeld dieser Textanalyse, die aus zeitökonomischen Gründen von den Schülern zu Hause angefertigt werden sollte, erhalten diese das **Zusatzmaterial 5** (S. 163, Webcode SNG-22744-042). Das Zusatzmaterial ist eine genaue und mit Beispielen versehene Anleitung zum Verfassen einer Sachtextanalyse. Es gibt konkrete Formulierungshilfen an, die insbesondere in leistungsheterogenen Lerngruppen sinnvoll eingesetzt werden können.

Formulierungshilfen für das Verfassen einer Textanalyse

Der Autor/Die Autorin …

- informiert darüber, dass …/vertritt die These, dass …
- verdeutlicht seine/ihre These, indem …/nutzt ein Beispiel, um … zu
- beruft sich auf eine Autorität, sodass …/appelliert an …
- belegt seine/ihre Position mithilfe von …/nutzt hier ein Faktenargument, um zu zeigen, dass …
- argumentiert einseitig/ausgeglichen, da er/sie …
- zeigt seine/ihre Sympathie für den Buchautor/die Buchautorin, indem er/sie ….
- beendet seinen/ihren Sachtext, indem er/sie …

Da die Schüler in die Anfertigung einer derart komplexen und umfangreichen textanalytischen Aufgabe viel Zeit und Anstrengung gesteckt haben und die Textsorte häufig auch in Klausuren angewandt wird, ist es sinnvoll, die Textproduktionen zu würdigen, indem man sie bearbeiten lässt und ausgewählte Texte zu Gehör bringt. Vorgeschlagen wird der Einsatz der ESAU-Textüberarbeitungsmethode nach Günther Einecke (vgl. **Zusatzmaterial 6**, S. 164, Webcode SNG-22744-043). Mit der ESAU-Methode kann die inhaltliche, v. a. aber die sprachliche Qualität eines selbstständig verfassten Textes deutlich erhöht werden, indem dieser im Anschluss an die erste Produktionsphase zielgerichtet überarbeitet und mithilfe klarer Regeln verbessert wird. Setzt man die ESAU-Methode erstmalig ein, sollte das Zusatzmaterial 6 im Plenum gelesen und seine Inhalte sollten ergebnissichernd besprochen werden.

- *Wofür stehen die Buchstaben ESAU?*
- *Wer hat bereits Erfahrungen mit der Methode? Berichten Sie davon.*

Eigene Texte gezielt überarbeiten: Die ESAU-Methode

ERGÄNZEN: **wo eine Lücke auffällt** (z. B. mit Einfügeschleife über der Einfügestelle)

STREICHEN: **wo etwas überflüssig erscheint** (einfach das Wort/die Wörter streichen)

AUSTAUSCHEN: **wo ein Wort, Satzglied, Satz, Textteil nicht passt** (streichen und ergänzen)

UMSTELLEN: **wo die Reihenfolge der Satzglieder, Sätze, Gedanken oder Textabschnitte unstimmig ist** (Umstellen mit über den Wörtern fortlaufenden Ziffern)

Nach: Günther Einecke: Die ESAU-Regel: Bei der Textüberarbeitung „Proben" nutzen, Bergheim, 1991 (leicht angepasst), www.fachdidaktik-einecke.de/9c_Meth_Textproduktion/esau_textueberarbeitung.htm (23.06.2020)

Die Schreibforschung hat herausgefunden, dass die Ergebnisse der Textüberarbeitung ergiebiger sind, wenn die Schüler nicht ihre eigenen, sondern Fremdtexte überarbeiten. Der fremde Blick auf etwas Unbekanntes macht weniger blinde Flecken und Voreingenommenheit wahrscheinlicher.

> *Lesen Sie die Textanalyse eines Ihrer Mitschüler/Mitschülerinnen. Markieren Sie dabei spontan Formulierungen bzw. Sätze, die Ihnen beim ersten Lesen nicht gelungen erscheinen, mit einem Zeichen am Textrand, z. B. einem Bleistiftstrich. Überlegen Sie am Ende Ihrer Lektüre, wie Sie die markierten Stellen sprachlich verbessern könnten. Wenden Sie dafür die ESAU-Methode an.*

Die ESAU-Methode lässt sich in idealer Form auch mehrfach einsetzen, wenn die Schülertexte in digitaler Form vorliegen. So lassen sich am Computer die entsprechenden und von den Mitschülern vorgeschlagenen Verbesserungen am leichtesten vornehmen. Im normalen Schulalltag ist aber eher davon auszugehen, dass die Schülerproduktionen handschriftlich vorliegen. In diesem Fall empfiehlt sich der methodische Einsatz einer Legende: Haben die Schüler ihren eigenen, von einem Mitschüler markierten Text wieder zurückerhalten, markieren sie die entsprechende zu überarbeitende Stelle mit einer Zahl (oder einem Symbol). Diese wird dann unter dem Text notiert. An dieser Stelle lässt sich dann bequem die Überarbeitung vornehmen. Das Bewusstsein für die Notwendigkeit einer Textüberarbeitung lässt sich steigern, wenn am Ende auch einige Verbesserungen im Plenum vorgestellt werden. Die Schüler erhalten damit Einsicht in den Dreischritt der Textproduktion einer Sachtextanalyse, die aus der Vorarbeit, der Textproduktion und der Redaktion besteht.

> *Stellen Sie eine von Ihnen vorgenommene Überarbeitung vor. Präsentieren Sie dafür zuerst den Ausgangssatz, so, wie Sie ihn vorgefunden haben. Erläutern Sie, inwiefern Sie den Satz für überarbeitungswürdig gehalten haben, und stellen Sie im Anschluss Ihren überarbeiteten Satz vor.*

> *Ist der Satz mithilfe der ESAU-Methode tatsächlich besser geworden? Inwiefern? Oder liegt eine „Verschlimmbesserung" vor? Begründen Sie.*

4.4 Textgebunden erörtern – Die Firma „Blut und Boden" wird geschäftstüchtig

Neben der populären Analyse eines Sachtextes findet sich in vielen Oberstufenlehrplänen der Länder der Aufgabentypus der sog. **textgebundenen Erörterung**, einer komplexen und anspruchsvollen Schreibaufgabe, die sich auch in zahlreichen Abituraufgaben der letzten Jahre wiederfindet. Darunter versteht man eine zweistufige Aufgabenart, bei der es zunächst darum geht, die Textvorlage in einem ersten Schritt inhaltlich zu erfassen, zu beschreiben und formal zu analysieren. Hier ähnelt die Aufgabenart der textgebundenen Erörterung der klassischen Sachtextanalyse, wie sie bereits beschrieben wurde (4.3, Eine Rezension analysieren, S. 143). In einem zweiten Schritt im Anschluss an die formale Analyse des Sachtextes geht es darüber hinaus darum, sich mit der Textvorlage argumentativ auseinanderzusetzen. Dies geschieht in Form einer Abwägung oder auch Erörterung. Pro- und Kontra-Argumente werden in systematischer Form im Hinblick auf eine oder mehrere Thesen des Sachtextes einander gegenübergestellt. Am Ende geht es darum, zu einem begründeten Fazit zu kommen. Dies kann in Form einer völligen Zustimmung (Verifikation), Ablehnung (Falsifikation) oder Erweiterung (Modifikation) erfolgen. Insgesamt kann man unter einer textgebundenen

Erörterung also eine Kombination aus der Textanalyse eines argumentierenden (Sach-)Textes und einer eigenständig entwickelten Argumentation verstehen.

Als Textvorlage zur einführenden Arbeit mit der textgebundenen Erörterung wird Paul Jandls Rezension „Die Firma Blut und Boden ist geschäftstüchtig" empfohlen (vgl. **Arbeitsblatt 23**, S. 156, Webcode SNG-22738-036). Vorgeschlagen wird, dass die Schüler sich mit der Buchbesprechung des Autors zuerst eigenständig auseinandersetzen und auf Lenkungen seitens der Lehrkraft zum Einstieg verzichtet wird. Gleichwohl kann es gerade in leistungsheterogenen Lerngruppen ohne Erfahrung mit der Aufgabenart sinnvoll sein, den Text zuerst gemeinsam im Plenum zu lesen, die Entscheidung erfolgt lerngruppenabhängig.

Für das möglichst selbstständige Erarbeiten von Sachtexten hat sich in den letzten Jahren die sog. „5-Schritt-Lesemethode" durchgesetzt, die in didaktischen Lehrwerken häufig auch schon in der Sekundarstufe I zum Einsatz kommt. Die bekannte Methode leitet die Schüler mehrschrittig zur eigenständigen und konzentrierten Informationsgewinnung an, indem sie insgesamt fünf Schritte durchlaufen: In einem ersten Schritt geht es darum, sich einen ersten Überblick über den Text zu verschaffen. Dafür wird er zuerst nur überflogen, die Schüler fokussieren die Überschriften und Zwischenüberschriften. Noch vor der eigentlichen Lektüre formulieren sie in einem zweiten Schritt denkbare Fragen, auf welche der zu analysierende Text eine Antwort geben könnte. Erst im dritten Schritt wird der Text von den Schülern genau und langsam durchgelesen. Dabei werden zunächst unbekannte Wörter in einem Lexikon nachgeschlagen und unverstandene Formulierungen am Textrand mit einem Fragezeichen versehen. Im Anschluss werden die Kernaussagen des Textes, also die zentralen Schlüsselbegriffe, von den Schülern markiert bzw. unterstrichen. Der vorletzte Arbeitsschritt besteht darin, dass die Schüler zu den einzelnen Sinnabschnitten der Textvorlage eine zusammenfassende Überschrift formulieren. Die 5-Schritt-Lesemethode schließt in ihrem letzten Schritt damit, dass die Schüler dazu angehalten werden, die Hauptaussagen des Textes in eigenen Worten zu Papier zu bringen. Die Leseforschung hat vielfach nachgewiesen, dass diese naturgemäß zeitraubende Auseinandersetzung mit einem Sachtext der traditionellen Lektüre mit anschließender Bearbeitung im Hinblick auf die Ergebnisse weit überlegen ist. Dafür sollte die deutlich längere Bearbeitungszeit in Kauf genommen werden.

Gleichwohl kann es gerade in leistungsheterogenen Lerngruppen ohne Erfahrung mit der Aufgabenart sinnvoll sein, den Text zuerst gemeinsam im Plenum zu lesen und es den Schülern auf diese Weise zu ermöglichen, erste und grundlegende Verständnisfragen zu formulieren, deren Klärung für die eigenständige Weiterarbeit fundamental ist.

■ *Lesen Sie den Text mithilfe der 5-Schritt-Lesemethode. Gehen Sie dafür wie folgt vor (Aufgabe 1):*

Die 5-Schritt-Lesemethode

A Überfliegen Sie den Text und verschaffen Sie sich einen ersten Überblick über sein Thema.
B Formulieren Sie einige Fragen, auf die der Text eine Antwort geben könnte.
C Lesen Sie jetzt den Text genau durch. Klären Sie unbekannte Begriffe und markieren Sie unklare Passagen mit einem Fragezeichen. Markieren Sie im Anschluss die zentralen Aussagen des Textes sowie mögliche Schlüsselbegriffe.
D Gliedern Sie den Text, indem Sie für jeden (Sinn-)Abschnitt eine zusammenfassende Überschrift formulieren. Wenn möglich, können Sie einzelne Abschnitte zusammenfassen.
E Formulieren Sie die Hauptaussage des Textes in eigenen Worten.

Baustein 4: Wertung – Ist „Unter der Drachenwand" ein guter Roman?

Jandls Rezension erschien im Januar 2018 in der Neuen Zürcher Zeitung, sie steht dem neuen Roman Arno Geigers überaus positiv, wenn nicht sogar euphorisch gegenüber. Für Jandl besteht die litarisch-künstlerische Leistung des Dichters vor allem darin, dass es ihm gelinge, „[aus] den Winzigkeiten des Lebens" (Z. 123) einen Rest an Menschlichkeit aufzufinden. Geigers Roman wage sich in den „Themenkreis der Hölle" und durchschreite ihn „auf Zehenspitzen" und mit „Vorsicht" (Z. 13f.), indem das Leben ganz normaler, durchschnittlicher Menschen in der Endphase des Zweiten Weltkriegs Gehör finde. Die Briefe und Tagebuchaufzeichnungen seiner Figuren lieferten ein eindrucksvolles Zeugnis von dramatischen Verlusten und informierten über „verlorene Jahre" (Z. 19). Das Talent des österreichischen Autors besteht für Jandl insbesondere darin, dass es ihm gelinge, „menschliche Eigenschaften in abstrakte Größen" zu verwandeln (Z. 74f.). Geiger bringe sich „in eine empathische Distanz zu den Figuren, in der die Guten ganz unverdächtig gut sind, aber die Schlechten auch nicht ganz schlecht aussehen" (Z. 76ff.). Nicht einmal die auf den ersten Blick bösartige Quartierfrau, die Veit Kolbe und Margot mit ihrem Piesacken das Leben zur Hölle macht, sei ausschließlich ein „Monster des Missmuts und der Bosheit" (Z. 80), denn schließlich gebe es mit ihrem Ehemann eine Person, die sie aufrichtig liebe.

In Abhängigkeit vom Leistungsvermögen der Lerngruppe und ihren Lernvoraussetzungen kann es sinnvoll sein, den zweiten Teil der zweiten Aufgabe des Arbeitsblatts 23 inhaltlich vorzuentlasten, da die selbstständige Beschäftigung mit der These Jandls, dass der Roman unverdächtige gute Figuren aufweise und auf regelrechte Bösewichte verzichte, für einige Schüler eine kognitive Überforderung darstellen kann. In diesem Fall gilt es, zuerst im Unterrichtsgespräch eine gemeinsame Verständigung über die These Jandls herzustellen und die Schüler erst im Anschluss orientiert weiterarbeiten zu lassen. Hier besteht die Möglichkeit der inneren **Differenzierung**: Während leistungsstärkere Schüler bereits mit der selbstständigen inhaltlichen Auseinandersetzung mit der These Jandls in Einzelarbeit beginnen können, ist es parallel dazu möglich, einige Schüler in Kleingruppen an der These arbeiten zu lassen, etwa indem sie infrage kommende Figuren des Romans, wie beispielsweise den Onkel Veits oder den Ehemann der Quartierfrau, zum Vergleich heranziehen und nach geeigneten Textstellen im Roman suchen lässt.

> *Verfassen Sie nun zum vorliegenden Sachtext von Paul Jandl eine textgebundene Erörterung, indem Sie den Text in einem ersten Schritt analysieren und in einem zweiten Schritt seine These erörtern, dass im Roman „die Guten ganz unverdächtig gut", „aber die Schlechten auch nicht ganz schlecht aussehen", es also keine wirklichen Bösewichte gibt (vgl. Z. 77ff.). (Aufgabe 2)*

Entscheidet sich die Lehrkraft erstmalig für die Einführung des Aufgabentyps der textgebundenen Erörterung in ihrer Lerngruppe, empfiehlt sich die Arbeit mit dem **Zusatzmaterial 7** (S. 165, Webcode SNG-22744-044). Das Methodenblatt führt die Schüler systematisch sowohl in die Texterarbeitung als auch -erörterung ein und fungiert als sinnvoller Schreibplan während der Textproduktion. Erfahrungsgemäß orientieren sich insbesondere leistungsschwächere Schüler an solchen Schreibplan-Vorlagen. Angesichts geringer zeitlicher Ressourcen ist davon auszugehen, dass die Erörterungen der Schüler in der Regel zu Hause fertiggestellt werden. Sie sollten in den Folgestunden im Unterricht gewürdigt werden, indem mindestens ein Text vorgelesen und besprochen wird.

> *Einige Rezensenten halten es für eine Schwäche des Romans „Unter der Drachenwand", dass sein Figurenarsenal fast ausschließlich aus sympathischen, antifaschistisch eingestellten Menschen bestehe. Geiger habe sich davor gescheut, auch das abgrundtief Böse und Vernichtende darzustellen. Was halten Sie von diesem Vorwurf? Trifft er zu?*

Baustein 4: Wertung – Ist „Unter der Drachenwand" ein guter Roman?

Der Impuls nimmt die Kritik Jörg Magenaus auf, für den v. a. die Briefe Oskar Meyers auf der Flucht vor dem Naziterror mit dem sonstigen Geschehen am Mondsee kaum verbunden seien. Magenau empfindet die Briefe des bemitleidenswerten Juden als „erratische Blöcke", die aus dem Romangeschehen herausfielen und den Lesefluss unterbrächen.[1] Er macht Geiger damit zumindest implizit den Vorwurf, diesen Handlungsstrang nur deshalb in seinen Roman integriert zu haben, weil ihm seine offensichtliche Schwäche selbst bewusst gewesen sei: das Fehlen des abgrundtief Bösen und Verdammenswerten, über das ein Roman über das Leben im Dritten Reich nicht schweigen könne und das erst mit Oskar Meyers Schicksal und dem Holocaust in den Roman integriert werde.

Als mögliche **Vertiefung** kann mit den Schülern über den Sinn und Zweck von Literatur am Beispiel des Romans „Unter der Drachenwand" gesprochen werden. Dafür kann das **Arbeitsblatt 24** (S. 158, Webcode SNG-22744-037) zum Einsatz kommen:

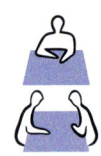

> *Die Frage nach dem Sinn von Kunst und Literatur ist schon Tausende von Jahren alt. Bereits der römische Dichter Horaz (66 – 8 v. Chr.) machte sich über diese Frage Gedanken und sprach davon, dass Literatur „nützen und erfreuen" (lat. prodesse et delectare) solle. Seitdem sind viele weitere Gedanken über diese Frage hinzugekommen, wie auch die von Iris Radisch und Mario Vargas Llosa. Lesen Sie die Zitate und geben Sie diese in eigenen Worten wieder. Beziehen Sie sie in einem zweiten Schritt auf Arno Geigers Romans „Unter der Drachenwand".*

Die Aufgabe kann in **Einzelarbeit**, aber auch in Form eines **Partnerpuzzles** (vgl. S. 99) bearbeitet werden. In letzterem Fall beschäftigen sich die Schüler zuerst nur mit einem der beiden literaturtheoretischen Aussagen und beziehen sie auf den Roman Geigers. Danach stellen sie sich die arbeitsteilig erarbeiteten Ergebnisse des Transfers in Form eines Kurzreferats vor.

Für **Iris Radisch** besteht das Potenzial von Literatur vor allem darin, vergangene Zeiten lebendig und erfahrbar zu machen. Mit Blick auf den Roman „Unter der Drachenwand" wird es so gesehen möglich, die Leiden ganz normaler Menschen, ihr Leben und Sterben für Menschen der Gegenwart nachvollziehbar zu machen, indem das „Innere eines Menschen" in den Tagebuchaufzeichnungen und Briefen des Romans sichtbar wird.[2]

Der Literaturnobelpreisträger **Vargas Llosa** setzt hingegen einen anderen Akzent. Ihm geht es in seinem Statement weniger um die Vergangenheit als um die Gegenwart. Literatur habe die Aufgabe, den Leser daran zu erinnern, dass die „wirkliche Welt unzureichend" sei und „eine andere Welt" benötigt werde.[3] Auch heute gehe es – wie in Arno Geigers Roman „Unter der Drachenwand", so die Unterstellung – darum, dass die großen Mächte den Menschen zu manipulieren versuchten. Politische, wirtschaftliche und technische Mächte versuchten so, Macht über den Einzelnen zu gewinnen. In einer solchen Situation befindet sich ohne Frage auch Geigers Protagonist Veit Kolbe.

Notizen

---

[1] www.deutschlandfunkkultur.de/arno-geiger-unter-der-drachenwand-fronturlaub-am-mondsee.950.de.html?dram:article_id=407667 (23.06.2020)
[2] www.zeit.de/2003/51/01__Leiter_2 (23.06.2020)
[3] DER SPIEGEL Nr. 47/16.11.2019, S. 122

Literarische Texte bewerten – „Unter der Drachenwand"

1. Führen Sie Partnerinterviews in Ihrem Kurs zu der Frage, wie Ihren Mitschülern/Mitschülerinnen der Roman „Unter der Drachenwand" gefallen hat. Notieren Sie die Antworten Ihrer Mitschüler/Mitschülerinnen in Stichworten und ordnen Sie diese den folgenden Wertungskriterien zu.

Kriterien zur Wertung von literarischen Texten[1]	
Kriterien zur Wertung der Wirkung Ist der Text interessant, spannend oder langweilig? Welche Gefühle löst er bei dem Leser aus? Woran liegt das? Wirft der Text eine neue Frage auf oder fördert er eine neue Einsicht?	**Kriterien zur Wertung des Inhalts** Gibt es interessante Figuren in der Geschichte? Inwiefern ist das so? Gibt es einen Konflikt, der die Handlung vorantreibt? Worin besteht er? Kann man den Text auf die Realität beziehen? Inwiefern?
Kriterien zur Wertung von Relationen Entspricht die erzählte Geschichte dem, was man schon kennt, oder sind Figuren, Konflikt bzw. Verlauf ungewohnt? Inwiefern? Ist das positiv oder negativ? Entspricht die Form des Textes dem, was man bereits kennt, oder gibt es ungewohnte Formen der Darstellung? Welche? Ist dies eher positiv oder negativ zu sehen?	**Kriterien zur Wertung der Form** Ist die sprachliche Gestaltung anschaulich oder verwirrend, klar oder unklar? Ist die Geschichte kompliziert oder einfach? Woran lässt sich das festmachen? Ist das positiv oder negativ zu sehen? Ist es offensichtlich, welchen Sinn der Text hat, oder scheint er mehrdeutig zu sein? Woran kann man das festmachen?

2. In einigen Bundesländern ist der Roman zu einem Pflichtthema für Abiturienten und Abiturientinnen im Fach Deutsch bestimmt worden. Notieren Sie Argumente, die für bzw. gegen diese Entscheidung sprechen, in der Tabelle.

Sollte der Roman „Unter der Drachenwand" für alle Schüler eine verbindlich zu lesende Unterrichtslektüre im Fach Deutsch sein?	
JA/PRO	**NEIN/KONTRA**

3. „Die heutige Schülergeneration sollte eher klassische Texte, wie z. B. Goethes ‚Die Leiden des jungen Werthers' oder Fontanes ‚Effi Briest' lesen." (Aus einem Leserbrief) Verfassen Sie ein begründetes Antwortschreiben auf diese These.

---

[1] Nach: C. Müller: Ist das Buch gut? In: Praxis Deutsch 241/2013, Friedrich Verlag: Seelze, S. 41–45, hier: S. 45

Über Literatur streiten – Debatte

„Arno Geiger hat einen berührenden, klugen Roman über die zerstörerische Kraft des Krieges geschrieben […] Dieses Buch, das auf historisches Material zurückgreift, hat geradezu schmerzliche Aktualität."
(Heide Soltau, NDR, 08.01.2018)

„Ein Virtuosenstück über ein Thema, über das man im Prinzip keine Virtuosenstücke lesen möchte. Geigers noch nie so weit getriebene Meisterschaft kann aber selbst diesen Eindruck mit dem wirklich ungeheuren Sog der Geschichte abdrängen."
(Judith von Sternburg, Frankfurter Rundschau, 08.01.2018)

„Ein Liebesroman, der nicht versäumt, das zeitgeschichtliche Panorama mitzuerzählen […] Sehr warmherzig, sehr tiefgründig […] Ein wunderbares, wirklich warmes, eindrucksvolles Buch."
(Jörg Magenau, Deutschlandfunk, 06.01.2018)

Die Briefe Oskar Meyers, „der vergeblich versucht, den Nazis zu entkommen. Dessen Briefe sind mit dem Handlungsverlauf kaum verbunden […] Sie fallen als erratische[1] Blöcke aus dem Romangeschehen heraus und unterbrechen den Lesefluss unnötig."
(Jörg Magenau, Deutschlandfunk Kultur, 06.01.2018)

„Im liebevollen Auspinseln kriegsabgewandter Winzigkeiten wie dem abendlichen Bier nach der anstrengenden Gartenarbeit, den Nächten am Plattenspieler im Gewächshaus am Mondsee und vielen anderen vermeintlichen Banalitäten liegt die Stärke des Romans. Und es sind solche ‚safe places' des Alltäglichen, die eine Teilantwort auf die Frage nach dem seelischen Überleben in Zeiten des Krieges enthalten."
(Iris Radisch, Die Zeit, 11.01.2018)

Über weite Teile bleibt der Roman schwer zu lesen. Weil die Handlung überwiegend in den Soldaten selbst hineinverlegt wird, geschieht äußerlich kaum etwas. Das ruft beim Leser Ermüdungserscheinungen hervor. Auf fast 500 Seiten sollte mehr passieren als Innenschau und Selbstbefragung.

Der Roman verschweigt, dass Veit Kolbe letztlich ein Nazi ist, ein Anhänger eines verbrecherischen Regimes. Er mag sich gewandelt haben, aber im Kern steht er auf der falschen Seite. Das ist die Schwäche des Romans, dass er die wirklich Bösen nicht zu Wort kommen lässt und uns durch den sympathischen Veit Kolbe weismachen will, dass es auch gute Nazis gab.

Irgendwann erschießt Veit Kolbe seinen Onkel, mit dem er sich davor eigentlich gut verstanden hatte. Dieses literarische Verbrechen kommt urplötzlich, es ist weder vorbereitet noch motiviert. Das ist ein offensichtlicher Fehler in der Figurenlogik des zähen und ermüdenden Romans.

(Zitate 6–8: Originalbeiträge)

1. Überprüfen Sie ausgewählte Behauptungen der Rezensenten zum Roman, indem Sie die folgende Tabelle in Ihr Kursheft übertragen und nach (Text-)Belegen suchen.

Behauptung des Rezensenten	Erläuterung oder Beleg aus dem Roman

2. Ist „Unter der Drachenwand" ein guter Roman und daher lesenswert? Tauschen Sie sich im Rahmen einer Fishbowl-Diskussion über die literarische Qualität des Antikriegsromans aus. Machen Sie sich dafür eines oder mehrere der gerade erarbeiteten Argumente zu eigen und untermauern Sie diese mithilfe eigenständig ausgewählter Textstellen aus dem Roman.

---

[1] nicht entsprechend der Handlungsfolge

Iris Radisch: Stimmen des Krieges

Beim Betrachten alter Fotografien überfällt einen manchmal die Frage: Was, zum Teufel, haben die Leute, die da gerade eine Straße überqueren oder eine Fahne hissen, in dieser längst vergangenen Weltsekunde wohl empfunden? Die Geschichte des Lebensgefühls vergangener Zeiten wäre für immer verloren, gäbe es nicht schriftliche Überbleibsel, die Einblicke in das Innenleben der längst Verstorbenen gewähren. Sie sind eine Fundgrube für Schriftsteller. Walter Kempowski (1929–2007) hat jahrzehntelang Briefe und Tagebücher aus den vierziger Jahren gesammelt und damit eine Art Museum des deutschen Innenlebens zu Zeiten des Krieges hinterlassen. Sein monumentales, zehnbändiges „kollektives Tagebuch" *Das Echolot* war so überwältigend wie erschütternd: Die darin versammelten Lebensdokumente halfen sich angesichts des Schreckens der letzten Kriegsjahre in der Regel mit verlogenen Floskeln[1] und daueraufgekratzter Munterkeit über das Grauen der Zeiten hinweg. Die Wahrheit war das erste und das letzte Opfer des Krieges.

Der Wiener Schriftsteller Arno Geiger [...] versucht in seinem neuen Roman etwas Ähnliches. Auch er trägt Briefe und Tagebücher aus dem Jahr 1944 zusammen, die eine seelische Innenaufnahme des Kriegsendes ergeben sollen. Doch anders als Walter Kempowski hat er die schriftlichen Nachlässe der Zeitzeugen stark nachbearbeitet, wenn nicht gänzlich erfunden: Sein Kriegsroman *Unter der Drachenwand* ist eine geniale Authentizitätsfiktion[2], aus der der Autor sich anschießend so spurlos wie möglich zurückgezogen hat.

Übrig bleiben: der Wehrmachtssoldat Veit Kolbe, im Jahr 1944 gerade 24 Jahre alt, wohnhaft in der Possingergasse in Wien, schwer verwundet durch Granatsplitter an der Ostfront und auf Genesungsurlaub in Mondsee am Mondsee im Salzburgischen. Die „Reichsdeutsche" Margot aus Darmstadt, frisch verheiratet mit einem Soldaten aus Linz, Mutter eines Säuglings und Nachbarin des Wehrmachtssoldaten in Mondsee, sowie deren Mutter aus dem total zerstörten Darmstadt. Außerdem die „Quartierfrau"[3] in Mondsee und der „Brasilianer", ihr von Brasilien und der Freiheit träumender Bruder. Ferner eine kinderlandverschickte Mädchenschulklasse im benachbarten Ort samt einer rätselhaft verschlossenen Wiener Lehrerin. Am Rande tritt auf: der jüdische Zahntechniker Oskar Meyer aus der Possingergasse, dem die Flucht aus Wien zu spät gelingt. Nachdem seine Frau und sein Kind deportiert werden, meldet er sich in Budapest freiwillig zur Zwangsarbeit. Sie alle lernt man kennen, bevor sie den Kriegsausgang und die Zukunft auch nur ahnen. Im fingierten[4] Originalton der Zeit spricht in der Hauptsache der kriegsverletzte Tagebuchschreiber Veit Kolbe, gelegentlich unterbrochen von dem 16-jährigen Rekruten Kurt aus Wien, der rührende Liebesbriefe an seine 13-jährige Cousine ins Kinderheim am Mondsee sendet. Aus dem Bombenhorror von Darmstadt mischt sich hin und wieder die Mutter von Margot in den Stimmenchor. Die bestürzenden Briefe des jüdischen Zahntechnikers aus Wien sorgen dafür, dass die deutschsprachigen Opfergruppen des vorletzten Kriegsjahres in dem Roman nahezu vollständig vertreten sind – lauter von Krieg und Verfolgung schwer verwundete Seelen, die ihren Nöten in sorgfältig redigierten Schriftstücken Luft machen.

Namentlich der Tagebuchautor Kolbe formuliert so gekonnt neusachlich und unprätentiös[5], als habe er in Wien ein Schreibseminar an der Schule für Dichtung besucht. In makellos entschlackter und nur hauchdünn mit einer Prise zeittypischer Umstandskrämerei[6] überzuckerter Prosa berichtet er von seiner Verwundung an der Front: „Im Himmel, ganz oben, konnte ich einige ziehende Wolken erkennen, und da begriff ich, ich hatte überlebt." Und schreibt dann einen langen, mitreißenden Roman einfach so entspannt weiter – völlig frei von dem Schutt aus Witzelei und Schwulst[7], der in der naturtrüben Schriftform der kempowskischen Originalzeugnisse aus dem Jahr 1945 den Blick auf die wahren Empfindungen verstellte. In der einfühlsamen Zeitzeugen-Simulation durch den 49-jährigen Schriftsteller, der man sich widerstandslos überlässt, verschwindet der historische Sicherheitsabstand, der uns von der ersten Hälfte des 20. Jahrhunderts inzwischen trennt, und unbeantwortbare Fragen aus der eigenen Familiengeschichte kommen beim Lesen zurück: Wie haben unsere Eltern und Großeltern das alles aushalten können, ohne seelisch zu zerbrechen?

Auch beim Tagebuchschreiber Kolbe scheint mehr als nur der Unterkiefer und der Oberschenkel zerfetzt zu

---

[1] Floskel: nichtssagende, formelhafte Aussage
[2] Authentizität: Wahrhaftigkeit/Fiktion: etwas Erdachtes, Vorgestelltes
[3] Quartierfrau: Vermieterin
[4] fingiert: erdichtet
[5] unprätentiös: entspannt, souverän, unaufgeregt
[6] Umstandskrämer: Haarspalter, ein umständlicher und übergenauer Mensch
[7] Schwulst: etwas Überladenes, Übertriebenes

sein. Er berichtet immer wieder von plötzlich auftretenden Panikattacken, die sich anfühlen, als müsse er unter dem Andrang des Erlebten ersticken. Er hat Furchtbares gesehen, Massenerschießungen von Partisanen, Dörfer in Russland, die man einfach „weggewischt" habe mit „Jung und Alt", bis auf den Schutthaufen zwischen den Leichen nur noch „ein paar zerzauste Hühner" herumgelaufen seien. Damals hat er das so hingenommen, denn er kannte seit Jahren nichts als den Krieg. Erst beim Anblick der nach Mondsee kriegsverschickten Wiener Schulmädchen empfindet er mit voller Wucht die „ganze Traurigkeit" seines Lebens und seiner verpassten Jugend: „Wie weit die Verzerrung des eigenen Wesens schon vorangeschritten ist, merkt man, wenn man wieder unter normale Menschen kommt." Der Amtsarzt in Mondsee verschreibt dem Traumatisierten gegen die unerträgliche Vergangenheit das Aufputschmittel Pervitin. Heilen wird ihn jedoch nicht die Wunderpille der Wehrmacht, sondern die junge Frau aus dem Nachbarzimmer in Mondsee, die ihn zum Abendessen einlädt – der Roman läuft auf eine glückliche Liebesgeschichte hinaus [...].

Doch während an dem Tagebuch schreibenden Wehrmachtssoldaten Kolbe ein halbwegs ambitionierter Wiener Nachwuchsschriftsteller verloren gegangen ist – er nennt sich selbst ein „abgenagtes Stück Herz", vergleicht die „Liebe ohne Sexualität" mit einer „Kerze ohne Docht" und sieht „überall durch die Hülle hindurch das Totengerippe" –, inszeniert Geiger seine Nebenfiguren im Ton glaubhafter Naivität. „Das Gruseln kommt nicht aus einem raus, wenn es Abend wird", schreibt die von allen verlassene Mutter aus dem zerbombten Darmstadt. „Tante Emma und Onkel Georg sind schon acht Tage begraben und sind zu siebzehn in einem Sarg." Dass die Töchter angesichts der Darmstädter Umstände noch nach Paketen mit dem „Sonntagsmantel", nach „Schleifchen" und „Friseurartikeln" verlangen, empört die gute Frau dermaßen, dass sie sich fragt, «was in Papa und mich gefahren ist, dass wir Kinder bekommen haben». Ihre Briefe aus der total zerstörten Stadt beschließt sie mit dem gut gemeinten Überlebensratschlag, ordentlich viele Zwiebeln zu essen. [...]

Im liebevollen Auspinseln solcher kriegsabgewandter Winzigkeiten wie den Zwiebeln, dem abendlichen Bier nach der anstrengenden Gartenarbeit, den Nächten am Plattenspieler im Gewächshaus am Mondsee und vielen anderen vermeintlichen Banalitäten liegt die Stärke des Romans. Und es sind solche *safe spaces* des Alltäglichen, die eine Teilantwort auf die Frage nach dem seelischen Überleben in Zeiten des Krieges enthalten.

Wollte man überhaupt noch einen Schwachpunkt in dieser [...] historisierenden[1] Stimmenimitation suchen, dann wäre es die allzu einhellige Treuherzigkeit seines kriegsbeschädigten Erzählpersonals, das gegen NS-Ideologie und Führerkult vollständig immun ist. Die ungleich schwierigere Innenansicht der Täter [...] wird vollständig ausgespart. Die Bösen, die Mitläufer, die Nazis haben nur kurze Gastauftritte. Nie sieht man ihnen ins dunkle Herz. Arno Geigers supersympathische schreibende Antifa-Truppe weiß hingegen immer schon vorbildlich darüber Bescheid, wie „wahnwitzig und menschenfeindlich die Firma Blut und Boden" in Wahrheit ist. Romanentscheidend ist dieser Einwand nicht: Arno Geiger ist ein zu erfahrener Autor, um es beim Wunschkonzert des literarisch Bekömmlichen und menschlich Erfreulichen zu belassen. Am Ende, schreibt er, bleibt immer etwas in einem zurück, mit dem man niemals fertigwird.

Iris Radisch: „Stimmen des Krieges", DIE ZEIT 03/2018

---
[1] historisieren: das Historische/Geschichtliche an einem Stoff oder Betrachtungsgegenstand betonen

---

1. Bestimmen Sie die **Textsorte** des vorliegenden Sachtextes:

| ☐ Glosse | ☐ Reportage | ☐ Bericht | ☐ Rezension | ☐ Satire | ☐ Filmkritik | ☐ Kommentar |

2. Benennen Sie das **Thema** des Sachtextes und formulieren Sie im Anschluss einen Einleitungssatz, der auch die äußeren Textdaten umfasst.

| ☐ Vergleich eines alten mit einem neuen Roman | ☐ Rezension des neuen Romans von A. Geiger | ☐ Leben im Zweiten Weltkrieg | ☐ Folgen des Krieges für den Menschen im Roman von A. Geiger |

3. Beschreiben Sie den **Aufbau** des Textes, indem Sie die folgenden Teilüberschriften den Sinnabschnitten textchronologisch zuordnen. Verfassen Sie dann eine nach Sinnabschnitten geordnete Inhaltszusammenfassung im Präsens, in eigenen Worten und in indirekter Rede.

	Formulierungskunst des Ich-Erzählers Veit Kolbe und Folgen des Krieges für den Menschen
	Kritik an einseitig positiver Darstellung der Figuren und Ignorieren der Täterperspektive
	literarisches Kompositionsprinzip des neuen Romans von Arno Geiger
	Versuch des Einfühlens in vergangene historische Epochen und in das Leben verstorbener Menschen am Beispiel eines Werkes des Dichters Walter Kempowski
	formale und inhaltliche Unterschiede zwischen den Erzählstimmen des Romans
	knappe Präsentation der verschiedenen Erzählstimmen des Romans

4. Bestimmen Sie die **Argumentationsstruktur** des Textes und begründen Sie textnah.

☐ **linear-thetische Argumentationsstruktur:** Die Tendenz des Textes ist einseitig.	☐ **antithetisch-dialektische Argumentationsstruktur:** Es werden auch Gegenargumente genannt.

_____

_____

_____

_____

5. Welche **Intention** (= Absicht) verfolgt die Autorin mit ihrem Text?

☐ Sie will neutral informieren.	☐ Sie will dem Leser/ der Leserin das Buch empfehlen.	☐ Sie rät von der Lektüre ab.	☐ Sie warnt vor historischen Romanen ohne Zeitbezug.

6. Benennen Sie die folgenden **sprachlich-rhetorischen Stilmittel** und erläutern Sie anschließend in Ihrem Kursheft deren Wirkungsabsicht.

Formulierung	sprachliches Mittel
„Was, zum Teufel, haben die Leute, die?!" (Z. 2 ff.)	rhetor.-umgangssprachliche Frage
„das erste und letzte Opfer des Krieges" (Z. 20 f.)	
„mit einer Prise [...] überzuckerter Prosa" (Z. 72 f.)	
„__W__underpille der __W__ehrmacht" (Z. 111 f.)	
„Im liebevollen Auspinseln solcher [...] Winzigkeiten" (Z. 137 f.)	
„*safe spaces* des Alltäglichen" (Z. 142 f.)	
„Die Bösen, die Mitläufer, die Nazis" (Z. 152 f.)	

alle Zitate: Iris Radisch: „Stimmen des Krieges", DIE ZEIT 03/2018

Paul Jandl: Die Firma Blut und Boden ist geschäftstüchtig

In einem ganz anderen Leben war alles übersichtlicher. In Schnörkelschrift hängt die Kardinalfrage der Verbrechensbekämpfung noch an der Wand des Gendarmeriepostens von Mondsee: „Wen hat wer wann womit wie warum umgebracht?" Aber in diesem Jahr 1944, mit seinen Millionen Toten, gibt es keine Frage, unter der sich nicht gleich ein Abgrund öffnen würde. Kein Wer, das sich juristisch klar beantworten ließe, und schon gar kein Warum.

Der österreichische Schriftsteller Arno Geiger hat sich mit seinem neuen Roman „Unter der Drachenwand" in einen Themenkreis der Hölle gewagt, den er wie auf Zehenspitzen durchschreitet. Mit der Vorsicht einer Literatur, die ihre Wahrheiten nur behaupten kann, und der Zuversicht, dass sie recht haben wird. Was bei Arno Geigers Erkundung der späten Kriegsmonate herauskommt, ist eine beeindruckend genaue und hellhörige Erzählung über dramatische Verluste und über verlorene Jahre.

„Das gute Ansehen des Kriegs beruht auf Irrtum", notiert der vierundzwanzigjährige Gefreite Veit Kolbe in Arno Geigers Roman. Er weiß, wovon er spricht. Eine Granate hat ihm an der Ostfront den Kiefer gebrochen und das Bein durchschossen. Sein Genesungsurlaub führt ihn über die Wiener Eltern in ein seltsames Refugium am oberösterreichischen Mondsee. Quartier findet der junge Mann bei einer Vermieterin, in der sich Rachsucht und Geldgier auf ungute Art mischen. Im Dorf wohnt auch noch der Onkel, der Gendarm ist und auch treuer Nazi aus Notwehr: um die Zeiten für sich nicht noch unbequemer zu machen. Nur ganz allmählich heilen die Wunden des geigerschen Helden. Das Trauma des Schlachtfelds kehrt immer wieder zurück. Gegen seine schlimmsten Attacken hilft das Psychopharmakon Pervitin, und manchmal kann es mitten im Krieg fast wie im Frieden sein. Dann zeigt der Himmel sein Blau und der harte Winter des Jahres 1944, dass es hinter ihm vielleicht einen Frühling gibt. Mit Margot, der Zimmernachbarin, freundet sich Veit Kolbe an, bis sie ganz zueinanderfinden.

Mädchen, die man aus Wien aufs Land verschickt hat, turnen im Schnee, angeleitet von einer Lehrerin, die Arno Geiger auratisch umhüllt, wie er das mit vielen seiner Figuren tut. Sie sind sich selbst ein Rätsel. Wie der „Fremde" bei Camus steht auch Arno Geigers Erzähler manchmal unterm Himmel, auf dem schon die Geschwader der Alliierten zu sehen sind. Was es ist und was es soll, das kann der junge Mann oft nicht sagen. Was werden wird, weiß er auch nicht. Es droht die Rückkehr an die Front.

Arno Geiger lässt Luft zwischen dem Erzählten und füllt den Roman gleichzeitig mit Stoff. Bündel von Briefen schickt die Mutter von Veits Geliebter aus dem bombardierten Darmstadt. Ein Mädchen aus dem Kinderlager hat eine zarte und schließlich tragische Affäre mit ihrem Wiener Cousin. Auch hier gibt es Briefe, die der junge Soldat schickt. Briefe, in denen ein Leben sichtbar wird, das sich [...] von dem der jüdischen Flüchtlinge unterscheidet, denen Geiger ebenfalls einen Teil des Romans widmet.

Im vorletzten Kriegsjahr gerade noch aus Wien entkommen, landet die Familie des Oskar Meyer im Budapest der Pfeilkreuzler. Frau und Sohn werden in Konzentrationslager deportiert, und Arno Geiger nimmt am Ende auch diesen Erzählfaden auf, um ihn ins Gewebe des Textes zu verflechten. Aus dem „ängstlichen Schwebezustand" kann die Sicherheit des Todes werden, und wenn der Roman einmal deutlich werden will, dann werden Sätze wie dieser gesagt: „Jeder halbwegs nüchterne Mensch muss ein politisches System mit den Augen der Toten betrachten." [...]

Arno Geiger hat ein großes Talent, menschliche Eigenschaften in abstrakte Größen zu verwandeln. So bringt er sich in eine empathische Distanz zu den Figuren, in der die Guten ganz unverdächtig gut sind, aber die Schlechten auch nicht ganz schlecht aussehen. Die Quartierfrau seines neuen Romans ist ein umtriebiges Monster des Missmuts und der Bosheit, was allerdings ihren Mann, den Lackierer und Nazi-Karrieristen, nicht darin hindern muss, ihr in Liebe verfallen zu sein.

Ein eingeklemmter Nerv wird als Grund für die Übellaunigkeit genannt, und überhaupt ist „Unter der Drachenwand" ein Roman der eingeklemmten Nerven. Von der „Verzerrung des eigenen Wesens" spricht Geiger, wenn es um die Kriegsjahre geht. Der sogenannte „Brasilianer", Bruder der Quartiergeberin, hängt mit seinem Herzen in Südamerika fest, wo er ein paar Jahre verbracht hat. Er lässt Musik von Villa-Lobos durch sein Mondseer Glashaus scheppern und ist in einer Anderswelt der Menschlichkeit zu Hause, die für die Hiesigen eine Provokation ist. Man wirft ihm die Scheiben ein und bringt ihn aufgrund von „falschem Denken und unterlassenem Schweigen" ins Gefängnis. Kaum zurück, will ihn die „Firma Blut und Boden", wie er sie nennt, wieder verhaften. Er flieht. Er ist der Einzige, der sich das traut. Die andern bleiben, wo sie sind. Und sie werden mehr und mehr das, *was* sie sind.

Minuziös notiert der Erzähler seine Beobachtungen. Er tut es in einem naiven Ton, dessen raffinierte Modulationen man aber leicht übersehen kann. Geiger nützt den semantischen Spielraum zwischen Ahnung und Wissen, um alles zu vermeiden, was allzu pädagogisch werden könnte. Die großen Metaphern werden kleingerechnet, und es bleiben die vielen kleinen Bilder, aus denen der Roman besteht. Nur kurz winkt die tatsächlich furchteinflößende Gesteinsformation des Titels als „albtraumhaft hingestellte Drachenwand" ins Buch, aber ihr Symbolwert ist nicht grösser als die menschengemachten Details. Einen Strumpfbandgürtel gibt die Mutter dem Sohn mit auf die Reise in die Rekonvaleszenz, damit der Verband ihm nicht vom blutenden Bein rutscht. Die Worte „Komm wieder!" sind in die Waschlappen der aufs Land verschickten Kinder gestickt. Es wird über ein Jahr dauern, bis sie nach Hause zurückkommen. In Darmstadt verteilen die Behörden fünfzig Gramm Kaffee pro Einwohner. Linderung für einen Bombenangriff, der 20 000 Menschen das Leben gekostet hat.

Aus den Winzigkeiten des Lebens besteht dieser Roman, der das große Ganze des Grauens damit umso genauer in den Blick nimmt. Es gibt reale Hintergründe zu diesem Buch, einen Stoff, den Arno Geiger in etwas verwandelt hat, was ihm Dauer verleiht. Im Trost und nicht im Schmerz. Denn es geht von diesem Roman etwas Erstaunliches aus. Für einen wichtigen Moment, zumindest für den Moment der Literatur, scheinen die Drachen der Unmenschlichkeit gebannt.

Paul Jandl: Die Firma Blut und Boden ist geschaeftstüchtig – Arno Geigers neuer Roman „Drachenwand", Neue Zürcher Zeitung, 06. 01. 2018, www.nzz.ch/feuilleton/von-der-geschaeftstuechtigkeit-der-firma-blut-und-boden-ld.1344758 (23.06.2020)

1. *Lesen Sie den Text mithilfe der 5-Schritt-Lesemethode. Gehen Sie dafür wie folgt vor:*

Die 5-Schritt-Lesemethode

A Überfliegen Sie den Text und verschaffen Sie sich einen ersten Überblick über sein Thema.
B Formulieren Sie einige Fragen, auf die der Text eine Antwort geben könnte.
C Lesen Sie jetzt den Text genau durch. Klären Sie unbekannte Begriffe und markieren Sie unklare Passagen mit einem Fragezeichen. Markieren Sie im Anschluss die zentralen Aussagen des Textes sowie mögliche Schlüsselbegriffe.
D Gliedern Sie den Text, indem Sie für jeden (Sinn-)Abschnitt eine zusammenfassende Überschrift formulieren. Wenn möglich, können Sie einzelne Abschnitte zusammenfassen.
E Formulieren Sie die Hauptaussage des Textes in eigenen Worten.

2. *Verfassen Sie nun zum vorliegenden Sachtext von Paul Jandl eine textgebundene Erörterung, indem Sie den Text in einem ersten Schritt analysieren und in einem zweiten Schritt seine These erörtern, dass im Roman „die Guten ganz unverdächtig gut", „aber die Schlechten auch nicht ganz schlecht aussehen", es also keine wirklichen Bösewichte gibt (vgl. Z. 77 ff.).*

Über den Sinn von Literatur nachdenken

Die Literaturkritikerin Iris Radisch und der Dichter Mario Vargas Llosa äußern sich zum Sinn und Zweck von Literatur.
Lesen Sie die Zitate und geben Sie diese in eigenen Worten wieder. Beziehen Sie sie in einem zweiten Schritt auf Arno Geigers Roman „Unter der Drachenwand".

„Nur in großer Literatur sind vergangene Zeiten gegenwärtig, nur hier wird das das Innere eines anderen für uns erfahrbar, nur hier können wir uns als Fremde begegnen, nur hier sind Anarchie und Subjektivität wirklich zu Hause […] Und wo kann man noch immer […] viel mehr über die Liebe erfahren als im elenden Nachtprogramm von RTL?"
Iris Radisch: „Stimmen des Krieges", DIE ZEIT 03/2018

Iris Radisch wurde 1959 in Berlin geboren. Die Autorin zählt auch zu den bekanntesten deutschen Literaturkritikern. Seit 1990 schreibt sie für die Wochenzeitung „Die Zeit".

Bezug zu „Unter der Drachenwand": _____

„Ich glaube nicht, dass irgendetwas Literatur ersetzen kann. Nichts vermag so gut wie die Literatur, uns daran zu erinnern, dass die wirkliche Welt unzureichend ist. Dass wir eine andere Welt brauchen. Ich glaube, das ist der große Beitrag der Literatur zum Fortschritt. Wenn Literatur nur noch auf Bestseller getrimmte Unterhaltung ist, wird ihr kritischer Geist verschwinden. Und sie wird marginal werden. Das ist eine echte Tragödie der Menschheit […]. Nicht nur, weil Literatur einen über allen anderen Künsten überlegenen Genuss bietet und den menschlichen Erfahrungshorizont so ungeheuer erweitert, sondern vor allem, weil die kritische Haltung gegenüber der Welt verschwindet. Die großen Mächte manipulieren uns dann uneingeschränkt: die politischen Mächte, die wirtschaftlichen Mächte, die technischen Mächte."
DER SPIEGEL, 47/2019, Autor: Volker Weidermann

Mario Vargas Llosa wurde 1936 in Peru geboren. Er bekam 2010 den Literaturnobelpreis.

Bezug zu „Unter der Drachenwand": _____

Erzähltechniken untersuchen

Ein Merkmal erzählender Texte ist, dass in ihnen in aller Regel eine in der Zeit fortschreitende Handlung dargestellt wird. Verantwortlich dafür ist ein für den Leser/die Leserin erkennbarer Erzähler, der vom Autor/von der Autorin geschaffen ist und nicht mit diesem verwechselt werden darf.

Der Erzähler kann zwei **Erzählformen** nutzen: Bei der **Ich-Erzählung** tritt der Erzähler selbst in Erscheinung, spricht von sich und nutzt das Personalpronomen der 1. Person Singular. Bei der **Er-/Sie-Erzählung** berichtet der Erzähler über andere und nutzt in der Regel das Personalpronomen der 3. Person Singular. Nur ganz selten nutzen Erzähler die Du-Erzählform.

Im Hinblick auf die **Erzählperspektive** unterscheidet man zwischen **Innen-** und **Außensicht**. Bei der Außensicht beschränkt sich der Erzähler auf das, was er als Betrachter von außen erkennen kann. Wenn er auch in die Figuren hineinblicken, ihre Gedanken, Gefühle und Wahrnehmungen mitteilen kann, spricht man erzählperspektivisch von der Innensicht.

In traditionell erzählten Texten nimmt der Erzähler häufig die Sichtweise einer Figur ein. In modernen Texten wechselt er auch häufig zwischen den Sichtweisen unterschiedlicher Figuren. Man spricht dann von **Multiperspektivität**. Ebenfalls von Bedeutung ist die Frage, welchen **Standort** der Erzähler zum Geschehen innehat („point of view"). Er kann außerhalb der erzählten Welt stehen und als Unbeteiligter aus der **Distanz** berichten. Dann verfügt er meist über einen souveränen Überblick über die gesamte Handlung, kennt deren Vorgeschichte und Fortgang. Man spricht von einem olympischen Standort des allwissenden Erzählers. Im Unterschied dazu kann der Erzähler aber auch Teil der von ihm erzählten Welt sein. In diesem Fall befindet er sich **nah am Geschehen**. Daher verfügt er auch nur über eine eingeschränkte Perspektive auf das Geschehen bzw. die Figuren.

Beim **Erzählverhalten** unterscheidet man zwischen drei Grundformen: Eine Erzählerfigur verhält sich **auktorial**, wenn sie die erzählte Handlung arrangiert und kommentiert und sich dabei auch direkt an den Leser/die Leserin wenden kann. Der auktoriale Erzähler verfügt i. d. R. über mehr Informationen als seine Figuren, er hat einen Überblick über das Geschehen und charakterisiert die Figuren direkt. Oft gibt er dem Leser/der Leserin Hinweise über Vergangenes oder deutet an, was in der Zukunft passieren wird. Von **personalem Erzählverhalten** spricht man, wenn sich der Erzähler auf die Sichtweise einer oder mehrerer Figuren beschränkt. Der Leser/Die Leserin vollzieht das Geschehen, die Wahrnehmungen, Emotionen und Gedanken der Figuren dann scheinbar unmittelbar aus deren Sicht nach. Liegt ein personales Erzählverhalten vor, tritt der Erzähler weitgehend hinter den Figur(en) zurück. Manchmal wird das Geschehen vom Erzähler wie von einem unbeteiligten Beobachter geschildert. Dann spricht man von **neutralem Erzählverhalten**. Der Erzähler wird dann vom Leser/von der Leserin oft gar nicht bemerkt, weil er sich auf die äußerlich erkennbaren Vorgänge beschränkt.

Der Erzähler steht dem von ihm geschilderten Geschehen und seinen Figuren in einer bestimmten **Erzählhaltung** gegenüber. Verzichtet er auf jegliche Form der Wertung oder Leserlenkung, spricht man von einer **neutralen** Erzählhaltung. Oft nimmt er aber eine **wertende Einstellung** ein. Diese kann dann zustimmend-sympathisierend oder ablehnend-kritisch, ironisierend oder humorvoll sein.

Der Erzähler kann bei der Beschreibung der Handlung verschiedene **Darbietungsformen** nutzen: Im **Erzählerbericht** berichtet, beschreibt oder kommentiert er. Diese Textpassagen sind dann als Äußerungen des Erzählers identifizierbar. Als **Figurenrede** bezeichnet man Äußerungen einer Figur, dazu gehört die **direkte** oder **indirekte Rede** (Dialog) mit dem Charakter einer szenischen Darstellung. Ebenfalls zur Figurenrede gehört die Darstellung von Gedanken und Gefühlen, häufig in Form eines **inneren Monologs** (1. Pers. Sing. Präsens ohne Anführungszeichen). Eine Extremform des inneren Monologs ist der **Bewusstseinsstrom** („stream of conciousness") bei dem oftmals auf eine zusammenhängende Gedankenführung und korrekte Syntax verzichtet wird. Die **erlebte Rede** unterscheidet sich vom inneren Monolog dadurch, dass sie in der 3. Person und in der Regel im Präteritum steht.

Erzähltechnische Grundbegriffe[1] – Eine Übersicht

Das Erzählmodell von Jürgen H. Petersen

REALES GESCHEHEN → **AUTOR** → **REALER LESER**

Erzählform
1. Er-/Sie-Form
Erzähler bleibt außerhalb des Geschehens, erzählt nur von Figuren, bleibt selbst unsichtbar/hat keine Personalität, fungiert nur als Medium (er kann dabei wertend eingreifen)
2. Ich-Form
Erzähler wird ebenso sichtbar wie die Figuren, hat Personalität

Erzählerstandort
räumlich-zeitliches Verhältnis zwischen Erzähler und Erzähltem (Nähe/Distanz)

Erzählperspektive
Frage nach Abstand und Nähe zum Erzählten/den Figuren
1. Außensicht
2. Innensicht

Erzähler → Erzählgegenstand

Darbietungsformen
Erzählerbericht, -kommentar, direkte Rede, Dialog, indirekte Rede, erlebte Rede, innerer Monolog, Bewusstseinsstrom

Erzählhaltung
Einstellung des Erzählers zum Erzählten, z. B. affirmativ, ablehnend, kritisch, skeptisch, schwankend, pathetisch, ironisch, neutral etc.

Erzählverhalten
Das Verhalten des Erzählers zum Erzählten
1. auktorial: beinhaltet die eigene Sichtweise des Erzählers, er greift ins Geschehen ein, bringt sich ins Bewusstsein des Lesers
2. personal: Erzähler übernimmt die Sichtweise einer oder mehrerer Figuren
3. neutral: Erzähler scheint nicht präsent, z. B. szenisches Erzählen

---

[1] Dirk Bauer/Judith Schütte: Tauben im Gras. Westermann: Braunschweig 2009, S. 116

Einen Erzähltext analysieren – So können Sie vorgehen

Nennen Sie in der **Einleitung** zuerst die Textsorte, den Titel des Textes und den Namen des Autors/der Autorin sowie das Erscheinungsjahr. Ihr zweiter Satz sollte das Thema des Textes beschreiben.

> Beispiel: *Der Text „…" aus dem Jahr … wurde von … verfasst und ist … im Hanser Verlag veröffentlicht worden. Thema des Textes/Textauszugs ist die/das …*

Zu Beginn des **Hauptteils** formulieren Sie eine zusammenhängende **Inhaltsangabe**, d. h. Sie geben das Geschehen chronologisch, in eigenen Worten, im Präsens, ggf. in indirekter Rede und ohne Zitate wieder. Orientieren Sie sich dabei an den sog. W-Fragen (Wer? Was? Wo? Warum? Wie? Mit welchen Folgen?). Eine gute Inhaltsangabe bildet das Fundament für die folgende Analyse.

> Beispiel: *Im ersten Sinnabschnitt (Z. 1 – 28) wird die Begegnung zwischen Veit und der Quartierfrau geschildert. Veit muss sich mit dem Vorwurf auseinandersetzen, ein Drückeberger zu sein. Seine Vermieterin wünscht, er wäre längst wieder an der Kriegsfront. Im Anschluss (Z. 29 – 58) reflektiert Veit das Gespräch. Er ist glücklich, dem sinnlosen Wüten des Krieges vorerst entkommen zu sein.*

Im zweiten Teil des Hauptteils geht es um die Deutung/Interpretation des Geschehens. Haben Sie in der Inhaltsangabe erklärt, was passiert, geht es nun darum, die Gründe und Motive für das Geschehen zu erläutern, also um das „Warum". Gehen Sie dafür auch auf die sprachliche Gestaltung des Textes, auf seine Machart ein, also z. B. auf den Satzbau (werden kurze, lange oder unvollständige Sätze verwendet? Welche Satzarten dominieren? Liegt eine hypo- oder parataktische Satzstruktur vor?) oder auf sprachliche Mittel, z. B. Metaphern („ein abgenagtes Stück Herz"), Alliterationen („kein Dung, kein Drahtzaun, keine Dachpappe, alles fehlt"), Vergleiche („Ich fühlte mich wie das gefrorene Laub vom Vorjahr") oder Personifikationen („Der Ort duckte sich jämmerlich"). Halten Sie bei Ihrer Deutung des Geschehens in der Regel den **Dreischritt „These/Behauptung"**, **„Begründung/Argument"** und **„Beleg/Zitat"** ein. Im Vergleich zum linearen Vorgehen untersuchen Sie beim **aspektorientierten Vorgehen** den Text jeweils auf bestimmte Aspekte. Welche das sind, müssen Sie entweder selbst entscheiden oder aber die Aufgabenstellung enthält Hinweise auf die zu untersuchenden Aspekte.

> Beispiel: *Zu Beginn des Romans wird die Lebensgier Veit Kolbes deutlich (These). Denn obwohl an Leib und Seele stark verwundet, hängt er an seinem Leben und ist nicht bereit und willens zu sterben (Argument). Dies wird durch seine rhetorische Frage deutlich: „Was kann es Besseres geben, als am Leben zu bleiben?" (S. 8) (Beispiel/Beleg: Zitat)*

In Ihrem **Schlussteil** fassen Sie die zentralen Aussagen zusammen, also z. B. was durch den Text besonders deutlich wird. Danach können Sie auch persönlich zu dem Text Stellung beziehen, etwa indem Sie erläutern, was Ihnen an dem Handeln einer Figur gefällt oder missfällt. Dafür können Sie die Kernaussage aktualisieren, z. B. indem Sie deutlich machen, welche Aspekte des Textes auch heute noch wichtig für uns sein können.

> Beispiel: *Zusammenfassend lässt sich sagen, dass durch die Analyse des Gesprächs zwischen Veit und der Quartierfrau die Lebensgier des jungen Soldaten besonders deutlich geworden ist. Kolbes Verhalten verdeutlicht, dass er an seinem Leben hängt und nicht mehr bereit ist, es für die nazistische Ideologie oder für die Volksgemeinschaft zu opfern. Ich kann die in dem Dialog ausgedrückte Haltung Kolbes gegenüber der Quartierfrau gut nachvollziehen, weil … Abschließend lässt sich festhalten, dass der heutige Leser/die heutige Leserin sich ein Beispiel an Kolbe nehmen kann, denn …*

Zusatzmaterial

4 Ich-Identität als Balanceakt

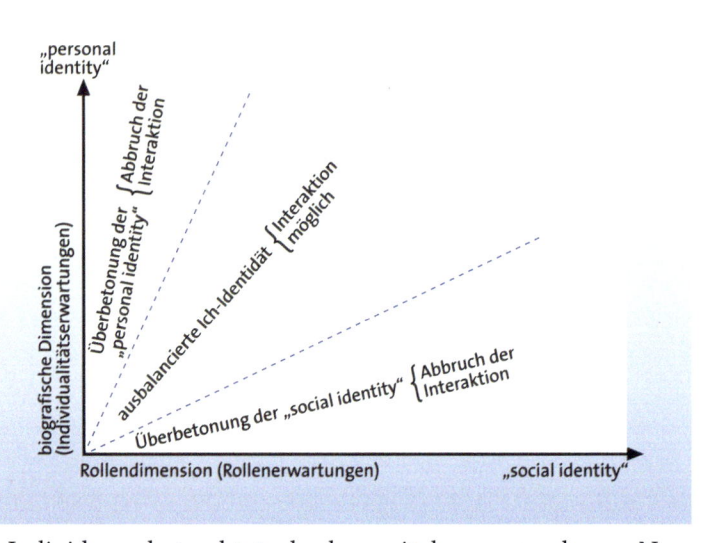

Nach E. Goffman lassen sich die Erwartungen, mit denen sich das Individuum bei seiner Selbst-Präsentation in Interaktion auseinanderzusetzen hat, in zwei Dimensionen ordnen:
⁵ die vertikale Zeitdimension, in der die Ereignisse im Leben des Individuums zu einer „personal identity" zusammengefasst werden, und die horizontale Dimension, in der die zu einem gewissen Zeitpunkt nebeneinander aktuali-
¹⁰ sierbaren Rollen zu einer „social identity" vereinigt werden. Beides sind von den anderen zugeschriebene, nicht selbst entworfene Identitäten. Sie stehen zueinander im Widerstreit, denn in der biografischen Dimension der „per-
¹⁵ sonal identity" wird vom Individuum verlangt, zu sein wie kein anderer. In der horizontalen Dimension der „social identity" dagegen wird das Individuum betrachtet, als ob es mit den vorgegebenen Normen voll zur Deckung zu bringen sei. In dieser Dimension wird ihm folglich zugeschrieben, zu sein wie alle anderen.

Hermann L. Gukenbiehl: Felder der Sozialisation, Westermann: Braunschweig 1979, S. 76

Die sich ausschließenden Anforderungen verlangen dennoch sämtlich Berücksichtigung. Zwischen ihnen zu balancieren, ist die
⁵ Leistung des Individuums, die als Ich-Identität bezeichnet werden soll. Sie bewirkt, dass das Individuum trotz der von ihm erwarteten Einzigartigkeit (zu sein wie kein
¹⁰ anderer) sich nicht aus der Kommunikation und Interaktion mit den anderen ausschließt, dass es andererseits aber nicht den auf es eindringenden sozialen Erwartun-
¹⁵ gen derart unterliegt, dass es nicht mehr seine eigenen Bedürfnisse und Vorstellungen in die Interaktion einzubringen vermag, d. h.
²⁰ nicht „es selbst" sein darf.

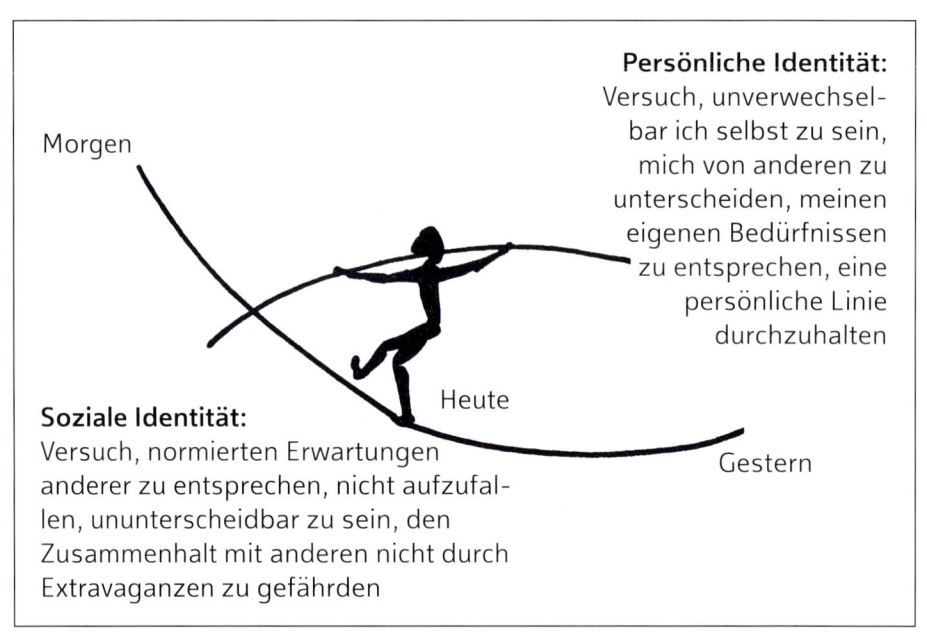

Persönliche Identität: Versuch, unverwechselbar ich selbst zu sein, mich von anderen zu unterscheiden, meinen eigenen Bedürfnissen zu entsprechen, eine persönliche Linie durchzuhalten

Soziale Identität: Versuch, normierten Erwartungen anderer zu entsprechen, nicht aufzufallen, ununterscheidbar zu sein, den Zusammenhalt mit anderen nicht durch Extravaganzen zu gefährden

Erhard Meueler: Wie aus Schwäche Stärke wird. Schibri. Milow 3/2015. S. 54

Lothar Krappmann: Soziologische Dimensionen der Identität. Strukturelle Bedingungen für die Teilnahme an Interaktionsprozessen. Klett-Cotta: Stuttgart 1969

1. Stellen Sie einem Partner/einer Partnerin das Identitätskonzept Goffmans mithilfe der Seiltänzer-Metaphorik vor. Suchen Sie aus Ihrem Alltag als Schüler/Schülerin je ein passendes Beispiel und machen Sie deutlich, worin Ihr persönlicher Balanceakt ganz konkret besteht.

2. Versuchen Sie, das Identitätskonzept Krappmanns auf die literarische Figur Veit Kolbe aus Arno Geigers Roman „Unter der Drachenwand" zu beziehen. Überlegen Sie dafür: Inwiefern betont Kolbe seine personale Identität, wo wird der Anspruch an seine soziale Identität deutlich? Verfassen Sie dann ein kurzes schriftliches Statement zur Identitätsproblematik Kolbes und machen Sie deutlich, warum der Roman auch als „Kampf um Identität" verstanden werden kann.

Methode – Einen argumentativen Sachtext analysieren

Die Analyse eines argumentativen Sachtextes ist eine anspruchsvolle Schreibaufgabe, die sich in zwei Teile untergliedern lässt. In einem ersten Teil geht es darum, den Leser/die Leserin über den Inhalt des Textes systematisch zu informieren. Im Anschluss erfolgt die eigentliche Analyse, die darin besteht zu bestimmen, auf welche Weise der Verfasser/die Verfasserin seinen/ihren Text aufbaut und welche sprachlichen Strategien bzw. Argumente er/sie nutzt, um den Leser/die Leserin von seinem/ihrem Standpunkt zu überzeugen. Neben der inhaltlichen Analyse gewinnt also die Formanalyse an Bedeutung, neben das „Was" (Was sagt der Text aus?) eines Textes tritt also das „Wie" (Wie ist der Text gemacht?).

Einleitung
In der Einleitung nennt man den Verfasser/die Verfasserin, den Titel, die Textsorte, das Thema sowie ggf. Erscheinungsort und -jahr des Sachtextes.

Hauptteil
Hier sollten die Informationen der einzelnen Textabschnitte zunächst knapp mit eigenen Worten, im Präsens und mithilfe indirekter Rede zusammengefasst werden. Dafür gliedert man den Text in Sinnabschnitte. Nach dieser rein inhaltlichen Arbeit geht es in einem zweiten Schritt in einer Detailanalyse darum, den **Aufbau** des Textes zu untersuchen. Verwendet der Autor/die Autorin in seinem/ihrem Text beispielsweise ausschließlich Argumente, die seine/ihre eigene These stützen, spricht man von einer linearen (thetischen) **Argumentationsstruktur**; nutzt er/sie auch Gegenargumente, bezeichnet man diese als dialektisch (antithetisch). Um die Strategie des Autors/der Autorin nachvollziehen zu können, benennt man auch die von ihm/ihr verwendeten **Argumentationstypen**. Es gibt z. B. Autoritäts- oder Faktenargumente, normative oder analogisierende Argumente. Es genügt jedoch nicht, ein bestimmtes Argument als z. B. normativ zu definieren, weil es sich auf gesellschaftliche Normen oder Gesetze bezieht. Man sollte zudem die **Funktion** der Argumente hinsichtlich der **Intention** (Absicht/Ziel) des Autors/der Autorin beschreiben.
Wichtig ist auch ein analytischer Blick auf die **Sprache** des Textes: Verwendet der Autor/die Autorin bestimmte sprachlich-rhetorische Figuren wie z. B. Metaphern oder Symbole? Auch der **Satzbau** hat einen Einfluss auf den Stil bzw. die Wirkung des Textes: Besteht der Text oft aus komplexen Satzgefügen mit vielen Einschüben, unter- oder nebengeordneten Nebensätzen, dann spricht man von einer hypotaktischen Satzstruktur. Einfache, meist klar verständliche Hauptsatzreihen nennt man parataktisch.

Schluss
Am Ende wird die Gesamtaussage des Textes kurz zusammengefasst. Danach kann der untersuchte Sachtext mit Bezug auf die Analyseergebnisse im Hauptteil hinsichtlich seiner Wirkung und der Intention des Autors/der Autorin **bewertet** werden. Neben der Einschätzung der Vorgehensweise des Autors/der Autorin kann im Schlussteil auch eine persönliche, gut begründete Einschätzung im Hinblick auf die Schlüssigkeit oder Verständlichkeit des Textes formuliert werden. Dieses **Fazit** kann dabei zustimmend, ablehnend oder ausgewogen ausfallen.

Formulierungshilfen

Der Autor/Die Autorin …
- informiert darüber, dass …/vertritt die These, dass …
- verdeutlicht seine/ihre These, indem …/nutzt ein Beispiel, um … zu
- beruft sich auf eine Autorität, sodass …/appelliert an …
- belegt seine/ihre Position mithilfe von …/nutzt hier ein Faktenargument, um zu zeigen, dass …
- argumentiert einseitig/ausgeglichen da er/sie …
- zeigt seine/ihre Sympathie für den Buchautor/die Buchautorin, indem er/sie …
- beendet seinen/ihren Sachtext, indem er/sie …

Texte gezielt überarbeiten – Die ESAU-Methode

Sie können die inhaltliche und sprachliche Qualität eines selbst verfassten Textes deutlich erhöhen, wenn Sie diesen im Anschluss an die erste Produktionsphase zielgerichtet überarbeiten, d. h. mithilfe von Regeln verbessern. Dabei kann Ihnen die sog. ESAU-Methode helfen:

ERGÄNZEN: **wo eine Lücke auffällt** (z. B. mit Einfügeschleife über der Einfügestelle)
STREICHEN: **wo etwas überflüssig erscheint** (einfach das Wort/die Wörter streichen)
AUSTAUSCHEN: **wo ein Wort, Satzglied, Satz, Textteil nicht passt** (streichen und ergänzen)
UMSTELLEN: **wo die Reihenfolge der Satzglieder, Sätze, Gedanken oder Textabschnitte unstimmig ist** (Umstellen mit über den Wörtern fortlaufenden Ziffern)

Nach: Günther Einecke: Die ESAU-Regel: Bei der Textbearbeitung „Proben" nutzen, Bergheim, 1991 (leicht angepasst), www.fachdidaktik-einecke. de/9c_Meth_Textproduktion/esau_textueberarbeitung.htm (23.06.2020)

Hier jeweils ein <u>Beispiel</u>:

ERGÄNZEN: *Der Brasilianer ärgert sich über die Kritik. Er reagiert unwirsch.*

               deshalb

→ *Der Brasilianer ärgert sich über die Kritik. Er reagiert √ unwirsch.*

....

STREICHEN: *Veit wundert sich über das Vorgehen der Quartierfrau. Deshalb erkundigt er sich aus Verwunderung bei ihr.*

→ *Veit wundert sich über das Vorgehen der Quartierfrau. Deshalb erkundigt er sich ~~aus Verwunderung~~ bei ihr.*

....

AUSTAUSCHEN: *Veit freut sich über die Liebe Margots. Deshalb umarmt Veit Margot am Ende des Romans.*

→ *Veit freut sich über die Liebe Margots.*

      er sie

Deshalb umarmt √ √ am Ende des Romans.

....

UMSTELLEN: *Der Onkel bedankt sich für die Zigaretten bei Veit.*

→ *Für die Zigaretten bedankt sich der Onkel bei Veit.*

Die textgebundene Erörterung

Unter einer textgebundenen Erörterung versteht man einen zweistufigen Aufgabentypus, bei dem es darum geht, sich argumentativ mit einer Textvorlage auseinanderzusetzen, dessen zentrale Aussagen und formaler Aufbau zu diesem Zweck vorab erfasst und beschrieben werden müssen. Man kann die textgebundene Erörterung daher auch als eine Verbindung von Textanalyse und Erörterung verstehen. Orientieren Sie sich beim Verfassen Ihrer textgebundenen Erörterung an folgendem **Aufbau**:

Einleitung	Nennen Sie die äußeren Textdaten (Autor/Autorin, Titel, Textsorte, Erscheinungsdaten) und das Thema des Sachtextes. Formulieren Sie auch die zu erörternde Fragestellung, das in dem Text behandelte Problem.
Hauptteil	**Teil I: Texterarbeitung** a. Verfassen Sie eine systematisch gegliederte Inhaltszusammenfassung. Dafür geben Sie zentrale Aussagen in eigenen Worten, im Präsens und indirekter Rede wieder. b. Machen Sie den Argumentationsgang des Textes deutlich: Stützt der Autor/die Autorin seine/ihre These mit Argumenten, Belegen, Beispielen und Zitaten? Bezieht er/sie sich auf ein aktuelles Problem oder gar auf einen anderen Text oder ein gesellschaftliches Ereignis? Wenn ja, wie geht der Autor/die Autorin damit um? Wie ist der Schlussteil des Textes gestaltet? Endet der Text z. B. mit einem Fazit oder einer Aufforderung? c. Analysieren Sie auch die Sprache des Textes: Kann man einen bestimmten Schreibstil (z. B. ironisch-spöttisch, sachlich, satirisch etc.) erkennen? Ist die Sprache besonders bildhaft, z. B. aufgrund von Metaphern oder Vergleichen? Gibt es weitere rhetorische Strategien, die der Autor/die Autorin verwendet? d. Bestimmen Sie abschließend die Intention (Absicht) des Textes. **Teil II: Erörterung** Hier geht es um Ihre eigene persönliche, kritische oder zustimmende Auseinandersetzung mit den Kernthesen der Textvorlage. Greifen Sie dafür einige Ihnen wichtig erscheinende Kernaussagen heraus und diskutieren Sie diese: a. Stellen Sie Ihre eigene Position klar heraus. b. Bekräftigen, ergänzen oder widerlegen Sie die in der Vorlage genannten Argumente. c. Formulieren Sie eigene Argumente, Belege und Beispiele, die in der Textvorlage selbst nicht vorkommen und die Ihnen geeignet erscheinen, um Ihre eigene Position zu untermauern. d. Gehen Sie systematisch vor, etwa indem Sie in einem Schreibplan (Skizze) den Aufbau Ihrer Erörterung vorzeichnen. Achten Sie auch auf Überleitungen zwischen den einzelnen Aspekten und nutzen Sie dafür entsprechende Formulierungshilfen (einerseits – andererseits, zwar …, aber …; dagegen spricht, dass …; obwohl …; daher …; zudem …; noch wichtiger erscheint mir, dass …; am bedeutsamsten jedoch ist …).
Schluss	Ziehen Sie ein Fazit. Arbeiten Sie die gesellschaftliche, künstlerische oder aktuelle Relevanz des Themas heraus: Warum ist es überhaupt von Bedeutung, sich mit dem Thema auseinanderzusetzen? Sie können Ihren Text mit einer Aufforderung (Appell) an den Leser/die Leserin abschließen.

In Anlehnung an: J. Diekhans/M. Fuchs: P.A.U.L. D. Oberstufe. Westermann: Braunschweig 2013, S. 574 ff.

Sandra Kegel: Der Klassenzimmer-Club der toten Dichter

Das kann ja wohl nicht wahr sein: Der modernste Autor, der in Berliner Schulen gelesen wird, ist seit fast sechzig Jahren tot. Zur Lage der zeitgenössischen Literatur in deutschen Oberstufen.

Die Schule hat Schriftsteller schon immer herausgefordert. Von Hermann Hesses „Unterm Rad" über William Goldings „Herr der Fliegen" bis zu Friedrich Torbergs „Schüler Gerber" und in jüngerer Zeit Judith Schalanskys
5 „Hals der Giraffe" reicht die Liste der Literaten, die sich mit der mal mehr, mal weniger quälenden Situation im Klassenzimmer literarisch auseinandergesetzt haben. Doch wie sieht es umgekehrt aus? Was lesen Schüler im Unterricht heute, wenn sie zeitgenössische Literatur lesen?

Die Frage stellt sich dieser Tage nicht von ungefähr. Denn wenn sich an diesem Donnerstag die Tore der Leipziger Buchmesse öffnen und die Straßenbahnlinie 16 wieder Hunderttausende Besucher zu den gläsernen
10 Messehallen befördert, treffen diese beiden Sphären – Schule und Literatur – unmittelbar aufeinander. Denn das Leipziger Lesefest ist nicht nur einer der wichtigsten Treffpunkte der Verlagswelt, bei dem sich Autoren, Lektoren, Kritiker und Leser gemeinsam über die neuesten Erscheinungen beugen. Die Messe hat sich außerdem mit ihrem Fachprogramm und mehr als zweihundert Veranstaltungen längst zu einem Didaktik-Event entwickelt, das jedes Jahr mehr als dreißigtausend Lehrer anzieht und noch einmal so viele Schüler.

15 Aber sind Lehrer und Literaten, wenn sie sich in Leipzig auf Augenhöhe begegnen, im Gespräch? Kommt die zeitgenössische Literatur, um die sich in Leipzig alles dreht, kommen die Romane von Thomas von Steinaecker, Michael Wildenhain oder Sibylle Berg, die Gedichte von Jan Wagner, Steffen Popp oder Nora Gomringer in den Klassenzimmern überhaupt je an? Die Antwort fällt ernüchternd aus: fast nie. Ein Blick in die Oberstufenlehrpläne deutscher Gymnasien zeigt, was vor Jahren schon eine Studie des Max-Planck-Instituts für Bildungsfor-
20 schung ergab: dass die Gegenwart im Literaturunterricht kaum je eine Rolle spielt. Natürlich lässt sich der Befund in einem föderalen System nicht generalisieren. Ausnahmen gibt es, doch der Befund trifft auf die Mehrheit der Bundesländer zu. Was in den Klassenzimmern von Kiel bis Konstanz dagegen flächendeckend und ganz zurecht gepflegt wird, sind die klassischen Lektüren: ob Goethes „Faust", Büchners „Lenz" (oder wahlweise „Woyzeck"), Kleists „Prinz von Homburg" oder Fontanes „Frau Jenny Treibel" und immer wieder
25 Kafka – es wird gelesen, sogar intensiver als früher. […] Doch was auf Klassik, Romantik und bürgerlichen Realismus folgt, hat, schulisch gesehen, Sendepause.

In Berlin und in Brandenburg etwa ist Bertolt Brecht der modernste Autor, mit dem es die Gymnasiasten in ihrer gesamten Oberstufenzeit laut Rahmenlehrplan zu tun bekommen. Was würde der Verfasser des „Liedes von der Unzulänglichkeit des menschlichen Strebens" zu solchen Plänen wohl sagen? „Ja, mach nur einen Plan,
30 sei nur ein kluges Licht, und mach dann noch 'nen zweiten Plan, geh'n tun sie beide nicht." Dabei hat gerade Berlin heute nicht anders als zu Brechts Zeiten eine pulsierende literarische Szene, an die Schulen anknüpfen könnten.

Doch wenn die Hauptstadtschüler Zeitgenössisches verabreicht bekommen, dann allenfalls im Leistungskurs in Form von Lyrik, weil das Abitur einen historischen Gedichtvergleich vorsieht. Die vermeintlich kleine Form
35 aber vermag das weite Feld der Gegenwartsliteratur nicht einmal symbolisch abzudecken. Anderswo sieht es nicht viel anders aus. Ausgerechnet ein Longseller aus dem Jahr 1985 führt seit Jahren die schulischen Leselisten an: Patrick Süskinds „Das Parfum". In Hessen ist der Roman über den geruchsbegabten Jean-Baptiste Grenouille seit Jahren die einzige Ganzschrift der Gegenwart, die Grundkursschüler in ihrer gesamten Oberstufenzeit lesen. Man fragt sich, wer in Wiesbaden den historischen Roman aus dem Frankreich des achtzehnten
40 Jahrhunderts Jahr für Jahr wieder auf die Liste setzt und warum. Goele Proesmans ist nicht die einzige Lehrerin Hessens, die sagt: „Ich will ‚Das Parfum' nicht unterrichten." Von verpflichtenden Leselisten hat die Belgierin Proesmans noch nie viel gehalten. Aber die Wiesbadener Wahl ist für sie unverständlich: „Was soll hier besprochen werden, außer vielleicht Techniken, wie man einen Bestseller schreibt?"
Reicht die Auseinandersetzung mit dem literarischen Erbe? Eigene Schwerpunkte im Unterricht zu setzen ist
45 für engagierte Lehrer angesichts der obligatorischen Leselisten kaum noch möglich. Dass sich Goele Proesmans seit Jahren alle sechs Wochen mit Kollegen von anderen Schulen trifft, um sich über neue Lektüreerfahrungen auszutauschen, ist damit im Grunde überflüssig geworden. Zwar steckt die Lehrerin eines humanisti-

schen Gymnasiums in Offenbach voller Ideen für den Unterricht. Sie könnte sich ebenso gut vorstellen, Terézia Moras Romane zu lesen wie Geschichten von Katja Petrowskaja oder Karen Köhler – doch stattdessen muss sie auch dieses Jahr wieder „Das Parfum" aufschlagen. [...] Hessische Leistungskurse lesen fürs Abitur immerhin seit diesem Jahr ein Werk, das nach 2000 erschienen ist: Uwe Timms Roman „Halbschatten" über die Langstreckenfliegerin Marga von Etzdorf, der Christa Wolfs „Medea" abgelöst hat. Dafür findet sich unter den jeweils neun für Grund- und Leistungskurse zu lesenden Ganzschriften keine Autorin mehr und auch kein lebender internationaler Autor von Rang.

Warum tut sich die Schule mit neuerer Literatur so schwer? Anderseits: Muss sie überhaupt vorkommen? Man könnte sich auf den Standpunkt stellen, dass es, schulisch gesehen, ausreicht, sich mit dem literarischen Erbe auseinanderzusetzen. Die Diskussion um einen stärkeren Einsatz zeitgenössischer poetischer Texte ist in der Literaturdidaktik jedenfalls nicht neu. Schon 1929 löste die Forderung eines Berliner Deutschlehrers nach einem zeitgemäßeren Umgang mit Literatur eine heftige Kontroverse unter Pädagogen aus – bei der die Gegenseite die Preisgabe der „Ewigkeitswerte der Vergangenheit" durch „Modernitätsdünkel" und „Aufklärungswahn" fürchtete.

Im Kern werde die Diskussion heute nicht anders geführt, weiß der Literaturdidaktiker Clemens Kammler von der Universität Duisburg-Essen. Während die Schulen nach dem Zweiten Weltkrieg interessanterweise durchaus in der Lage waren, ihren Unterricht so zu aktualisieren, dass sie Werke wie Alfred Anderschs „Sansibar oder Der letzte Grund", Max Frischs „Homo Faber" oder Friedrich Dürrenmatts „Besuch der alten Dame" bald nach Erscheinen auch in den Klassenzimmern rezipierten, ist die Bereitschaft heute, sich am literarischen Gespräch der Gegenwart zu beteiligen, deutlich geringer. Auch Kammler beobachtet eine Tendenz zur Auswahl von Bestsellern. Wichtige Gegenwartsautoren wie Reinhard Jirgl, Elfriede Jelinek oder Botho Strauß vermisst er auf den Listen. Manche Beispiele zeigen umgekehrt aber auch, dass es Vorteile haben kann, in der Schule auf Eingängiges zu setzen. Mit Reinhard Jirgls avancierter Diktion jedenfalls haben auch manche erwachsenen Leser ihre Mühe. Klar ist, dass sich für den Unterricht im starren Korsett des Stundenplans nicht jede zeitgenössische Literatur eignet, um daran mit ungeübten Lesern zu arbeiten. Dass sich Baden-Württemberg zu Peter Stamms „Agnes" von 1998 entschlossen hat, Hamburg mit Finn-Ole Heinrichs „Räuberhände" ein Werk von 2007 und Sachsen mit Juli Zehs „Corpus Delicti" eines von 2009 auf den Lehrplan gesetzt hat, aber bleiben Ausnahmen. [...]

„Der Klassenzimmer-Club der toten Dichter" (FAZ.NET vom 10.03.2015 von Sandra Kegel) © Alle Rechte vorbehalten. Frankfurter Allgemeine Zeitung GmbH, Frankfurt. Zur Verfügung gestellt vom Frankfurter Allgemeine Archiv.

1. *Fassen Sie den Inhalt des Sachtextes zusammen, indem Sie jedem Sinnabschnitt eine Teilüberschrift geben.*

2. *Formulieren Sie das Thema, mit dem sich die Autorin auseinandersetzt.*

3. *Memorieren Sie Texte, die Sie in den letzten Jahren in der Schule gelesen haben, und überprüfen Sie anschließend, ob sich anhand Ihrer eigenen Lesebiografie die Kernthese der Autorin verifizieren lässt.*

4. *Der Roman „Unter der Drachenwand" erschien 2018 und ist in die verbindliche Leseliste einiger Bundesländer aufgenommen worden. Ist diese Vorgabe richtig? Erörtern Sie.*

Der Zweite Weltkrieg und der Holocaust

Am 1. September 1939 begann mit dem deutschen Überfall auf Polen ein von dem deutschen Diktator Adolf Hitler seit Langem geplanter Krieg mit dem Ziel, neuen Lebensraum im Osten für das deutsche Volk zu erobern. Die deutsche Wehrmacht konnte anfangs schnelle große militärische Erfolge erzielen, die auch nach dem deutschen Überfall auf die Sowjetunion 1941 vorerst keinen Abbruch nahm. Die deutsche Bevölkerung glaubte fälschlicherweise an weitere Blitzkriege ohne große Opfer für die Zivilbevölkerung, doch mit dem Krieg gegen Großbritannien unter Premierminister Winston Churchill geriet der Siegeszug des nationalsozialistischen Deutschlands erstmalig ins Stocken und die deutsche Luftwaffe hatte im Kampf gegen die Briten mit hohen Verlusten zu kämpfen. Dennoch eröffnete Hitler mit seinem Überfall auf die Sowjetunion 1941 eine zweite Front. Deutschlands Angriff überraschte die Rote Armee und führte anfangs zu Raumgewinnen. Die deutsche Wehrmacht plante und realisierte im Osten jetzt einen radikalen Vernichtungsfeldzug, insbesondere nachdem ihr weiterer Vormarsch von der Roten Armee im kalten russischen Winter gestoppt wurde. Das Ziel der deutschen Politik bestand darin, die eroberten Gebiete auszubeuten, die dort lebenden Menschen als Zwangsarbeiter zu rekrutieren oder aber die Zivilbevölkerung zu terrorisieren und zu ermorden. Nach der Wannseekonferenz im Januar 1942 wurde der Völkermord an den europäischen Juden systematisch und entschlossen durchgeführt. Aus den Drangsalierungen, denen sich die Juden in der Zeit seit der Machtübernahme der Nationalsozialisten im Jahr 1933 ausgesetzt sahen, wurde nun gnadenloser Terror und offene Verfolgung mit dem Ziel, sämtliche europäische Juden physisch zu vernichten. Dieser sog. Holocaust wurde in Vernichtungslagern wie Auschwitz, wo allein etwa eine Million Menschen erschossen, gefoltert, vergast wurden, unerbittlich sogar dann noch mit letzter Konsequenz durchgeführt, als die militärische Niederlage Deutschlands ab der historischen Niederlage von Stalingrad 1942 längst absehbar war. Mit der Landung der US-Armee in der Normandie war der Ausgang des Zweiten Weltkriegs entschieden. Am 8. Mai 1945 muss Nazideutschland kapitulieren und seine Niederlage eingestehen. Weit über 60 Millionen Menschen weltweit hatten den von Hitlers Deutschland ausgehenden Terror mit dem Leben bezahlt.

Originalbeitrag

Der Luisenplatz in Darmstadt nach dem 11. September 1944

Sechs Millionen Juden wurden Opfer deutschen Terrors.

Facharbeitsthemen und Klausuraufgabenstellungen

Mögliche Themen für eine Facharbeit

- Das posttraumatische Belastungssyndrom und seine literarische Verarbeitung in Arno Geigers Roman „Unter der Drachenwand"
- Gerüche und Geräusche – Leitmotive in Arno Geigers Roman „Unter der Drachenwand" (weitere, infrage kommende Leitmotive: Dünne Wände, Kolbes eiternde Oberschenkelwunde, Sterben Hildes, Tiere)
- Paul Bäumer und Veit Kolbe im Vergleich – Die Protagonisten aus „Im Westen nichts Neues" und „Unter der Drachenwand"
- Der Krieg als Feind des Menschen – Spuren des Antikriegsromans „Im Westen nichts Neues" in Arno Geigers „Unter der Drachenwand"

Klausurthemen/Aufgabenstellungen

A) Analysieren Sie das erste Kapitel des Romans „Unter der Drachenwand" (S. 21), indem Sie u. a.
- die Ausgangssituation der Hauptfigur darstellen,
- die innere Situation Veit Kolbes herausarbeiten und dabei
- die Einstellung des Protagonisten zum Krieg und zum Leben erläutern.

B) Vergleichen Sie Ihre Ergebnisse im Anschluss mit der Lebenssituation Veit Kolbes am Romanende. Ziehen Sie dafür ausgewählte Textstellen der letzten beiden Buchkapitel (S. 457 – 476) heran und erörtern Sie, ob und inwiefern Geigers Figur im Laufe seines Jahres in Mondsee eine persönliche Entwicklung durchlaufen hat.

A) Analysieren Sie die Entwicklung der Beziehung zwischen Robert Raimund Perttes, dem Brasilianer, und Veit Kolbe unter besonderer Berücksichtigung der S. 132/Z. 8 – S. 137/Z. 3. Sie können wahlweise auch weitere Textstellen heranziehen.

B) Erörtern Sie die folgende These anhand selbst gewählter Textstellen aus dem Roman: „Der Brasilianer ist die Schlüsselfigur des Romans. Ohne ihn hätte die charakterliche Entwicklung Veit Kolbes eine andere Richtung genommen."

Der Autor Arno Geiger – Leben und Werk

Arno Geiger ist ein bedeutender österreichischer Autor. Er wurde am 22. Juli 1968 in Bregenz (Vorarlberg) geboren. Im Vorarlbergischen – genauer gesagt in Wolfurt – wuchs er mitsamt seiner Schwester, die heute Musikerin ist, auf. Nach dem Abitur nahm er ein Studium der Deutschen Philologie, der Alten Geschichte und der Komparatistik auf, zuerst in Innsbruck, später in Wien. Seine Diplomarbeit schrieb er 1993 zum Thema „Die Bewältigung der Fremde in den deutschsprachigen Fernreisetexten des Spätmittelalters". Daraufhin erhielt er bereits im nächsten Jahr ein Leistungsstipendium. Bis ins Jahr 2002 arbeitete er lange Zeit als Videotechniker bei den Bregenzer Festspielen. Sowohl 1996 als auch 2004 nahm er in Klagenfurt am bekannten Ingeborg-Bachmann-Wettbewerb teil. Sein erster Roman erschien im Jahr 1997 („Kleine Schuler des Karussellfahrens").

Sein literarischer Durchbruch gelang Geiger im Jahr 2005, als er für seinen Roman „Es geht uns gut" den Deutschen Buchpreis erhielt. Seitdem zählt der österreichische Dichter zu den bedeutendsten Gegenwartsautoren deutscher Sprache. Auch die weiteren Werke des Autors fanden starke Beachtung. So wurde die Vater-Sohn-Geschichte „Der alte König in seinem Exil" 2011 für den Preis der Leipziger Buchmesse nominiert. In dem Text setzt sich Geiger in liebevoller, aber zugleich auch schmerzhafter Weise mit der Demenzerkrankung seines Vaters auseinander. Im Jahr 2018 erhielt der bedeutende Dichter den Joseph-Breitbach-Preis. In seiner damaligen Dankesrede äußerte er sich zur Bedeutung der Kunst für den Menschen heute: „Kunst bewahrt den Menschen nicht vor dem Chaos, sondern vor der Ordnung. Kunst bewahrt das Individuum vor dem eindimensionalen Blick. Einzigartig ist der Mensch nicht auf einfache, sondern auf komplizierte Art."[1]

Geigers größter Erfolg ist der 2018 erschienene Gesellschaftsroman „Unter der Drachenwand". Der Autor beschäftigt sich hier mit der Fragestellung, auf welche Weise der Krieg das Individuum verformt und wie es möglich ist, als Einzelner dem gesamtgesellschaftlichen Druck der Dehumanisierung standzuhalten.

Originalbeitrag

[1] www.literaturhaus-bremen.de/autor/arno-geiger (23.06.2020)

1. Erläutern Sie Arno Geigers Kunstverständnis, indem Sie es am Beispiel des Romans „Unter der Drachenwand" veranschaulichen.

2. Welche fünf Fragen würden Sie – hätten Sie die Möglichkeit – dem Autor zu seinem Leben und seinem Werk stellen? Notieren Sie diese Fragen und begründen Sie ihre Relevanz.

Klausurvorschlag I: Textanalyse und -vergleich

Zusatzmaterial 12

Name	
Datum	
Klasse/Lehrer/-in	
Thema der Klausur	Die Bedeutung von Kindheit und Erziehung in der Kriegsliteratur erarbeiten – Vergleich zweier Romanauszüge

Aufgaben

1. *Analysieren Sie den vorliegenden Textauszug aus Ralf Rothmanns Roman „Im Frühling sterben" (A), indem Sie u. a.*
   - *seinen Inhalt knapp und in eigenen Worten wiedergeben,*
   - *die Gesprächssituation beschreiben,*
   - *das Verhältnis Walters zu seinem Vater herausarbeiten.*

   Gehen Sie dabei auch auf erzählerische und sprachliche Mittel ein.

2. *Vergleichen Sie den Textauszug aus Arno Geigers Roman „Unter der Drachenwand" (B) mit dem Rothmanns (A) u. a. im Hinblick auf*
   - *den Inhalt und die Gesprächssituation,*
   - *das Verhältnis Veits zu seinem Vater,*
   - *das Verständnis von Erziehung.*

   Legen Sie abschließend dar, ob und auf welche Weise es Veit Kolbe gelingt, sich von den negativen Einflüssen seiner Erziehung frei zu machen und ein selbstbewusster und optimistischer junger Mensch zu werden.

Textgrundlage

A Ralf Rothmann: Im Frühling sterben. (Romanauszug) Berlin: Suhrkamp 2016, S. 74 – 76
B Arno Geiger: Unter der Drachenwand. München: dtv 2019, S. 436 – 437

A Ralf Rothmann: Im Frühling sterben (S. 74 – 76)

Im Antikriegsroman unterhält sich die 17-jährige Hauptfigur Walter Urban, eigentlich ein Melker aus Norddeutschland, mit seinem Kameraden August, beide einfache und kriegsunerfahrene Soldaten an der Front, über ihre Kindheit und Jugend.

„Was Neues von zu Hause?" Langsam fuhr Walter um die stählernen Panzersperren herum und wich, so gut es ging, den Pfützen aus. Sie hatten den Auftrag, drei Fallschirmspringer aus der Mühle in Brevda abzuholen, einem Dorf am Gebirgsrand, bis vor Kurzem noch Munitionsdepot. „Nicht direkt", sagte er. „Mein Vater war Wachmann in Dachau und ist verdonnert worden, Frontbewährung. Und jetzt höre ich, dass er vielleicht in der Nähe eingesetzt wurde, bei Stuhlweißenburg. Kennst du das, warst du schon mal da?" Auch in dem Fichtenwald, den sie durchfuhren, standen Lazarettzelte, man hörte das Stöhnen und Schreien hinter den Planen, und August schüttelte den Kopf. „Nee", sagte er, „muss man auch nicht kennen, glaube ich. Seit Januar kocht da die Erde. – Was hat dein Alter denn verbockt?"

Walter zog die Mundwinkel herab. „Angeblich nur Zigaretten verschenkt, an Häftlinge im Lager. Was ihm nicht gerade ähnlich sieht. Er ist immer ein geiziger und brutaler Knochen gewesen. Früher, als er arbeitslos war und den Korn wie Wasser gekippt hat, kam er oft mitten in der Nacht an mein Bett und sagte: ‚Warum schläfst du nicht?' Dabei hatte ich geschlafen. Doch er war besoffen und wollte prügeln. Er setzte sich auf einen Stuhl und knurrte: ‚Wenn du nicht sofort schläfst, kriegst du Dresche.' Ich konnte seinen Atem riechen und betete zu allen Heiligen."

Am Waldrand stoppte er den Wagen, zog den Feldstecher unter den Armaturen hervor und suchte den Horizont ab. „Doch irgendwann hab ich wohl vor Angst gezittert, war ja noch ein Kind, und er riss mir die Decke weg und schrie: ‚Du hast dich bewegt! Jetzt sollst du mich kennenlernen!' Und dann gab's Saures. Mein lieber Herr Gesangsverein. Mit dem Handfeger oder dem Feuerhaken, bis die Haut riss. Dabei wurde er immer wilder, je lauter ich schrie."

„Und deine Mutter?", fragte August. „Oder deine Schwester? Haben die nichts gesagt?"

Walter verstaute das Fernglas und lenkte den Wagen aus der Deckung. Halbkettenfahrzeuge standen längs der Straße, zerschossen oder ausgebrannt; auf einigen Schutzblechen war noch das weiße „K" zu erkennen, das taktische Zeichen der Panzergruppe Kleist. „Meine Mutter hatte selbst Angst, obwohl sie größer ist als er und doppelt so dick. Verkroch sich unter ihrem Federbett, nehme ich an. Jedenfalls schlief sie mit Wachs in den Ohren. Und meine Schwester lag meistens im Spital."

Wasser rieselte von den Felswänden, dünne Strahlen, die an Vorsprüngen zerstoben, und August blies die Backen auf. „Puh", sagte er, „du hast ja 'ne gemütliche Familie!" Seine Eltern waren Lehrer in Paderborn, und er wollte nach dem Krieg Geologie studieren; in seiner Gasmaskendose rappelte immer etwas Glimmer oder Diorit. „Trotzdem, irgendeine gute Strähne muss dein Alter doch gehabt haben, oder? Als Wachmann im Lager Zigaretten verschenken ... Ist ja fast 'ne Heldentat."

Walter bog auf die Straße nach Brevda. Man konnte das Schild, das vor Partisanen warnte, vor lauter Einschüssen kaum noch lesen. „Ich weiß nicht", antwortete er. „Da war oft etwas Dunkles in den Augen, irre fast. Er hat auch gerne Tauben massakriert auf seine spezielle Art. Umschloss sie zärtlich mit einer Hand und drückte ihnen mit der anderen, mit der Daumenspitze, eine Stecknadel ins Herz. Und dann ließ er sie auf dem Dachboden herumflattern, bis sie tot waren." Der Weg wurde steil, und er schaltete einen Gang zurück. „Was ziemlich lange dauern konnte."

(Auszug)

Ralf Rothmann: Im Frühling sterben, Berlin: Suhrkamp 2016, S. 74 – 76

B Arno Geiger: Unter der Drachenwand (S. 436 – 437)

Beim Frühstück sprach mich Mama auf meine Schweigsamkeit an. Ich sagte, ich sei nervös. Papa war einige Zeit still, dann meinte er: „Weißt du, Veit, bei den ständigen Bombardierungen und durch die vielen Alarme ist auch bei mir der Verbrauch an Nerven gewaltig, ich kann bald keine Aufregung mehr vertragen, und das will er ja, der Feind."/Er fing dann wieder von der Zukunft an, für die wir die vielen Opfer auf uns nähmen, und da sagte ich: „Schau dir die Stadt an, wie sie heute aussieht. Kein bisschen Leben mehr. Die Leute gehen freud- und teilnahmslos ihren Beschäftigungen nach, und auf jedem Gesicht drückt sich die Angst aus vor der von dir gepriesenen Zukunft. Was sind deine großartigen Worte gegen die vielen müden Gesichter?"

Ich redete mit Papa in einem eher scharfen Ton, und zuletzt flog ich aus der Familie. Er sagte, wenn ich ihm noch einmal so käme etcetera, etcetera. Und natürlich war ich jederzeit bereit, ihm noch einmal so zu kommen, und das sagte ich ihm, womit seine Drohung, mich in dem Fall nicht mehr sehen zu wollen, schlagend wurde, ohne dass es ausgesprochen werden musste./Ich murmelte nur noch: „Du kannst mich einmal."/Er wurde rot wie eine Tomate.

Jetzt machten sich die vergangenen vierundzwanzig Jahre bemerkbar, dieses ständige Voranpeitschen der Kinder mit Kritik, immer nur Negatives gehört zu haben, nie gelobt worden zu sein, nie eine kleine fromme Lüge: „Das hat du gut gemacht!" Stattdessen: „Damit wirst du dich hoffentlich nicht zufriedengeben, Veit."

Die Kindheit ist wie ein Holz, in das Nägel geschlagen werden. Die guten Nägel sind die, die nur so tief im Holz stecken, dass sie halten, sie beschützen einen wie Stacheln. Oder man kann später etwas daran aufhängen. Oder man kann die Nägel herausziehen und wegwerfen. Schlecht sind die ins Holz gedroschenen Nägel, deren Köpfe tiefer liegen als die Oberfläche des Holzes, man sieht gar nicht, dass dort etwas Hartes ist, ein vor sich hin rostender Fremdkörper./Papa hatte die Nägel immer ganz fest ins Holz gedroschen durch ständiges Hämmern auf immer dieselben Stellen. Und dafür erwartete er sich jetzt ein Höchstmaß an Dankbarkeit./Es gibt bei mir eine gewisse Anhänglichkeit an meine Kindheit, und deshalb respektiere ich meinen Vater. Und doch habe ich mit den Jahren eingesehen, dass *Standhaftigkeit* und *Konsequenz*, um zwei seiner Lieblingswörter zu nennen, finstere Seiten besitzen. Mit Wörtern wie *Standhaftigkeit* und *Konsequenz* hatte mir mein Papa meine Kindheit verdorben. Und die Jugend und das Erwachsenenalter hatten mir andere verdorben, aber mit denselben Wörtern. Was die Familie an Persönlichkeitszerstörung anfängt, setzt der Krieg fort. An der Front hatte ich zusehen können, wie Persönlichkeiten in Trümmer gingen, manchmal kam zwischen den Trümmern das Gute hervor, öfter das Schlechte.

(Auszug)

Arno Geiger: Unter der Drachenwand. dtv: München 2019, Originalausgabe © 2018 Carl Hanser Verlag GmbH & Co. KG, München

Bewertungsbogen für _____

A Inhaltliche Leistung

Aufgabe 1 Die Schülerin/Der Schüler ...	max. Punktzahl	erreichte Punkte
verfasst eine aufgabenbezogene Einleitung (äußere Textdaten: Autor/Autorin, Titel, Textsorte, Erscheinungsdaten, Thema).	4	
gibt zu Beginn des Hauptteils eine knappe, aber inhaltlich nicht verkürzte und strukturierte Inhaltsangabe des Gesprächs, etwa • Gesprächsimpuls von August: scheinbar harmlose Frage nach Elternhaus • Information über vermeintliches Vergehen von Walters Vater • Charakterisierung des Vaters: brutaler und geiziger Schläger seines Sohnes, Trinker, Sadist und Tierquäler • passives, aus eigener Ängstlichkeit resultierendes Rückzugsverhalten der Mutter, die ihren Sohn nicht zu schützen in der Lage ist • Mitleid und Anerkennung aufseiten von August, dem Lehrerkind • desillusionierender, fast fatalistisch anmutender Schlusskommentar Walters	8	
beschreibt die Situation und den Verlauf des Gesprächs, etwa • Anlass und Ort des Gesprächs zwischen Walter und August: Kriegsauftrag und Auto • lebensgefährliche Rettungsaktion an der Front mit dem Ziel der Sicherung von drei offenbar im Feindesland isolierten Fallschirmspringern • gespenstisch-schaurige Umgebung durch Stöhnen und Schreie von Verwundeten	4	
arbeitet das Verhältnis von Walter und seinem Vater heraus, etwa • von brutaler Gewalt und Sadismus geprägte asymmetrische Vater-Sohn-Beziehung • tief sitzende traumatische Erinnerung und Angstgefühle aufseiten Walters • Weigerung Walters, auch Gutes an seinem Vater anzuerkennen	6	
geht auf erzählerische Gestaltungsmittel ein, z. B. • Erzählform: Er-/Sie-Erzählung • Erzählperspektive: überwiegend Außensicht • Erzählverhalten: auktorial • Erzählhaltung: wertend, mitfühlend, empathisch • Darbietungsformen: Erzählerbericht, Figurenrede (Dialog)	8	
geht auf sprachliche Gestaltungsmittel ein, z. B. • Jugendsprache: „Was hat dein Alter denn verbockt?" (Z. 15 f.) • Metaphorik („Seit Januar kocht da die Erde.", Z. 15) als Hinweis auf Kriegszustand • nonverbales Verhalten („Walter zog die Mundwinkel herab", Z. 17) als Zeichen der Geringschätzung • nonverbales Verhalten Augusts („August blies die Backen auf", Z. 50 f.) als Zeichen der Anerkennung bzw. des Mitleids und Bedauerns • Euphemismus („Umschloss sie zärtlich mit einer Hand", Z. 64) als Ausdruck von Sarkasmus und Abwehr	6	
erfüllt ein weiteres aufgabenbezogenes Kriterium.	(6)	
Teilpunktzahl für Aufgabe 1	**36**	

Zusatzmaterial

Aufgabe 2 Die Schülerin/Der Schüler ...	max. Punktzahl	erreichte Punkte
formuliert eine aufgabenbezogene Über-/Einleitung.	2	
gibt den Inhalt des Gesprächs knapp, aber inhaltlich nicht verkürzt wieder, etwa • Anlass des Gesprächs: Mutter spricht Veit auf dessen Schweigsamkeit an • Rechtfertigung des Sohnes und kriegsaffirmative Einlassung des Vaters • sofortige kritische Kommentierung durch Veits Hinweis auf den aktuellen, kriegs- und lebensmüden, erschöpften und freudlosen Zustand der Menschen • Distanz zu der Grundhaltung des Vaters • Veits Penetranz und aggressive, nie nachlassende Reaktion auf Nazismus des Vaters • zweiter Teil des Auszugs: überwiegend allgemeine Reflexionen Veits über die immense Bedeutung einer gelungenen Erziehung in Kindheit und Jugend und ihre Folgen für das spätere Leben als Erwachsener • anhaltende Kritik Veits an falschen Werten des Vaters, also Sekundärtugenden wie Standhaftigkeit und Konsequenz statt Liebe, Zärtlichkeit und Nachsicht	6	
beschreibt das Verhältnis von Veit zu seinem Vater, etwa • aggressive Bereitschaft Veits zu offener Kritik an dessen Unterstützung des NS-Regimes und anhaltender Befürwortung des Krieges • Drohung und Härte aufseiten des Vaters • Verbitterung Veits über harte und lieblos-konsequente Erziehung	4	
beschreibt Veits Verständnis von Erziehung und geht dabei auf die bildhafte Sprache bei Veits Reflexion über die Folgen kindlicher Erziehung ein, z. B. • abfällige Beleidigung des Vaters („Du kannst mich mal", Z. 23 f.) • Vergleich („Er wurde rot wie eine Tomate", Z. 24) als Zeichen der Verärgerung • Vergleich („Die Kindheit ist wie ein Holz, in das Nägel geschlagen werden", Z. 32 f.) als Symbol für die Verletzlichkeit und Wichtigkeit der Kindheit für die Biografie • Parallelismus („Was die Familie [...] anfängt, setzt der Krieg fort", Z. 53 f.) als Ausdruck der Folgerichtigkeit und Verantwortlichkeit menschlichen Handelns	4	
vergleicht die Gesprächssituation, das Verhältnis zum Vater und das Verständnis von Erziehung in beiden Romanauszügen, etwa • unterschiedliche Gesprächssituation: Walter in lebensgefährlicher Rettungsaktion an der Front, Veit auf Genesungsurlaub bei Elternbesuch in Wien • ähnliches Verhältnis zu den Vätern: bei Walter offene Ablehnung und fatalistisch-neutrale Wiedergabe der brutalen Erziehung durch seinen Vater, bei Veit noch explizitere und direkt ins Gesicht geäußerte Kritik an falscher Ideologie und Erziehung durch den Vater • ähnliches Verständnis von Erziehung: Während Walter in seiner Kindheit v.a. den körperlichen Missbrauch, die aus der Brutalität des Vaters resultierende Angst betont, nimmt Veit die aus seiner Sicht falsche, da inhumane pädagogische Ausrichtung seines Vaters in den Blick. Beide Figuren sehnen sich nach Liebe und Verständnis	12	
legt dar, dass es Veit gelingt, sich von den negativen Einflüssen seiner Kindheit zu befreien, und arbeitet die Gelingensfaktoren beispielhaft heraus, etwa • das Jahr Genesungsurlaub jenseits der Front ermöglicht Reflexion und Einsicht • die bedingungslose und von Zärtlichkeit und Nachsicht geprägte Liebe Margots eröffnet ihm bisher unbekannte Möglichkeiten positiver Lebensgestaltung • die Offenheit, Güte und Menschlichkeit des „Brasilianers" die er im Laufe vieler Gespräche im Gewächshaus kennenlernt, machen ihn zum Pazifisten	8	
erfüllt ein weiteres aufgabenbezogenes Kriterium.	(6)	
Teilpunktzahl für Aufgabe 2	**36**	
Summe inhaltliche Leistung aus Aufgaben 1 und 2	**72**	

© Westermann Gruppe
Best.-Nr. 022744

B Darstellungsleistung

Anforderungen Die Schülerin/Der Schüler ...	max. Punktzahl	erreichte Punkte
strukturiert den Text kohärent, schlüssig, stringent und gedanklich klar.	6	
formuliert unter Beachtung der fachsprachlichen und -methodischen Anforderungen (z. B. Tempus, Modalität).	6	
belegt Aussagen durch angemessenes und formal korrektes, abwechslungsreiches Zitieren.	3	
drückt sich allgemeinsprachlich präzise, stilistisch sicher und begrifflich differenziert aus.	5	
formuliert lexikalisch und syntaktisch sicher, variabel und komplex (und zugleich klar).	5	
schreibt sprachlich richtig.	3	
Summe Darstellungsleistung	**28**	

Bewertung:	max. Punktzahl	erreichte Punkte
Gesamtpunktzahl aus A und B	**100**	

Die Klausur wird mit der Note _____ bewertet.

Datum: _____   Unterschrift: _____

Bepunktung

Note	Punkte	erreichte Punktzahl
sehr gut plus	15	100 – 95
sehr gut	14	94 – 90
sehr gut minus	13	89 – 85
gut plus	12	84 – 80
gut	11	79 – 75
gut minus	10	74 – 70
befriedigend plus	9	69 – 65
befriedigend	8	64 – 60
befriedigend minus	7	59 – 55
ausreichend plus	6	54 – 50
ausreichend	5	49 – 45
ausreichend minus	4	44 – 39
mangelhaft plus	3	38 – 33
mangelhaft	2	32 – 27
mangelhaft minus	1	26 – 20
ungenügend	0	19 – 0

Zusatzmaterial

13 Klausurvorschlag II: Analyse einer Rezension des Romans

Name	
Datum	
Klasse/Lehrer/-in	
Thema der Klausur	Eine Rezension zum Roman „Unter der Drachenwand" analysieren

Aufgaben

1. Analysieren Sie die vorliegende Rezension von Judith von Sternburg, indem Sie u.a.
   - ihren Inhalt systematisch und in eigenen Worten wiedergeben,
   - den Argumentationsgang des Textes verdeutlichen und klären, wie die Autorin vorgeht,
   - die formale Gestaltung des Textes untersuchen (Stil, Sprache, rhetorische Strategien) und
   - die Intention (Absicht) des Textes pointiert herausarbeiten.

2. Nehmen Sie begründet Stellung zu von Sternburgs These, die Sprache Veit Kolbes „scheint dann doch die eines Schriftstellers und weniger die eines jungen ausgelaugten Soldaten" (Z. 98 ff.) zu sein, indem Sie diesen Einwand der Autorin anhand selbst gewählter Beispiele aus dem Roman überprüfen.

Textgrundlage

Judith von Sternburg: So muss sich das damals angefühlt haben. In: Frankfurter Rundschau, 08.01.2018

Der österreichische Schriftsteller Arno Geiger ist ein Meister der Aneignung und der unsentimentalen Empathie. Die Zeitläufte schienen ihn dabei bisher eher indirekt zu interessieren. Dabei spielte etwa die
5 Zeit vor und nach dem Zweiten Weltkrieg schon in „Es geht uns gut", seinem Buchpreis-Buch von 2005, eine Rolle. Die Kriegszeit am Rande auch in „Der alte König in seinem Exil", dem Buch über seinen Vater und dessen Alzheimererkrankung. August Geiger,
10 1926 geboren, wurde als 18-Jähriger noch Anfang 1945 an die Ostfront geschickt. Es gibt Situationen, in denen der Jahrgang über Leben und Tod entscheiden kann. Und in denen der unspektakuläre, aber existenzielle private Raum, aus dem eigentlich die Welt von
15 Arno Geigers Romanen besteht, [...] von den Ereignissen verschlungen wird.

So ist es dem knapp 24 Jahre alten Wiener Veit Kolbe ergangen, der 1944 bereits seit fünf Jahren an der Front um sein Leben kämpft – dass der Krieg am En-
20 de nichts anderes ist als der verzweifelte Versuch aller Beteiligten, ihn zu überleben, daran besteht hier kein Zweifel. Veit leidet unter Todesangst, dazu unter dem, was er bereits verpasst hat. Er glaubt, die versäumten Jahre [...] nicht mehr aufholen zu können, quält sich
25 mit dem Gefühl, „dass ich mit dem ganzen Scheiß nichts mehr zu tun haben wollte, ich wollte mein kleines Privatleben führen, wie es in einer besseren Welt selbstverständlich wäre". Gegen Depressionen und Erschöpfungen schluckt er Pervitin, die berüchtigte
30 stimulierende Wunderdroge der Wehrmacht, ohne darüber nachzudenken. Eine Verletzung gibt ihm Gelegenheit, sich an den Mondsee zurückzuziehen, für ein Jahr unter dem Radar der Kriegsmaschine und seines „Dienstherrn" zu bleiben.

35 „Unter der Drachenwand" lernt er die Darmstädterin Margot kennen, die hier mit ihrer neugeborenen Tochter Zuflucht gesucht hat und auch Abstand zur Familie, den alle Personen im Buch dringend nötig haben. Darmstadt wird zerbombt, die Mutter berich-
40 tet von all den Toten und selbst sie, die schlichte, etwas geschwätzige und dabei nüchterne Hessin, die „nicht über einen Teelöffel voll freudiger Nachrichten verfügt", wird zynisch, als sie von den 50 Gramm Bohnenkaffeezuteilung berichtet, die es für die Über-
45 lebenden gibt. [...] Verschlungen wird aber auch der private Raum des gutmütigen, unangepassten „Brasilianers", eines zur Unzeit heimgekehrten Auswanderers, der in Mondsee mit Orchideen handelt und aus seiner Verachtung für die aktuelle Politik kein Hehl
50 machen kann. „Jeder halbwegs nüchterne Mensch

muss ein politisches System mit den Augen der Toten betrachten", sagt der Brasilianer, als er zum ersten Mal aus dem Zuchthaus wiederkommt. Verschlungen wird aber auch der private Raum der 13-jährigen Nanni, die am Mondsee in einem Mädchenausbildungslager gedrillt wird und der die rührende Romeo-und-Julia-Liebe zum wenige Jahre älteren Kurt von der Mutter gnadenlos ausgetrieben werden soll. Verschlungen wird aber erst recht alles, was der Jude Oskar Meyer hatte, der sich mit Frau und Kind 1944 ausgerechnet zur Flucht von Wien nach Budapest entschließt. Ein furchtbarer Fehler, begangen, weil er den alten europäischen Kulturmetropolen nicht rechtzeitig misstraut hat. [...]

„Unter der Drachenwand" führt die Fäden der Figuren sehr locker zusammen, und zwar rund um Veit, der selbst Oskar Meyer kurz begegnen wird, ohne es zu wissen. Wir erkennen ihn an seinem Halstuch. Die Fäden scheinen so locker zu hängen, dass man leicht verpassen kann, mit was für einer ausgeklügelten und gewagten Konstruktion Geiger hier aufwartet. „Unter der Drachenwand" kommt im Gewand eines nicht weiter erläuterten Konvoluts daher. Veit führt ein Tagebuch über sein Mondseejahr, Margots Mutter, Nannis Kurt und Oskar Meyer schreiben Briefe, die ihrerseits als kleinere Konvolute dazwischengeschoben werden [...].

Geiger spielt jedoch nicht mit der Authentizität, überhaupt ist „Unter der Drachenwand" von jeder Art von Spiel weit entfernt. Er stellt uns etwas vor, das echt so gewesen sein könnte. Das hat er so gut im Griff, dass er auf zwei Konventionen verzichtet: Auf die Figur, die die hier abgedruckten „Papiere" gefunden hat [...] oder wenigstens auf den Hinweis eines „Herausgebers". Dabei gibt es sogar einige kurze Informationen darüber, wie es für die Figuren weiterging, sogar mit in Teilen nachvollziehbaren Adressangaben. Man wird sofort danach suchen, sich Straßenkarten ansehen. Alles Neckische geht dem ab. Vieles ist so erstaunlich oder spezifisch, dass Geiger es sich kaum ausgedacht haben kann. Aber der Roman gibt über die Geschichten, die er erzählt, keine weiteren Auskünfte. Die Literatur übernimmt die Regie, komplett. [...]

Meistens spricht Veit. Anders als die anderen, alle gut voneinander zu unterscheidenden Stimmen wirkt er manchmal etwas zu klug, aber nie zu gebildet. Seine Sprache, seine Beobachtungsgabe scheint dann doch die eines Schriftstellers und weniger die eines jungen ausgelaugten Soldaten, der Angst vor Verblödung hat. Es ist brillant, dass ihm auffällt, wie Selbstmitleid und Verächtlichkeit die „fatalsten Gefühlsgeschwister" darstellen oder wie der Vater und seine Nazi-Gesellen nie über sich lachen, immer nur über andere. Wie die Eltern die Wohnung mit Bildern des fernen Sohnes an der Front geschmückt haben: „Die Bilder hatten am Familienleben teilgenommen, ich am Krieg."

Man glaubt dennoch jedes Wort, weil das Kluge, das Genaue so klug und genau ist, dass die Künstlichkeit zurücktritt. Über die Front selbst berichtet Veit wenig, teils mit den verbreiteten Soldatenwidersprüchen (hat er die Erschießungen von Zivilisten regelmäßig gesehen oder nur von ihnen gehört?). „Einmal in Russland fanden Kameraden und ich auf einer Wiese einen Totenkopf, ein beunruhigender Anblick, wir spielten mit dem Totenkopf Fußball, ich weiß auch nicht. Ich glaube, wir taten es aus Respektlosigkeit gegen den Tod, nicht aus Respektlosigkeit gegen den Toten." Die bereits während des Krieges gespürte und abgedrängte Schuld – nicht umsonst hat man auch eine Vorstellung vom Zorn der nun mächtig vorrückenden Roten Armee – ist präsent, nicht nur in dem Moment, in dem sich Veits und Oskar Meyers Augen treffen. [...]

Judith von Sternburg: Arno Geiger. So muss sich das damals angefühlt haben.
Frankfurter Rundschau, 08.01.2018

Bewertungsbogen für _____

A Inhaltliche Leistung

Aufgabe 1 Die Schülerin/Der Schüler ...	max. Punktzahl	erreichte Punkte
formuliert eine aufgabenbezogene Einleitung (Verfasser/Verfasserin, Titel, Textsorte, Erscheinungsjahr, Thema).	4	
gibt zu Beginn des Hauptteils den Inhalt der Rezension systematisch, knapp, aber inhaltlich nicht verkürzt wieder, etwa • 1. Sinnabschnitt (Z. 1 – 16): Lob für Fähigkeit der Empathie, Rückblick auf bisherige Themen im Werk Arno Geigers, Ort des Romans: der private, existenzielle Raum • 2. Sinnabschnitt (Z. 17 – 34): Überleitung zur Romanfigur Kolbe, Informationen zu dessen körperlichem und seelischem Zustand, die vergangenen fünf Soldatenjahre an der Front und den aktuellen Rückzug an den Mondsee • 3. Sinnabschnitt (Z. 35 – 64): Vorstellung des Figurenarsenals: Margot, deren Mutter, der Brasilianer, Nanni und Kurt, Oskar Meyer • 4. Sinnabschnitt (Z. 65 – 77): Informationen zur erzähltechnischen Machart bzw. Konstruktion des Romans, Medium: Briefe und Tagebuchaufzeichnungen • 5. Sinnabschnitt (Z. 78 – 94): Ausführungen zur Wirkungsweise der Romankonstruktion, Betonung der Glaubwürdigkeit und Authentizität als Folge des Verzichts auf einen Herausgeber der Briefe und des Tagebuchs • 6. Sinnabschnitt (Z. 95 – 108): Einschätzung der Sprache Veit Kolbes als Einwand, der weniger wie ein Soldat, sondern eher wie ein Dichter formuliere • 7. Sinnabschnitt (Z. 109 – 125): Entkräftung des Einwands und nochmalige Betonung der Glaubwürdigkeit des geigerschen Helden, Betonung der Schuldfrage	12	
verdeutlicht den Argumentationsgang und den Aufbau des Textes, z. B. • überwiegend lineare Argumentationsstruktur: Es werden überwiegend positive Aspekte genannt (Ausnahme: „Kritik" an zu poetischer Sprache Veits, vgl. Z. 95 ff.) • Einordnung des Romanthemas in das Gesamtwerk Geigers im ersten Abschnitt • notwendige Informationen zu den Romanfiguren (Sinnabschnitte 2 und 3) • Informationen zur Erzähltechnik, Machart und Wirkung (Sinnabschnitte 4 und 5) • Untersuchung der Sprache Veit Kolbes und Thematisierung der Schuldfrage (Sinnabschnitte 6 und 7)	8	
untersucht die formale Gestaltung der Rezension, z. B. • Analogieschluss („So ist es dem knapp 24 Jahre ...", Z. 17) • Verwendung von Zitaten aus dem Roman (vgl. Z. 25 f.) • Alliteration („Wunderdroge der Wehrmacht", Z. 30) • Akkumulation („schlichte, etwas geschwätzige ... nüchterne Hessin", Z. 40 f.) • dreimalige Wiederholung („Verschlungen ... Verschlungen ... Verschlungen", Z. 45, 53, 59) • Metaphorik („im Gewand eines [...] Konvoluts daher", Z. 72 f.) • Personifikation („Die Literatur übernimmt die Regie", Z. 93 f.) • überwiegend hypotaktischer Stil (z. B. Z. 17 f.) mit wenigen parataktischen Einschüben bzw. Ausnahmen (z. B. „Meistens spricht Veit", Z. 95)	12	
arbeitet die Intention (Absicht) des Textes pointiert und begründet heraus, etwa • Information des Lesers/der Leserin über Inhalt, Thema und Machart des Romans • Lektüreempfehlung durch Lob, z. B. „Das hat er so gut im Griff, Z. 81 ff. oder „Es ist brillant, dass ihm auffällt", Z. 101 ff. oder „Man glaubt dennoch jedes Wort", Z. 109 ff.	8	
erfüllt ein weiteres aufgabenbezogenes Kriterium.	4	
Teilpunktzahl für Aufgabe 1	**48**	

Aufgabe 2 Die Schülerin/Der Schüler ...	max. Punktzahl	erreichte Punkte
verfasst eine aufgabenbezogene Ein-/Überleitung, etwa indem die Aufgabenstellung (These) bzw. das eigene Vorgehen angekündigt wird.	2	
untersucht die Sprache Veit Kolbes an selbst gewählten Textbeispielen.	10	
nimmt unter Bezug auf das Beispiel Sternburgs und auf die eigenen Textbeispiele begründet Stellung zu der These, dass die Sprache Veit Kolbes die eines Schriftstellers und weniger die eines jungen ausgelaugten Soldaten zu sein scheint (vgl. Z. 98 ff.), und kommt dabei zu einem nachvollziehbaren, differenzierten Urteil.	12	
erfüllt ein weiteres aufgabenbezogenes Kriterium.	(4)	
Teilpunktzahl für Aufgabe 2	24	
Summe inhaltliche Leistung aus Aufgaben 1 und 2	72	

B Darstellungsleistung

Anforderungen Die Schülerin/Der Schüler ...	max. Punktzahl	erreichte Punkte
strukturiert den Text kohärent, schlüssig, stringent und gedanklich klar.	6	
formuliert unter Beachtung der fachsprachlichen und methodischen Anforderungen (z. B. Tempus, Modalität).	6	
belegt Aussagen durch angemessenes und formal korrektes, abwechslungsreiches Zitieren.	3	
drückt sich allgemeinsprachlich präzise, stilistisch sicher und begrifflich differenziert aus.	5	
formuliert lexikalisch und syntaktisch sicher, variabel und komplex (und zugleich klar).	5	
schreibt sprachlich richtig.	3	
Summe Darstellungsleistung	28	

Bewertung:	max. Punktzahl	erreichte Punkte
Gesamtpunktzahl aus A und B	100	

Die Klausur wird mit der Note _____ bewertet.

Datum: _____ Unterschrift: _____

Bepunktung

Note	Punkte	erreichte Punktzahl	Note	Punkte	erreichte Punktzahl
sehr gut plus	15	100 – 95	befriedigend minus	7	59 – 55
sehr gut	14	94 – 90	ausreichend plus	6	54 – 50
sehr gut minus	13	89 – 85	ausreichend	5	49 – 45
gut plus	12	84 – 80	ausreichend minus	4	44 – 39
gut	11	79 – 75	mangelhaft plus	3	38 – 33
gut minus	10	74 – 70	mangelhaft	2	32 – 27
befriedigend plus	9	69 – 65	mangelhaft minus	1	26 – 20
befriedigend	8	64 – 60	ungenügend	0	19 – 0

© Westermann Gruppe
Best.-Nr. 022744